Raphael Kühner

Cecero´s zwei Bücher von der Weissagung

Raphael Kühner

Cecero´s zwei Bücher von der Weissagung

ISBN/EAN: 9783743365551

Hergestellt in Europa, USA, Kanada, Australien, Japan

Cover: Foto ©ninafisch / pixelio.de

Manufactured and distributed by brebook publishing software (www.brebook.com)

Raphael Kühner

Cecero´s zwei Bücher von der Weissagung

Cicero's

zwei Bücher

Von der Weissagung.

Uebersetzt und erklärt

von

Dr. Raphael Kühner.

Stuttgart.
Hoffmann'sche Verlags-Buchhandlung.
1868.

Vorwort.

Bei unserer Ueberſetzung der beiden Bücher Cicero's von der Weiſſagung haben wir die Textesrecenſion der Orelli'ſchen Ausgabe in der zweiten Auflage[1]), in der die Schrift de divinatione von Chriſt beſorgt iſt, zu Grunde gelegt.

Außerdem haben wir für die Beurtheilung des Textes und beſonders zur Erklärung ſchwieriger Stellen und für die Einleitung noch folgende Hülfsmittel benutzt: M. Tullii Ciceronis de divinatione et de fato libri cum omnium eruditorum adnotationibus quas Joannis Davisii editio ultima habet textum denuo ad fidem complurium codd. messtorum, edd. vett. aliorumque adiumentorum recognovit, Friderici Creuzeri et Caroli Philippi Kayseri suasque animadversiones addidit Georg. Henr. Moser, phil. Dr. et gymn. Ulm. rector, Francofurti ad Moenum, sumptibus et typis H. L. Broenneri. MDCCCXXVIII.

M. Tullii Ciceronis de divinatione libri duo, ad librr. mss. partim nondum adhibitorum, fidem emendavit, aliorum suisque aminadversionibus illustravit Aug. Otto Ludov. Giese. Lipsiae sumptibus C. H. F. Hartmanni MDCCCXXIX.

M. Tullius Cicero von der Weiſſagung und vom Schickſal. Aus dem Lateiniſchen überſetzt und mit Anmerkungen

---

[1]) M. Tullii Ciceronis opera ed. Jo. Casp. Orellius. Turici, typis Fuesslini et sociorum MDCCCLX. Tom. IV.

begleitet von Joh. Friedrich von Meyer. Frankfurt a. M. bei Joh. Christian Hermann 1807. (Aus der Sammlung der neuesten Uebersetzungen der römischen Prosaiker mit erläuternden Anmerkungen. 18. Theil.)

Marcus Tullius Cicero's zwei Bücher von der Weissagung und vom Schicksal Ein Buch übersetzt von Dr. Georg Heinrich Moser, Stuttgart. Verlag der J. B. Metzler'schen Buchhandlung 1828. (Aus der Sammlung der Römischen Prosaiker in neuen Uebersetzungen herausgegeben von Tafel, von Osiander und G. Schwab.)

M. T. Cicero's Bücher von der Divination aus dem Lateinischen übersetzt von Joh. Jacob Hottinger. Zürich bei Orell, Gessner, Füßli u. Comp. 1789.

Cicero's Bücher von der Divination, von Friedrich Jacobs. (Aus „Cicero's sämmtlichen Werken" herausgegeben von Reinhold Klotz.) Leipzig 1841. Verlag von Carl Focke. Diese Uebersetzung zeichnet sich besonders durch Gewandtheit der Sprache und auch durch einige vortreffliche Anmerkungen aus.

Zu der Einleitung standen uns außerdem noch zu Gebote: Ed. Zeller, die Philosophie der Griechen, III. Theil, Leipzig 1852 bei Füß; leider bekamen wir erst nach Vollendung der Arbeit die zweite Auflage (1865) zu Gesicht, in der gerade die Lehre der Stoiker weit ausführlicher und eingehender behandelt ist; schließlich eine werthvolle Monographie: Curt Wachsmuth, die Ansichten der Stoiker über Mantik und Dämonen. Berlin, Nicolai'sche Verlagsbuchhandlung 1860.

Was außer diesen benutzten Hülfsmitteln von uns in den Anmerkungen zu Rathe gezogen ist, haben wir an den betreffenden Stellen selbst angegeben.

Hannover, 8. April 1868.

R. Kühner.

Einleitung.[1]

I. Von der Weissagung im Allgemeinen.

1. Die beiden Bücher Cicero's von der Weissagung sind eine Fortsetzung von denen über das Wesen der Götter zu nennen. Die Fragen über Religion und Weissagung, welche dort nur kurz berührt sind, beabsichtigt Cicero in einer besonderen Schrift ausführlicher darzustellen und zu behandeln. Hatte Cicero in dem zweiten Buche von dem Wesen der Götter (Kap. 3 und 4) in den Weissagungen und Ahnungen der Zukunft einen Beweis für das Dasein der Götter gefunden, so will er in unserer Schrift nicht nur die allgemein übliche Ansicht von der Weissagung auseinandersetzen, sondern auch seine eigene Ueberzeugung hiervon an den Tag legen[2]. Wie und in welcher Weise er dieß gethan, werden wir nachher sehen. Jetzt nur Einiges im Allgemeinen von der Weissagung, dem Glauben an dieselbe und von ihrer Stellung im Altertume, besonders zur Philosophie.

2. Der Glaube an die Weissagung ist uralt und geht hervor aus dem Glauben an den innigen Verkehr der Götter mit der Menschheit und aus der Ueberzeugung, daß die Götter auch für die Menschen Fürsorge tragen und ihnen thätige Hülfe leisten. Der Begriff der Weissagung steht aber im wesentlichen Zusammenhange mit der Religion, Philosophie und Geschichtschreibung, kurz mit dem ganzen öffent-

---

[1] Von Cicero's philosophischen Werken und ihrer Eintheilung vgl. besonders die Einleitung zu der Uebersetzung der drei Bücher von dem Wesen der Götter.

[2] Vgl. de nat. Deor. II. 65. 162, wo Cicero sagt, daß es eine Weissagung gebe, die von den Göttern den Menschen gegeben sei.

lichen und Privatleben des Altertums und läßt sich auch nicht davon trennen, sondern muß im Zusammenhange mit jenen betrachtet werden.

3. Die Weissagung bei den Alten, Lateinisch divinatio, ist die vis divinandi, die Annahme einer Fähigkeit das Zukünftige vorauszusehen und zu deuten. Vgl. Cic. de div. I. 1 u. 6. und II. 63. 110 [1]). Bei den Griechen heißt die Weissagung ἡ μαντική sc. τέχνη, indem sie damit die erhöhte Seelenstimmung bezeichneten, wodurch die Menschen befähigt werden die Eingebungen der Gottheit zu vernehmen. Das Wort μαντική ist abgeleitet von μανία, vgl. Platon. Phaedr. p. 242 C. μαντικόν τι ἡ ψυχή; auch Platon faßt die Weissagung als eine göttliche Gabe auf, er sagt von ihr: θείᾳ δόσει διδομένη. Da, wie schon oben bemerkt, nach dem Glauben der Alten die Götter für das Wohl der Menschen sorgen; so ist auch die Ueberzeugung allgemein, daß sie ihren Willen denselben offenbaren wollen. Dieß geschieht eben durch die Weissagung. Da nämlich der Mensch nicht aus eigener Kraft den Willen der Götter erforschen kann, um danach seine Handlungsweise einrichten zu können, und da er sich in vielen Lagen des Lebens rathlos sieht; so ruft er die Gottheit an ihm Belehrung zu verschaffen. So entsteht allmählich ein Kultus, der als ein inneres Band zwischen Gott und den Menschen diesen die Kenntniß des Verborgenen enthüllen und ihnen zugleich die Sicherheit für das irdische Wohl bereiten soll.

4. Außerdem glaubte man im Altertume, daß allerlei unglückliche Ereignisse und Plagen, wie Hungersnoth, Seuchen und dergl. durch den Zorn der Götter als Strafe der Menschen bewirkt seien; man wandte sich daher zunächst an die Götter, um sie zu befragen und von ihnen Belehrung zu erhalten, wie und wodurch man den Zorn auf sich geladen, und auf welche Weise man ihn wieder sühnen könne. Diese Ungewißheiten und Zweifel also, wobei der Mensch in seinem Handeln rathlos und unsicher ist, sind die hauptsächlichsten und eigentlichen Ursachen des Wunsches nach göttlicher Belehrung und somit des Entstehens der Weissagung. Die Götter, die man für Wohlthäter des menschlichen Geschlechts hielt, glaubte man, würden auch ihrerseits

---

[1]) Chrysippus quidem divinationem definit his verbis vim cognoscentem et videntem et explicantem signa, quae a diis hominibus portendantur.

nicht abgeneigt sein den Menschen ihren Willen zu offenbaren und Weissagungen ihnen zu ertheilen.

5. Schon oben bemerkten wir, daß der Glaube an die Weissagung uralt sei; er ist in den Religionen des ganzen Alterthums verbreitet und zugleich durch die ältesten Urkunden der Geschichte bezeugt; auch in der Werken der Griechischen Dichter sind uns die Namen der alten berühmten Seher bewahrt, deren prophetische Gabe sich häufig in ganzen Familien forterbte; doch würde es uns zu weit führen, wenn wir hier näher darauf eingehen wollten. Da aber die Alten glaubten, daß die Gesetze und die Verfassungen der Staaten unter dem besonderen Schutze der Götter ständen; so war es auch natürlich, daß die Leitung der Weissagung nicht in den Händen Einzelner blieb, sondern Sache des Staats wurde. So bildete denn in Griechenland sowol als besonders in Rom die gesetzmäßige Einrichtung der Augurien und der Haruspicien einen besonderen Zweig der Verfassung und griff tief in das staatliche Leben ein. Ja in Rom hielt man eben den väterlichen Glauben und damit auch die Ausübung der Divination und der Augurien für einen Grundpfeiler der Verfassung; Cicero nennt selbst (de republ. II. p. 58) den Senat und die Auspicien die beiden herrlichen Grundsäulen der Verfassung (egregia duo firmamenta rei publicae). In der Wahrung des alten Glaubens und in der Beobachtung der Auspicien sah die Aristokratie selbst später, als schon eine gewisse Freigeisterei sich in Rom Bahn gebrochen hatte, ein Mittel sich gegen die Uebermacht der Demokratie zu schützen. Vgl. Liv. 6, 41.

6. Griff die Weissagung also in das politische Leben ein, so nahm sie auch in der Philosophie ihre bestimmte Rolle ein. Als die Philosophie in Jonien aufblühte, erhielt auch die Weissagung zugleich in ihr eine kräftige Stütze. Herakleitos, Pythagoras, Empedokles, ja selbst Sokrates nahmen eine Weissagung an. Doch schon in den Zeiten des Perikles schwand allmählich das Ansehen der Weissagung; der Glaube an dieselbe wurde angegriffen, namentlich von den Philosophen Anaxagoras und Xenophanes; hauptsächlich aber war es Epikurus, der, obgleich er den Glauben an die Götter festhielt, doch die göttliche Regierung der Welt und damit auch jede Art der Weissagung leugnete und bestritt. Im Gegensatz dazu waren es die Stoiker, welche die Weissagung in ihrer Philosophie vertheidigten, sie mit in

ihr philosophisches System hineinzogen und mit ihrer Weltanschauung in Einklang zu bringen suchten. Die Mantik wurde daher von den Stoikern für sehr wichtig gehalten, was deutlich der Eifer beweist, mit dem die meisten und bedeutendsten Vertreter der Stoa über dieselbe in besonderen Schriften sich ausließen. Cicero schließt sich denn auch in seiner Darstellung am Meisten dem Systeme der Stoiker an, wie wir später genauer sehen werden[1]. Wenn auch die Stoiker auf die gewöhnlichen Vorstellungen von Vorbedeutungen und Orakeln nicht eingingen und sich mit ihnen nicht näher befaßten, so suchten sie doch bei ihrem Bestreben alle volkstümlichen Ideen zu wahren und die Religion mit der Philosophie zu verbinden nachzuweisen, daß es der göttlichen Natur angemessen sei ihren Willen zu offenbaren und zugleich das tiefeingewurzelte Bedürfniß göttlicher Weissagung an's Licht treten zu lassen. Der Glaube an eine besondere Fürsorge der Götter für die Menschheit erschien ihnen viel zu tröstlich, als daß sie die Weissagung hätten aufgeben können; sie priesen daher dieselbe als den augenscheinlichsten Beweis für das Dasein der Götter und einer Vorsehung und schlossen auch umgekehrt, „wenn es Götter gebe, müsse es auch eine Weissagung geben". Vgl. de div. I. 5. 9.

7. Das Wesen der Weissagung suchten die Stoiker auf drei Wegen mit ihren philosophischen Principien in Einklang zu bringen, indem sie die Weissagung von Gott, dem Schicksale und der Natur herleiteten und so dieselbe zu beweisen suchten[2]. Den Beweis durch Gott führte Chrysippus, wie ihn Cicero in unserer Schrift I. 38. 82 ff. gibt. Die gegenseitige Bedingtheit dieser darin enthaltenen Schlüsse erschien ihnen so streng, daß sie umgekehrt aus dem Bestehen der Weissagung das Dasein der Götter herleiteten und gerade in der Weissagung den größten Beweis für die Güte und Vorsehung der Götter erblickten, sowie sie auch aus der Divination schlossen, daß die Götter die Zukunft kennten. Den zweiten Beweis für die Weissagung und für die Verbindung derselben mit ihrem Systeme unternahmen die

---

[1] Vgl. auch die Einleitung zu der Uebersetzung de nat. Deor. S. 8. 9.
[2] Vgl. besonders C. Wachsmuth, die Ansichten der Stoiker über Mantik und Dämonen. Berlin. 1860 bei Nicolai. S. 18 ff. u. Zeller, Philos. der Griech. Bd. III. S. 110 ff., außerdem Heine, Stoicorum de fato doctrina. Progr. von Schulpforta 1859. S. 49 ff.

Stoiker vom Standpunkte der Schicksalstheorie aus. Schicksal nannten sie das unvermeidliche, von der Gottheit festgestellte Gesetz, nach dem alle Dinge in der Welt durch eine unendliche Reihe von Ursachen und Folgen mit einander verknüpft vor sich gehen. Man vergleiche die Beweisführung, die Cicero selbst dem Quintus in den Mund legt, do div. I. 55, 126 ff. Auf der Unvermeidlichkeit des Schicksals beruht die nicht zu bezweifelnde Wahrheit der Weissagungen. So sicher das Schicksal ist, so sicher treffen auch diese ein. Der dritte Beweis für die Weissagung endlich ist der aus dem Wesen der Natur, den Cicero de div. I. 57, 129 mit den Worten des Quintus auseinanderlegt. Man behauptete, daß in Folge des einheitlichen Zusammenstimmens der verschiedenen Naturerscheinungen auch in der Natur vielerlei Anzeichen der kommenden und zukünftigen Ereignisse lägen. Vgl. de div. I. 57, 130 u. II. 21, 47. Posidonius[1]), ein stoischer Philosoph, ging bei der Begründung der Mantik von der stoischen Annahme einer s. g. $\sigma \upsilon \mu \pi \acute{a} \vartheta \epsilon \iota \alpha$ $\varphi \acute{\upsilon} \sigma \epsilon \omega \varsigma$ (cognatio, concentus oder consensus naturae) aus, worunter das durch natürlichen Zusammenhang hervorgerufene Zusammentreffen verschiedener Erscheinungen in den verschiedenen Theilen der Welt verstanden wurde. Vgl. Cic. de div. I. 14, 34; 69, 142.

8. Die Häupter der Stoa selbst wandten sich der Besprechung der Weissagung mit ganz besonderem Fleiße zu. Zeno und Kleanthes legten den Grund zu den späteren Lehren, und Chrysippus[2]) gab in dieser Beziehung dem stoischen Dogma seine endgültige Gestalt. Chrysippus selbst schrieb zwei Bücher $\pi \epsilon \varrho \grave{\iota}$ $\mu \alpha \nu \tau \iota \varkappa \tilde{\eta} \varsigma$, und wahrscheinlich, wie auch Wachsmuth a. a. O. S. 12 meint, hat er in dem ersten Buche über die natürliche, in dem zweiten über die künstliche Weissagung (s. über diese beiden Arten der Weissagung nachher S. X, 9. I. und II.) gehandelt. Wenigstens läßt sich wol sicher auf Chrysippus die Eintheilung der Mantik zurückführen. Für zwei besondere Arten der natürlichen Mantik hat er noch zwei Einzelschriften ($\pi \epsilon \varrho \grave{\iota}$ $\chi \varrho \eta \sigma \mu \tilde{\omega} \nu$ und $\pi \epsilon \varrho \grave{\iota}$ $\acute{o} \nu \epsilon \iota \varrho \omega \nu$) geschrieben, in denen er eine reiche Sammlung

---

[1]) Vgl. über ihn Anmerk. zu I. 3, 6 und gleich nachher in der Einleitung S. X.

[2]) Vgl. über ihn Anmerk. zu I. 3, 6.

von Beispielen zusammenhäufte, vgl. de div. I. 3. 6, und zwar hat er in seinem Werke περὶ χρησμῶν (vgl. Cic. de div. I. 19, 37 u. II. 56, 115) Apollinische Orakel gesammelt und in der Schrift περὶ ὀνείρων Traumerklärungen von dem berühmten Antiphon, vgl. de div. I. 20, 39 u. II. 61, 126; 63, 130. Dann folgte Diogenes[1]) aus Babylon, der Schüler des Chrysippus, der ein Buch περὶ μαντικῆς schrieb, f. de div. I. 3, 6. Ferner schrieb Antipater[2]) aus Tarsus zwei Bücher περὶ μαντικῆς, worin er viele Träume, namentlich von Antiphon erzählte, anführt. Vgl. de div. I. 20, 39. II. 70, 144 u. I. 54, 123. Ausführlich wurde das ganze System noch einmal von Posidonius[3]) besprochen in fünf Büchern περὶ μαντικῆς. Vgl. de div. I. 30, 64; 55, 125; 57, 130. II. 15, 35. Panätius[4]), der vielfach von den Ansichten der älteren Stoiker abwich, sprach seinen Zweifel an der Weissagung aus; ja er verwarf dieselbe zum Theil, besonders die Weissagungen der Astrologen.

Dieß sind zugleich die Quellen gewesen, die Cicero bei der Abfassung seiner Schrift von der Weissagung zu Rathe zog, und die er auch selbst zu wiederholten Malen in derselben angibt.

9. Von den verschiedenen Arten der Weissagung. Die Alten unterschieden im Ganzen zweierlei Arten der Weissagung, die natürliche oder kunstlose (ἄτεχνος) und die künstliche oder kunstgemäße. Vgl. Cic. de div. I. 18, 34 und Plutarch (Porphyr.) de vita Hom. c. 212: τῆς μαντικῆς τὸ μὲν τεχνικόν φασιν οἱ Στωϊκοί, — τὸ δὲ ἄτεχνον καὶ ἀδίδακτον. Der Mensch vernimmt nämlich die göttliche Offenbarung entweder innerlich, geistig, oder er erkennt den Willen der Gottheit erst durch äußere Vermittlung.

I. In der natürlichen oder kunstlosen Weissagung, die auf der Gottverwandtschaft der menschlichen Seele beruht (s. Cic. de div. I. 30, 64 u. II. 10, 24) wird die göttliche Einwirkung auf das Gemüth des Menschen repräsentirt; das Ausströmen des göttlichen Geistes in den menschlichen ist bei ihr der Hauptbegriff; die Annahme einer göttlichen Inspiration war ein wesentlicher Moment dabei. Es

---

[1]) Vgl. über ihn daselbst.
[2]) Anm. zu I. 3, 6.
[3]) S. daselbst.
[4]) Vgl. über ihn ebendaselbst.

wurde bei der natürlichen Weissagung nicht eine Thätigkeit außerhalb des Menschen angenommen, sondern daß das Göttliche, was in dem Menschen durch seinen göttlichen Ursprung der Seele liegt, durch höhere Begeisterung oder Schlaf losgebunden von den Banden der Sinnlichkeit die Zukunft erkenne[1]). Der Mensch nun, durch den göttlichen Geist angetrieben, fühlt sich gedrungen das von der Gottheit ihm Eingegebene auszusprechen, dieß ist die niedere Art der Weissagung; zu ihr gehören drei Unterarten: die Ekstase (Cic. de div. I. 30, 38 u. I. 31), die Träume und die Orakel.

II. Die zweite Art der Weissagung, die künstliche, beruht nicht auf einer inneren, göttlichen Eingebung, sondern auf Beobachtung und Deutung gewisser Zeichen, die den Menschen von den Göttern zur Kundgebung ihres Willens gesandt werden. Diese Art der Weissagung erscheint als eine wirkliche Kunst; sie sucht den übernatürlichen Zusammenhang der gegebenen Zeichen zu einer festen und gewissen Methode zu bringen. Sie ist bei Griechen und Römern sehr verbreitet; namentlich war bei den Letzteren die kunstvolle Weissagung viel wichtiger und in den einzelnen Zweigen weit ausgebildeter als bei den Griechen. Diese Zeichen können von der verschiedensten Art sein, und daher wurden alle möglichen Arten und Formen der Weissagung zulässig gefunden. Es gehört hierher die Deutung von Wunderzeichen, Loosen, Weissagungen, dann besonders die Opferschau, Vogelschau, die Wahrsagung aus Blitzen und sonstigen Himmelserscheinungen u. a. mehr.

In dieser Beziehung ließen sich auch die Stoiker viel Aberglauben gefallen und hatten ihn mit in ihre Philosophie aufgenommen, wie dieß deutlich das erste Buch Cicero's von der Weissagung beweist. Da freilich die Deutung dieser Zeichen Sache der Kunst ist, so kann auch in ihr der Einzelne wie bei jeder anderen Kunst fehlen, vgl. Cic. de div. I. 55, 124; 56, 128; zur Sicherung dagegen dient besonders die Ueberlieferung, die aus vieljähriger Erfahrung festgestellt ist (de div. I. 56, 127), und dann trägt selbst die sittliche Beschaffenheit des Weissagenden nach dem Begriffe der Stoiker viel dazu bei den rechten Erfolg zu erzielen. Trotzdem blieb doch ein bedeutender Unter-

---

[1]) Vgl. C. Wachsmuth a. a. O. S. 19 f.

schied zwischen dem Volksglauben und der stoischen Lehre von der Weissagung, gerade der Kernpunkt dieses ganzen Glaubens, wir meinen die tröstliche Annahme einer speziellen Fürsorge der Götter, welche diesen Glauben hervorgerufen hatte, wurde durch die Lehre der Stoiker zerstört. Vgl. C. Wachsmuth a. a. O. S. 29.

II. Zweck und Anlage der Schrift Cicero's von der Weissagung und Cicero's eigene Ansicht von der Weissagung.

1. Der hauptsächlichste Zweck, den Cicero mit der Abfassung unserer Schrift von der Weissagung hatte, bestand darin den Aberglauben, der aus der Unwissenheit und Unkenntniß mit den Naturwissenschaften hervorging, und der zu seiner Zeit auf Rom lag und die tiefere und feine Bildung zu unterdrücken drohte, zu zerstreuen und namentlich seinen Landsleuten darzuthun, daß dem dummen und verderblichen Aberglauben der Deutung von verschiedenen Anzeichen, Träumen u. dergl., der von den Stoikern als göttlich und heilig betrachtet wurde, keine Geltung einzuräumen sei. Cicero zeigt sich hier also in scharfem Gegensatze zu den Stoikern, die unerwiesene und unerweisbare Religionsgrundsätze vorbrachten; dagegen steht er selbst als Neuakademiker auf der Seite der Akademie, deren Organ er gleichsam ist, und mit welcher er demnach auch die Fehler und Verirrungen derselben gemeinsam hat.

2. Die Anlage der Schrift ist eine der äußeren Form nach höchst einfache. Quintus Cicero[1]), der Bruder des Marcus Tullius

---

[1]) Er war um 102 geboren und wurde mit seinem älteren Bruder zusammen erzogen und unterrichtet. Er verheiratete sich mit Pomponia, der Schwester des Atticus. Im Jahre 66 wurde er Aedil, später Prätor; im J. 61 verwaltete er Asien als Provinz und kehrte darauf im J. 58 nach Rom zurück, um an den Kämpfen seines Bruders gegen Clodius Theil zu nehmen. Im J. 57 verwaltete er die Provinz Sardinien und im J. 54 ging er mit C. Julius Cäsar nach Britannien und im J. 51 mit seinem Bruder nach Cilicien. Als der Bürgerkrieg zwischen Cäsar und Pompejus ausgebrochen war, schloß er sich Letzterem an. Im J. 43 wurde er auch proscribirt und verbarg sich eine Zeit lang in Rom, ward aber verrathen und ermordet. Quintus Cicero war ein begabter und auch literarisch tüchtiger Mann, besonders ein Freund der Poesie und der historischen Studien.

Cicero, ein eifriger Anhänger der stoischen Schule, hat das letzte Buch der Schrift von dem Wesen der Götter durchgelesen, in deren zweitem Buche Lucilius Balbus nach Weise der Stoiker die Untersuchung über das Wesen der Götter auseinandersetzt, während im dritten Buche die stoischen Ansichten durch den Neuakademiker Cotta widerlegt werden [1]). Da nun dort die Weissagung nur kurz berührt ist, so benutzt Quintus die Gelegenheit und bittet seinen Bruder Marcus auf einem Spaziergange in den Hallen des Tusculanums, dem Landgute Cicero's in der Nähe der Stadt Tusculum, noch einmal auf die Frage von der Weissagung näher und genauer einzugehen, und was er dort unvollendet gelassen habe, zu ergänzen und weiter auszuführen.

3. In dem ersten Buche unserer Schrift trägt nun Quintus die Ansicht der Stoa vor, indem er im Ganzen mit dem übereinstimmt, was (de nat. Deor. II. 3, 4) Lucilius gegen Vellejus für die Weissagung sagt, nur mit dem Unterschiede, daß Lucilius die Weissagung als Beweis für das Dasein der Götter gebraucht; Quintus aber umgekehrt den Glauben an die Weissagung aus dem Glauben an die Götter herleitet.

In dem zweiten Buche tritt dann Marcus gegen die Begründung der (Mantik) Weissagung auf, indem er die Rolle der Akademie und des Karneades übernimmt und mit ihren Waffen gerüstet gegen die Stoa und deren Ansichten kämpft.

In welcher Weise aber die beiden in der Schrift auftretenden Personen ihre Ansichten verfechten, werden wir hernach bei der Angabe des Inhalts genauer zu sehen Gelegenheit haben. Vgl. auch was in der Schrift Kühner, Ciceronis in philosophiam eiusque partes merita, Hamburgi, sumptibus Fr. Perthes. 1825. p. 203—207 gesagt ist.

4. Die Form der Rede, deren sich Cicero bei Abfassung seiner Schrift bedient, ist nicht, wie bei den meisten übrigen philosophischen Werken, die dialogische nach Art des Sokrates, sondern die dialogische

---

In der Philosophie folgte er etwas blindlings dem stoischen Systeme, wie wir besonders deutlich aus dem ersten Buche unserer Schrift ersehen.

[1]) Vgl. die Einleitung zu der Uebersetzung de nat. Door. S. 11.

Form des Aristoteles, die darin besteht, daß Einer der Redenden einen zusammenhängenden Vortrag über einen gewissen Gegenstand hält, wie Quintus in dem ersten und Marcus in dem zweiten Buche mit geringen Unterbrechungen es thut.

5. **Zeit der Abfassung.** Geschrieben ist das Werk Cicero's von der Weissagung im J. 44 v. Chr. Geb., in demselben Jahre, in welchem den Cicero der Tod seiner geliebten Tochter Tullia traf. Es ist zugleich mit den Büchern von dem Wesen der Götter abgefaßt, mit denen es ja, wie wir gesehen, in engstem Zusammenhange steht, und zwar nach der Ermordung des Julius Cäsar, während das Werk von dem Wesen der Götter vorher geschrieben ist.

6. **Cicero's eigene Ansicht von der Weissagung.** Allerdings scheint das, was Cicero de legibus II. 13, 32 von der Weissagung, zu deren Glauben er sich dort bekennt, behauptet, nicht mit seiner Ansicht, die er in den Büchern „von der Weissagung" auseinandergesetzt hat, übereinzustimmen. Doch muß man hierbei, wie auch Moser richtig bemerkt, Cicero, den Philosophen, und Cicero, den Staatsmann, von einander trennen. In den Büchern de legibus nämlich hat Cicero häufig seinen Landsleuten zu Gefallen populär gesprochen, um die in seiner eigenen Heimat üblichen und zum allgemeinen Nutzen aufgestellten Gesetze und Staatseinrichtungen mit seinen philosophischen Anschauungen in Uebereinstimmung zu bringen. Vgl. Cic. in phil. merita p. 207. Note 6.

Cicero erkannte sehr wohl die politische Wichtigkeit des Glaubens an eine Weissagung und wollte nur von ihr den Aberglauben getrennt wissen, nicht aber, daß zugleich mit dessen Beseitigung auch die Religion aufgehoben würde. Freilich ist auf der anderen Seite nicht zu verkennen, daß Cicero auch bei dieser Schrift nicht sehr in die Tiefe geht, sondern selbst vielfach nicht von Vorurtheilen sich frei machen kann. Wie überhaupt Cicero in seinen philosophischen Werken nicht selbständig zu Werke geht, sondern mehr die Ansichten der Griechischen Philosophen reproducirt und in Römisches Gewand zu kleiden sucht, so ist dasselbe in unserer Schrift von der Weissagung der Fall. Die Gründe für und gegen die Sache sind freilich scharf und klar dargestellt, bewegen sich aber zu sehr auf der Oberfläche; eine gründliche Widerlegung darf man daher nicht erwarten, sondern nur eine Zusammenhäufung von Dingen, die sich einwenden lassen; dieß genügte dem Akademiker.

7. Was noch zum Schluß die Art und Weise der Darstellung Cicero's in der Schrift von der Weissagung anbelangt, so hat es Cicero verstanden auch in diesem Werke den Leser zu fesseln durch Mannigfaltigkeit in der Rede und besonders durch interessantes Einstreuen von verschiedenen, aus den Griechischen Quellen geschöpften Erzählungen.

Inhalt der beiden Bücher von der Weissagung.

Erstes Buch.
Vertheidigung der Weissagung im Sinne der Stoiker durch Quintus.

I. **Einleitung** (Kap. I—IV.). Es werden die Ansichten verschiedener Völker und Philosophen von der Wahrheit der Weissagung, von ihrem Werthe und ihrer Gültigkeit auseinandergesetzt (I—II, 1—7.). Uebergang zum Gespräche (IV.).

II. 1. **Anfang des Gesprächs.** Cicero unterredet sich auf dem Tusculanum mit seinem Bruder Quintus. Dieser, als Stoiker, nimmt die Weissagung an, da sie durch das übereinstimmende Zeugniß der ältesten Völker und durch ihre allgemeine Verbreitung bei allen Nationen bestätigt werde. Er nimmt zwei Arten der Weissagung an: die natürliche und die künstliche. Jene besteht theils aus der Muthmaßung theils aus der langjährigen Beobachtung; zu ihr gehört die Weissagung aus Träumen und die der Seher. Diese (die künstliche) empfängt die Seele von Außen durch Vermittelung der Gottheit; zu ihr gehören die Opferschau, die Augurien, die Astrologie und die Weissagungen durch das Loos. Hierbei darf man nicht sowol nach den Gründen der einzelnen Erscheinungen fragen als vielmehr nach dem Erfolge; denn es geschieht Vieles in der Natur, an dessen Wahrheit Niemand zweifelt, wenn man auch den Grund der Erscheinung nicht erforschen kann. (V—XIII, 8—23.)

2. Auch deswegen ist der Glaube an die Weissagung nicht aufzugeben, weil viele Voraussagungen nicht in Erfüllung gingen; bei allen Künsten und Wissenschaften, die auf Vermuthung beruhen, kommt es oft vor, daß man sich täuscht, ohne daß dadurch die Künste und Wissenschaften selbst aufgehoben werden. Die meisten Weissagungen haben durch den Erfolg ihre Wahrheit bezeugt, und dieß kann Niemand leugnen,

ohne nicht zugleich der Geschichte und der geschichtlichen Ueberlieferung allen Glauben zu rauben (XIV—XVII. 24—33).

3. Quintus stimmt also denen bei, die zwei Arten von Weissagungen annehmen, eine **künstliche** und eine **kunstlose**. Bei der kunstlosen werden keine bestimmten Regeln, oder Vermuthungsschlüsse, noch Beobachtungen und Anzeichen wahrgenommen, sondern der Geist erhält durch innere Aufregung und Entfesselung von den irdischen Banden des Körpers einen Blick in die Zukunft; hierher gehören vorzüglich die Orakel und die Weissagungen durch dieselben (XVIII—XIX, 36—41); dann die Weissagungen durch Träume (XX—XXX, 52—65) und auch die Weissagungen der Begeisterten (XXXI, 65—67). Der Beweis für diese Art der Weissagungen und ihre Glaubwürdigkeit wird von Chrysippus entnommen und mit dessen Worten geführt; dieser Beweis gründet sich darauf, daß, sowie es zum Beweise des Sehens und der Sehkraft auch nur eines einzigen Falles bedürfe, in dem die Augen wirklich die Dinge so gesehen haben, wie sie sind, so es für die Weissagung und ihre Beglaubigung und Wirklichkeit auch hinreichend sei, wenn nur einmal eine Weissagung so eingetroffen sei, daß der Zufall dabei nicht mitgewirkt habe (XXXII, 68—71).

4. Die künstlichen Arten der Weissagung sind die Gebiete, auf denen sich die Opferschauer, die Auguren und die Ausleger von Zeichen bewegen. Ein Theil hiervon beruht auf der durch Ueberlieferung überkommenen Lehre und auf den alten Denkmälern, die in den Büchern der Etrusker über Haruspicin, über Blitze und Donner und in den Augurenbüchern enthalten sind. Ein anderer Theil wird durch Muthmaßung und muthmaßliche Schlüsse gedeutet. Die betreffenden Beispiele werden zum Belege hiervon angeführt (XXXIII—XXXVII. 72—80).

5. Quintus entwickelt darauf die Gründe der Stoiker für die Existenz der Weissagung. Sie beruhen auf der Liebe der Götter zu den Menschen und auf ihrer Allwissenheit, sowie auf dem Wunsche der Menschen von den Göttern Anzeichen zu erlangen. Danach hängt sogar von der Wirklichkeit der Weissagung auch die Existenz der Götter ab (XXXVIII, 81 - 87).

6. Diejenigen, welche die Weissagung leugnen, leugnen sie nur deshalb, weil sie dieselbe nicht begreifen und erklären und nicht angeben können, auf welchen Gründen sie beruhe, deshalb sind sie im Irrtume; denn man darf nicht hierbei fragen, wie die Weissagung zugeht, und auf welche Weise sie zu Stande kömmt, sondern ob sie wirklich stattfinde oder nicht.

Daran aber hat noch im gewöhnlichen Leben keine Nation, kein Philosoph gezweifelt, daß es eine wahre Weissagung gebe (XXXIX—XL, 87—89); auch sind mit Recht die Seelen der Menschen durch die Weissagung bewegt und beeinflußt, wie dieß die berühmtesten Zeugnisse aus dem Altertume deutlich beweisen (XLI, 90—92), und gerade in den besten Staaten haben sowol die übrigen Gattungen der Weissagung Ansehen und Geltung gehabt, als auch besonders die Auspicien. Dieß wird mit Beispielen aus der Römischem Geschichte belegt (XLII—XLVIII, 93—108).

7. Die Quelle und der Ursprung aller Weissagung ist auf die unmittelbare Einwirkung durch Gott zurückzuführen XLIX—LV, 109 bis 126), dann auch auf das Schicksal (LVI, 127—128) und zuletzt auf die Natur und die Naturerscheinungen (LVII—LVIII, 129—132).

8. Schluß des Buches: Quintus bestätigt die Allgemeinheit des Glaubens an die Weissagung, will sich aber dabei von allem Aberglauben und aller Betrügerei, die dabei vorkommen kann, losfagen.

Zweites Buch.

Widerlegung der im ersten Buche ausgesprochenen Ansicht des Quintus von der Weissagung durch Marcus.

I. **Einleitung.** Cicero zählt zunächst der Reihe nach seine bisher geschriebenen philosophischen und rhetorischen Werke auf, gibt ihren Inhalt und ihre Anlage kurz an und muntert zuletzt seine Landsleute zum eifrigen Studium der Philosophie, als Trostmittel für die gegenwärtigen inneren Verhältnisse in Rom auf (I—II, 1—7).

II. Widerlegung der stoischen Ansicht des Quintus von der Weissagung und Darstellung der Widersprüche, in denen die Lehre der Stoa von der Weissagung mit sich selbst steht.

1. **Beweis des Karneades** gegen die Weissagung. Cicero zeigt, daß die Weissagung gar keinen eigentlichen Stoff für sich beanspruchen könne, und daß sich auch keiner für sie nachweisen lasse. Denn die Weissagung bezieht sich weder auf die durch die Sinne wahrgenommenen Dinge, noch auf die, welche auf den Künsten und Wissenschaften beruhen, noch auf die, welche mit dem Staatsleben in Verbindung stehen (III—IV, 8—12). Auch kann nicht eingeräumt werden, daß die Weissagung die zufälligen Dinge zu ihrem Stoffe und Gegenstande habe; denn Winde, Krankheiten und viele andere Dinge sind zufällig, gehören aber doch nach dem Systeme und der Ansicht der Stoiker nicht in das Gebiet der Weissagung. Wenn aber das zufällig heißt, was man weder durch die Vernunft, noch durch Kunst erkennen kann, so kann es, weil es eben auf dem Zufalle beruht, auch hiervon kein Vorauswissen und keine Prophezeiung geben. Wenn aber die Stoiker den Zufall leugnen, und dagegen

behaupten, daß Alles von Ewigkeit her vom Schicksale bestimmt sei; so kann auch die Weissagung gar nichts nützen und hat keinen rechten Zweck; denn wenn Alles zum Voraus bestimmt ist, so läßt sich auch Nichts ändern und durch Weissagung vermeiden (V—VIII, 12—21). Ja, die Kenntniß der zukünftigen Dinge gereicht den Menschen nicht einmal zum Vortheile und zum Heile, sondern ist im Gegentheile nur schädlich und unnütz; sie wird nur dazu beitragen, die Menschen zu beunruhigen und zu ängstigen; denn wenn die Stoiker behaupten, durch Beobachtung der Weissagung alle menschlichen Uebel u. dgl. leichter zu ertragen, so ist das ein Irrtum, da, wenn Nichts ohne das Schicksal geschähe, auch durch die Weissagung Nichts erleichtert werden kann (IX—X, 22—26).

2. Nach diesem Vorpostengefechte greift Cicero die einzelnen Arten der Weissagung an und bestreitet die im vorigen Buche von Quintus dafür beigebrachten Gründe. Wiederholung der Eintheilung (XI, 26—27).

 a) Die Eingeweideschau (Haruspicin), da sie widersinnig ist (XII bis XVI, 28—37);

 b) die Weissagung aus den Blitzen (XVII—XXI, 38—40); sie hat ihren Ursprung in der Furcht der Menschen in den ersten Zeiten der Menschheit; auch streitet der Umstand dagegen, daß viele Blitze in vielen Gegenden fallen und nicht bemerkt werden, daher auch nicht von Bedeutung sein können. Das Zusammentreffen eines Blitzes mit einem besonderen Ereigniß ist als Zufall anzusehen.

 c) Die Weissagung aus den Wunderzeichen und Vorbedeutungen (XXII—XXXII, 49—69);

  α) diese sind nämlich meistens erdichtet oder nicht ganz wahr;

  β) sie werden als wunderbar betrachtet, weil sie selten sind, aber unmöglich sind sie deshalb nicht; denn sonst könnten sie nicht geschehen sein;

  γ) sie sind auch zwecklos, wenn sie ohne Auslegung nicht von den Menschen verstanden werden können und man daher ihren Folgen nicht ausweichen kann;

  δ) schließlich sind sie auch ungewiß und widersprechen sich häufig selbst.

 d) Die Auspicien (XXXIII—XL, 70—84). Ihre Gehaltlosigkeit wird auseinandergesetzt.

  α) Sie werden eigentlich nur aus Achtung vor dem Alter beibehalten, dann wegen des abergläubischen Volkes und schließlich auch zur Erreichung gewisser politischer Zwecke.

  β) In Rom sind sie fast ganz außer Gebrauch gekommen, da man ihren Unwerth erkannte.

  γ) Sie sind sich selbst inconsequent und bei verschiedenen Völkern auch verschieden.

 e) Die Loose. Ihr Ursprung liegt in dem Bereiche der Fabel, und sie sind selbst vom Volke verachtet (XLI, 85—87).

f) Die aſtrologiſchen Weiſſagungen der Chaldäer (XLII — XLVII, 87—99);
  α) ſie werden von den bedeutendſten Aſtronomen ſelbſt verachtet;
  β) der Einfluß der Geſtirne auf das Geſchick des Menſchen iſt nicht nachweisbar, viel eher ſind die Atmoſphäre und die klimatiſchen Bodenverhältniſſe von Einfluß und Bedeutung auf die Menſchen;
  γ) ſelbſt bei gleicher Conſtellation iſt doch das Geſchick der Menſchen oft ein ſehr verſchiedenes;
  δ) die in demſelben Augenblicke an verſchiedenen Orten Geborenen ſind wegen Verſchiedenheit des Horizonts doch nicht unter gleicher Conſtellation geboren;
  ε) der Einfluß der Erzeugung iſt von den Aſtrologen ganz überſehen.
3. Widerlegung der natürlichen Weiſſagung (XLVIII, 100). Zwei Arten derſelben werden unterſchieden:
  a) Die Weiſſagungen der Begeiſterten.
    α) Es iſt unnatürlich und widerſinnig, daß Einer, der nicht bei Sinnen iſt, mehr ſehen ſoll, als Einer, der bei Verſtande iſt.
    β) Die Sibylliniſchen Bücher ſind nicht einmal ein Werk der Begeiſterung, ſondern ein künſtliches Machwerk.
    γ) Die übrigen berühmten Weiſſagungen ſind fabelhaft, die Ausſprüche der Orakel ſelbſt entweder falſch oder zufällig eingetroffen oder zweideutig oder dunkel.
    δ) Die Orakel ſelbſt haben längſt aufgehört ihre alte Bedeutung zu bewahren; dieß wäre nicht geſchehen, wenn ſie durch göttlichen Einfluß und durch göttliche Kraft entſtanden wären.
  b) Die Träume (LVIII—LXXI, 119—142).
    α) Denn ſchon die Wachenden irren ſich oft und halten Etwas mit Unrecht für wahr, um ſo viel täuſchender ſind die Traumerſcheinungen;
    β) ein zufällig eingetroffener Traum beweiſt Nichts für die Bedeutung der Träume überhaupt;
    γ) auch wenn die Träume göttlich wären, ſo würden ſie doch wegen der Unſicherheit der Deutung ohne Werth ſein.
4. Schluß. Wenn auch der Aberglaube auf alle Weiſe auszurotten und zu tilgen iſt, ſo muß doch die Religion und die Achtung vor derſelben bewahrt werden (LXXII, 148—150).

Erstes Buch.

I. 1. Es ist ein alter Glaube, der schon aus den heroischen Zeiten herstammt, und der durch die Einstimmigkeit des Römischen Volkes, sowie die aller Völker bekräftigt ist, es walte unter den Menschen eine gewisse Weissagung, welche die Griechen Mantik ($μαντική$) nennen, d. h. eine Vorempfindung und eine Kunde zukünftiger Dinge: eine herrliche und heilbringende Wissenschaft, wenn es anders eine solche gibt, durch welche die sterbliche Natur am meisten der Macht der Götter sich nähern würde. Sowie wir nun auch in manchen andern Punkten [1]) den Griechen voraus sind, so haben denn unsere Landsleute den Namen für diese so ausgezeichnete Sache von divis, d. h. den Göttern, die Griechen, wie Plato [2]) erklärt, von der $μανία$, d. h. Raserei, abgeleitet. 2. Kein Volk gibt es, wie ich sehe, mag es noch so fein und gelehrt gebildet, noch so roh und unwissend sein, das nicht der Ansicht wäre, die Zukunft könne angedeutet und von gewissen Leuten erkannt und vorhergesagt werden. Zuerst haben die Assyrier, — um von den ältesten ein Zeugniß für meine Ansicht zu haben, — da

---

[1]) Ein ähnliches Selbstgefühl und denselben Stolz des römischen Namens finden wir Tuskul. I, 1 ausgesprochen: Sed meum semper judicium fuit, omnia nostros aut per se sapientius quam Graecos aut accepta ab illis fecisse meliora; andere Stellen führt Giese in seiner Ausgabe an.
[2]) Im Phädrus p. 244 C.: $νῦν δὲ τὰ μέγιστα τῶν ἀγαθῶν ἡμῖν γίγνεται, διὰ μανίας, θείᾳ μέντοι δόσει διδομένης.$ und: $οὐ γὰρ ἂν τῇ καλλίστῃ τέχνῃ, ᾗ τὸ μέλλον κρίνεται, αὐτὸ τοῦτο ὄνομα ἐμπλέκοντες μανικὴν ἐκάλεσαν · ἀλλ' ὡς καλοῦ ὄντος, ὅταν θείᾳ μοίρᾳ γίγνηται, οὕτω νομίσαντες ἔθεντο. οἱ δὲ νῦν ἀπειροκάλως τὸ ταῦ ἐπεμβάλλοντες μαντικὴν ἐκάλεσαν.$

Cicero, von der Weissagung.

sie wegen der Ebene und Weite der Flächen, die sie bewohnten, einen nach allen Seiten hin freien und unbeschränkten Horizont hatten, die vorübergehenden Bewegungen der Wandelsterne[3] beobachtet, diese aufgezeichnet und, was sie einem Jeden[4] bedeuteten, der Nachwelt überliefert. In dieser Nation haben, wie man glaubt, die Chaldäer, die nicht nach der Kunst, sondern nach dem Volke ihre Benennung haben[5], durch tägliche Beobachtung der Gestirne eine Wissenschaft sich gebildet, vermittelst deren sie voraussagen konnten, was einem Jeden begegnen werde, und zu welchen Schicksalen er geboren sei. Dieselbe Kunst sollen auch die Aegyptier in der Länge der Zeiten und im Laufe von zahllosen Jahrhunderten erlangt haben. Die Cilicier aber und die Pisiden und die diesen benachbarten Pamphylier, denen ich selbst vorgestanden habe[6], glauben, daß durch den Flug und den Gesang der Vögel, als die zuverlässigsten Zeichen, die Zukunft sich zu erkennen gebe. 3. Und welche Colonie hat Griechenland nach Aeolien, Jonien, Asien, Sicilien und Italien ohne Befragung des Pythischen[7] oder Dodonäischen[8] oder Ammonischen Orakels[9] entsandt? oder welchen Krieg hat es ohne den Rath der Götter unternommen?

---

[3] trajectiones motusque stellarum sind nach Moser die Bewegungen der Wandelsterne und ihr Lauf an den Fixsternen vorbei. Hottinger erklärt es als Sternschnuppen. Vgl. Giese zu unserer Stelle.

[4] Nach der Lesart der Handschriften: cuique für quoque, was Hottinger conjicirt.

[5] Man nahm das Wort Chaldaei zu Cicero's Zeit für gleichbedeutend mit dem der Astrologen. Vgl. Strabo XVI, 1, 6 p. 739 und Gellius N. A. XIV, 1, der einen Vortrag des Philosophen Favorinus über die, welche sich Chaldäer oder Genethliatiker nennen, mittheilt.

[6] Cicero verwaltete die Provinz Cilicien, an der Südostküste Kleinasiens, im J. der St. 702 (51 v. Chr.). Die hier erwähnten Völkerschaften stehen für die Provinz selbst. Cicero bekriegte die räuberischen Völker am Gebirge Amanus und erwarb sich dadurch den Namen eines imperator, vgl. Brückner, Leben des Cicero S. 527 ff.

[7] Das Pythische Orakel ist das berühmte des Pythischen Apollo zu Delphi.

[8] Zu Dodona im Lande der Molosser in Epirus, wo Jupiter auf dem Berge Tomaros einen Tempel hatte, das älteste griechische Orakel.

[9] (in Afrika) in Libyen, in der Oase Ammonium, wo ein berühmter Tempel des Zeus war.

II. Und nicht nur „eine" Art der Weissagung wandte man im öffentlichen Leben und im Privatleben häufig an. Denn — um die übrigen Völker zu übergehen — wie viel Arten hat allein das unsrige eingeführt? Gleich Anfangs soll der Vater dieser Stadt, Romulus, nicht bloß unter Auspicien die Stadt gegründet haben, sondern auch selbst der beste Augur gewesen sein. Und dann bedienten sich der Auguren ¹) auch die übrigen Könige, und nach Vertreibung der Könige ward keine öffentliche Handlung, weder daheim, noch im Kriege, ohne Zurathziehung der Auspicien vorgenommen. Und da eine große Bedeutung theils zur Erlangung guter Anzeichen und zur Berathung der Dinge, theils zur Auslegung und Sühnung von Wunderzeichen in der Wissenschaft der Opferschauer zu liegen schien, so nahmen sie diese Wissenschaft in ihrem ganzen Umfange aus Etrurien¹) auf, so daß durchaus keine Gattung der Weissagung von ihnen vernachläßigt zu sein schien. 4. Da nun die Seele auf zweierlei Weise ohne Ueberlegung und wissenschaftliche Erkenntniß durch ihre eigene ungebundene und freie Bewegung sich erregen läßt, indem sie theils begeistert ist, theils träumt: so glaubten sie, es sei die in der Begeisterung enthaltene Weissagung vornehmlich in den Sibyllinischen Versen zu finden, und bestimmten zehn auserlesene Erklärer aus der Bürgerschaft dazu ²). Als zu dieser Gattung gehörig glaubte man auch die in Raserei gethanen Aussprüche von Wahrsagern und Sehern, wie im Octavianischen Kriege ³) die von Cornelius Culleolus, anhören zu

---

¹) Das Amt der Auguren bestand darin, daß sie aus dem Fluge, den Stimmen und dem Fressen der Vögel, sowie aus der Beobachtung anderer Thiere und aus Himmelserscheinungen weissagten. Ihr Amt war lebenslänglich. Unter Romulus bestand ihr Collegium aus drei, unter Servius Tullius aus vier, seit Sulla aus fünfzehn Mitgliedern. Vgl. besonders K. O. Müller, die Etrusker II. S. 6 ff. Auch Cicero hatte eine Schrift de auguriis verfaßt, die aber verloren gegangen ist.

²) Ueber die Sibyllinischen Bücher oder Verse vgl. Hartung, Religion der Röm. Th. I. S. 129 ff. und Preller, Röm. Mythol. S. 20. und besonders 266 fg. Die Sibylla war eine Weissagerin in Cumä in Campanien. Anfangs bis zum J. (388 d. St.) 366 v. Chr. Geb. hatten zwei interpretes (vgl. II. 54, 110) oder sacerdotes Sibyllini über sie die Aufsicht, später 10, und zuletzt unter Sulla und August 15.

³) Der „Octavianische" Krieg, im J. (d. St. 667) 87 v. Chr. Geb., benannt nach dem Consul Gnäus Octavius, einem Anhänger der Sullanischen Partei, der gegen seinen Collegen Lucius Cornelius Cinna und Marius focht und getödtet

müssen. Auch wichtigere Träume, wenn sie etwa den Staat zu betreffen schienen, wurden von der obersten Behörde (dem Senate) nicht außer Acht gelassen. Ja noch in unserer Zeit hat Lucius Julius⁴), der mit Publius Rutilius⁴) Consul war, auf Senatsbeschluß den Tempel der Juno Sospita⁵) herstellen lassen in Folge eines Traumes der Cäcilia, der Tochter des Balearicus⁶).

III. 5. Und dergleichen haben die Alten gebilligt, indem sie, wie ich glaube, eher durch die Erfolge der Dinge bewogen, als durch Vernunftgründe belehrt worden sind. Man hat jedoch einige auserlesene Beweise von Philosophen für die Wahrheit der Weissagung gesammelt: unter diesen hat allerdings — um von den ältesten zu reden — Xenophanes¹) aus Kolophon, obwol er der einzige war, der das Dasein der Götter behauptete, dennoch die Weissagung von Grund aus verworfen. Aber alle übrigen, mit Ausnahme von Epikur²), der sich über das Wesen der Götter ganz unklar ausdrückt, haben die Weissagungen angenommen; aber freilich nicht alle auf gleiche Weise. Während nämlich Sokrates und alle Sokratiker, dann

---

warb, als Sulla in Asien im Kriege gegen Mithridates abwesend war. Vgl. de nat. Deor. II. 5, 14. Es zeigten sich in dieser Zeit viele auffallende Erscheinungen am Himmel. Cornelius Culleolus war im J. 87 (667 d. St.) ein Seher, sonst unbekannt.

⁴) Im J. (663 d. St.) 110 v. Chr. Geb.

⁵) Vgl. de nat. Deor. I. 29, 82. Die Juno Sospita wurde in ganz Latium verehrt, in Lanuvium hatte sie einen Tempel und Hain, der auch für Rom heilig war. Der hier erwähnte Tempel wurde 91, im Marsischen Kriege erneuert, vgl. Kap. 44 und Hartung, Relig. der Röm. II. p. 64 ff.

⁶) Cäcilia Metella war die Tochter des Consuls Quintus Cäcilius Metellus, der nach der Besiegung der Balearischen Inseln (123 v. Chr.) den Beinamen Balearicus erhielt, s. Flor. 3, 8.

¹) Xenophanes aus Kolophon, der Stifter der Eleatischen Schule um 530 v. Chr. Geb. Er wanderte um 536 nach Elea in Groß-Griechenland, vgl. über ihn zu de nat. Deor. I. 41, 28.

²) Epikurus (342—270 v. Geb. aus Gargettus, einem Attischen Demos, Gründer der Epikureischen Schule, welche die Lust ($\dot{\eta}\delta o\nu\dot{\eta}$) für das höchste Gut und den Schmerz für das höchste Uebel erklärte. — Vgl. zu der Ansicht des Xenophanes und Epikurus Plutarch de placit. philosoph. 5. 1: $\Xi\epsilon\nu o\varphi\acute{a}\nu\eta\varsigma$ $\varkappa\alpha\grave{\iota}$ $\,\rm{E}\pi\acute{\iota}\varkappa o\nu$-$\rho o\varsigma$ $\dot{a}\nu\alpha\iota\rho o\tilde{v}\sigma\iota$ $\tau\dot{\eta}\nu$ $\mu\alpha\nu\tau\iota\varkappa\dot{\eta}\nu$. und Diog. Laert. X. §. 185: $M\alpha\nu\tau\iota\varkappa\dot{\eta}\nu$ $\delta\grave{\epsilon}$ $\ddot{\iota}\pi\alpha\sigma\alpha\nu$ $\dot{\epsilon}\nu$ $\ddot{\alpha}\lambda\lambda o\iota\varsigma$ $\dot{a}\nu\alpha\iota\rho\epsilon\tilde{\iota}$, $\dot{\omega}\varsigma$ $\varkappa\alpha\grave{\iota}$ $\dot{\epsilon}\nu$ $\tau\tilde{\eta}$ $\mu\iota\varkappa\rho\tilde{a}$ $\dot{\epsilon}\pi\iota\tau o\mu\tilde{\eta}\cdot$ $\varkappa\alpha\grave{\iota}$ $\varphi\eta\sigma\iota$ $\mu\alpha\nu\tau\iota\varkappa\dot{\eta}$ $\dot{\omega}\varsigma$ $\dot{a}\nu\acute{v}\pi\alpha\rho\varkappa\tau o\varsigma$.

Drittes Kapitel.

Zeno ³) und seine Schüler bei der Ansicht der alten Philosophen verblieben, mit Zustimmung der alten Akademie ⁴) und der Peripatetiker ⁵), während schon vorher Pythagoras ⁶) großes Gewicht diesem Gegenstande beigelegt hatte, da er sogar selbst Augur sein wollte; während endlich der gewichtige Gewährsmann, Demokritus ⁷), an mehreren Stellen die Vorempfindung der Zukunft unterstützt hatte: verwarf der Peripatetiker Dicäarch ⁸) die übrigen Gattungen der Weissagung und behielt nur die der Träume und der Begeisterung bei. Auch unser Freund, Kratippus ⁹), den ich den höchsten Peripatetikern an die Seite setze, maß nur diesen beiden Gattungen der Weissagung Glauben bei und verwarf die übrigen.   6. Da aber die Stoiker fast alle jene Gattungen vertheidigten, indem theils Zeno in seinen Abhandlungen einige Samenkörner hierzu ausgestreut und Kleanthes ¹⁰) diese weiter entwickelt hatte: so kam der äußerst scharfsinnige Chrysippus ¹¹) hinzu, welcher die Weissagung in zwei Büchern auseinander-

---

³) Zeno aus Cittium auf Cypern, Gründer der Stoischen Schule, um 300 v. Chr., gest. zu Athen um 260. Ueber die Ansichten der Stoiker über die Mantik vgl. besonders Zeller, griech. Philos. III. 119 ff., wo auch die bezüglichen Stellen aus unserer Schrift de divinatione angeführt werden.

⁴) Die alte Akademie war von Plato gegründet.

⁵) Peripatetiker, die Schüler des Aristoteles.

⁶) Pythagoras, Philosoph, aus Samos, Schüler des Pherekydes, stiftete die Italische oder die nach ihm benannte Pythagoreische Schule, geb. 582, gestorben zu Kroton in sehr hohem Alter, vgl. über ihn zu de nat. Deor. I, 11, 27. Anm. 2.

⁷) Demokritus aus Abdera in Thrakien, 450 geb., Schüler des Leucippus, dessen Atomenlehre er weiter ausbildete. Von seinen zahlreichen Schriften sind uns nur einzelne Sätze aufbewahrt worden.

⁸) Dicäarch aus Sicilien, peripatetischer Philosoph, zugleich Mathematiker und Redner, Schüler des Aristoteles, schrieb Bücher über die Seele und ein Buch über den Tod. Vgl. Tuscul. I. 10.

⁹) Kratippus aus Mitylene auf Lesbos, auch ein Peripatetiker zu Athen, intimer Freund Cicero's und Lehrer von dessen Sohne, der ihn 44 zu Athen hörte. Vgl. II. 48, 100 und noch häufig in dieser Schrift.

¹⁰) Kleanthes von Assus in Troas, berühmter stoischer Philosoph, Schüler des Krates und Nachfolger des Zeno. Vgl. Krug de Cleanthe divinitatis assertore ac praedicatore. Lips. 1819.

¹¹) Chrysippus aus Soli in Cilicien (280—206 v. Chr.), Schüler des Zeno und Kleanthes, ein sehr scharfsinniger und gelehrter Stoiker. Er schrieb ein Buch περὶ χρησμῶν, woraus Cicero geschöpft hat; vgl. II. 56, 115. Cicero nennt

gesetzt, außerdem in einem über die Orakel und einem über die Träume gesprochen hat. Diesem reihte sich sein Zuhörer, Diogenes aus Babylon ¹²) an und gab ein Buch heraus; sodann schrieb Antipater ¹³) zwei Bücher, und unser Posidonius ¹⁴) fünf. Von den Stoikern ward zwar sogar ein Meister dieser Schule, Panätius ¹⁵), abtrünnig, wagte jedoch nicht zu behaupten, es gebe keine weissagende Kraft, sondern sagte nur, er schwanke darüber mit seinem Urtheile. Und was jener Stoiker trotz des heftigsten Widerstrebens der Stoiker sich zu thun erlaubte, werden uns das nicht die Stoiker auch in den übrigen Punkten zugestehen? zumal da das, was dem Panätius nicht einleuchtet, den übrigen Anhängern seiner Schule heller als das Sonnenlicht zu sein scheint. 7. Diese löbliche Eigenschaft des Zweifelns, die der Akademie ¹⁶) eigenthümlich ist, ist durch das Urtheil und Zeugniß eines der vortrefflichsten Philosophen gerechtfertigt worden.

IV. Indem ich mir nun selbst die Frage vorlege, was man von der Weissagung zu halten habe, weil Karneades ¹) Vieles mit

---

ihn II, 28, 61 den auctor divinationis. Vgl. Petersen philosophiae Chrysippeae fundamenta in notionum dispositione posita. 1827.

¹²) Diogenes, der Babylonier, eigentlich aus Seleucia in Syrien (καλούμενος δὲ Βαβυλώνιος διὰ τὴν γειτονίαν, Diog. Laert. 7, 81), stoischer Philosoph, Schüler des Chrysippus, Lehrer des Neuakademikers Karneades, kam im J. 155 v. Chr. mit Karneades und Kritolaus als Gesandter von Athen nach Rom, daselbst hielten die drei gelehrte Vorträge über philosophische Gegenstände, mußten aber, da Cato besorgt war, daß die Römische Jugend durch diese Vorträge dem thätigen Leben für den Staat entzogen würde, bald Rom wieder verlassen.

¹³) Antipater, Schüler des Diogenes, aus Tarsus.

¹⁴) Posidonius aus Apamea in Syrien, 135—51 v. Chr., Schüler des Panätius (stoischer Philosoph), ertheilte Cicero persönlich Unterricht, vgl. de nat. D. I, 3: Posidonius, a quo ipsi instituti sumus; Bake, Posidonii Rhodii reliquiae. Lugduni Batav. 1810. und Zeller, griech. Phil. III. S. 347.

¹⁵) Panätius aus Rhodus, 150 v. Chr. ein berühmter Philosoph der Stoischen Schule und der hauptsächlichste Verbreiter des Stoicismus in Rom; er war der Freund des Scipio und Lälius. Vgl. über ihn die schöne Monographie van Lynden, dissertatio de Panaetio. Lugd. Batav. 1802. und Zeller, griech. Phil. III, 15 ff. u. S. 347.

¹⁶) Nämlich der jungen Akademie: S. die Anm. zu II, 72, 150.

¹) Karneades aus Cyrene in Afrika, geb. 217 v. Chr., Stifter der neueren Akademie, besonders Gegner des Stoikers Zeno. Vgl. über ihn Zeller, Philos. der Griech. III. Thl. S. 292 ff. und Kühner, Cic. in philosophiam merita p. 155—157.

Scharfsinn und mit Fülle der Worte den Stoikern bestritten hat, und indem ich besorgt bin, ohne Ueberlegung einer irrigen oder nicht hinreichend erwogenen Sache beizustimmen: so glaube ich auf's Neue wieder Gründe und Gegengründe gegen einander halten zu müssen, sowie ich es in den drei Büchern von dem Wesen der Götter gethan habe. Denn es ist überall ein übereiltes Zustimmen und ein Irrthum schimpflich, so besonders da, wo wir darüber urtheilen sollen, wie viel Gewicht wir den Auspicien und überhaupt den göttlichen Dingen und der Religion beilegen sollen; denn es ist Gefahr vorhanden, daß wir, wenn wir jene Dinge vernachläßigen, uns eines gottlosen Frevels oder aber, wenn wir sie annehmen, eines kindischen Aberglaubens schuldig machen.

V. 8. Ueber diese Dinge habe ich schon sonst oft gesprochen und etwas gründlicher, neulich, als ich mit meinem Bruder, Quintus [1]), auf meinem Tuskulanum [2]) verweilte. Als wir nämlich lustwandelten und in das Lyzeum [3]) gekommen waren (so heißt das oberhalb gelegene Gymnasium); da sagte jener: „Ich habe eben dein drittes Buch von dem Wesen der Götter durchgelesen, in dem die Erörterung Cotta's [4]) meine Ansicht zwar wanken gemacht, aber dennoch nicht von Grund aus umgestoßen hat." „Sehr schön," sagte ich, „denn Cotta redet selbst in dem Sinne, daß er vielmehr die Beweise der Stoiker widerlegen als den Religionsglauben der Menschen vernichtet wissen will." Darauf erwiderte Quintus: „Das sagt allerdings Cotta und zu wiederholten Malen und, wie ich glaube, damit es nicht den Anschein gewinne, als verletze er die allgemein menschlichen Rechte [5]); aber bei seinem Eifer gegen die Stoiker anzukämpfen scheint er mir selbst das Dasein der Götter leugnen zu wollen. 9. Doch bin

---

[1]) Vgl. die Einleitung: über die Personen im Dialog.

[2]) Das Landhaus des Cicero, in der Nähe der latinischen Stadt Tusculum.

[3]) Cicero hatte in den Umgebungen seines Tusculanum zwei Spaziergänge, von denen er in Nachahmung der Athenischen Gymnasien den einen nach dem Lehrorte des Aristoteles Lyzeum, den andern nach dem des Plato Akademie nannte.

[4]) Gajus Aurelius Cotta, geb. 124 v. Chr. Geb., ist derselbe, der in dem Werke de nat. Deor. als Neuakademiker auftritt, im J. 75 war er mit Livius Octavius Consul, darauf bekam er Gallien als Provinz und starb an einer Wunde, die er in einem Treffen erhalten hatte.

[5]) Nach der Conjektur von Turnebus: communia jura statt communi jure.

ich keineswegs um eine Antwort auf seine Rede verlegen; denn die Religion ist hinlänglich von Lucilius⁶) in dem zweiten Buche in Schutz genommen, und seine Erörterung schien dir selbst, wie du am Ende des dritten Buches schreibst, der Wahrheit näher zu kommen. Aber was in jenen Büchern ausgelassen ist, (ich glaube deshalb, weil du es für zweckmäßiger hieltst, das besonders zu untersuchen und zu besprechen, nämlich die Frage von der Weissagung, die in der Voraussagung und der Vorempfindung der für zufällig gehaltenen Dinge besteht;) das also laßt uns, wenn es beliebt, betrachten, was es für eine Bedeutung hat und von welcher Beschaffenheit es ist. Meine Meinung ist nämlich die: wenn die Gattungen der Weissagung, die uns überkommen sind, und die wir verehren, wahr sind; so gibt es auch Götter; und umgekehrt: wenn es Götter gibt, so muß es auch Leute geben, die weissagen."

VI. 10. „Du vertheidigst da die Hauptschanze¹) der Stoiker, o Quintus," sagte ich, „wenn anders dieß sich so umkehren läßt, daß, wenn es Weissagung gibt, es Götter gibt; und Götter, wenn es Weissagung gibt²). Aber hiervon wird wohl keines von beidem so leicht, wie du glaubst, dir eingeräumt. Denn einerseits kann auch durch die Natur und ohne Gott die Zukunft angedeutet werden, andererseits, gibt es Götter, so ist es möglich, daß überhaupt keine Weissagung dem Menschengeschlechte verliehen ist." Und jener sagte: „Ich fürwahr habe einen hinreichenden Beweis für das Dasein der Götter und für ihre Leitung der menschlichen Dinge in dem Glauben, daß es deutliche und einleuchtende Gattungen der Weissagung gibt. Hierüber werde ich dir, wenn du Lust hast, meine Ansicht auseinandersetzen, jedoch nur

---

⁶) Quintus Lucilius Balbus, ein Zuhörer des Panätius, der auch in dem Dialoge Hortensius als Vertheidiger der Stoa auftritt, wie aus einem Bruchstücke dieser Schrift zu ersehen ist. Vgl. Orelli fragm. p. 484. Nr. 71. und Cicero's Urtheil über ihn hinsichtlich seiner Philosophie de nat. Deor. I, 6, 15.
¹) arcem, das Hauptargument, auf das sich die Stoiker berufen.
²) Vgl. Sextus Empir. adv. mathem. 9. §. 132: εἰ μή εἰσι θεοί, οὐδὲ μαντική ὑπάρχει, ἐπιστήμη οὖσα θεωρητική καὶ ἐξηγητική τῶν ἀπὸ θεῶν ἀνθρώποις διδομένων σημείων, οὐδὲ μὴν θεοληπτική καὶ ἀστρομαντική, οὐ λογική (θυτική conj.) οὐχ ἡ δι᾽ ὀνείρων πρόρρησις· ἄτοπον δέ γε τοσοῦτο πλῆθος πραγμάτων ἀναιρεῖν πεπιστευμένων ἤδη παρὰ πᾶσιν ἀνθρώποις· εἰσὶν ἄρα θεοί.

unter der Bedingung, daß du Muße hast und du nichts Anderes diesem Gespräche vorziehen zu müssen glaubst. „Ich," erwiderte ich, „habe für die Philosophie immer Muße, o Quintus. Und da ich jetzt gerade nichts Anderes vorhabe, was ich mit Vorliebe treiben möchte; so wünsche ich um so viel mehr deine Ansicht über die Weissagung zu hören." „Neues freilich bringe ich nichts," erwiderte er, „und Nichts, was vor anderen ausschließlich meine Ansicht wäre. Denn ich folge der ältesten und der durch die Zustimmung aller Völker und Nationen bestätigten Ansicht. Es gibt also zwei Arten der Weissagung, eine künstliche und eine natürliche." 12. Und welche Nation, welcher Staat ließe sich nicht beeinflussen durch die Vorherverkündigungen der Opferschauer[3]), oder derer, welche die Wundererscheinungen und Blitze erklären, oder der Auguren oder der Astrologen oder schließlich der Loose, (das sind so ziemlich die Arten, die der Kunst angehören,) oder der Träume oder Weissagungen (diese beiden hält man für die natürlichen)? Man muß, glaube ich, bei diesen Dingen eher nach dem Erfolge als nach den Gründen fragen; denn es gibt eine gewisse natürliche Kraft, die theils durch eine lange Zeit fortgesetzte Beobachtung von Anzeichen, theils durch einen gewissen göttlichen Antrieb und Anhauch die Zukunft vorausverkündigt.

VII. Deshalb mag Karneades aufhören uns zuzusetzen, was auch Panätius zu thun pflegte, indem er fragt, ob Jupiter der Krähe[1]) von der linken, dem Raben[1]) von der rechten Seite her zu krächzen befohlen habe. Dieß sind Beobachtungen einer unermeßlichen Zeit, die zur Bestätigung des Erfolges[2]) wahrgenommen und aufgezeichnet sind. Es gibt aber Nichts, was nicht die Länge der Zeiten mit dem Gedächtnisse auffaßte und durch Ueberlieferung von Denkmälern sich aneignen und erreichen könnte. 13. Es ist zu bewundern, welche Arten von

---

[3]) Nach der Konjektur von Merker, die auch Orelli aufgenommen hat: extispicum statt extis pecudum, was sich in den Handschr. findet.

[1]) Ueber die Vögel, welche durch den Flug zur Rechten oder Linken Anzeichen gaben, vgl. 39, 86, dann 53, 120. und de nat. Deor. 264, 160.

[2]) Nach der Konjektur von Orelli in significationem eventus statt der Lesart der Handschriften: in significatione eventus. Der Sinn dieser Stelle ist: „je nachdem sie den Erfolg bezeichnet hatten" (Klotz in der Uebersetzung von Jacobs). Vgl. die übrigen Konjekturen zu dieser Stelle bei Orelli (Edit. II.) IV. p. 455.

Kräutern die Aerzte beobachtet haben, welche Arten von Wurzeln gegen die Bisse wilder Thiere, gegen Augenkrankheiten und gegen Wunden, deren Wirksamkeit und Natur noch nie die Wissenschaft erklärt hat: durch ihren Nutzen hat sich die Kunst und der Erfinder bewährt. Wohlan laßt uns das betrachten, was zwar zu einer anderen Gattung gehört, aber dennoch der Weissagung sehr nahe kommt.

>„Und gar oft verkündet zuvor die künftigen Stürme[3])
>Hoch aufschwellendes Meer, wenn es plötzlich vom Grunde sich aufstürmt
>Und das graue Gestein, beschäumt von der schneeigen Salzflut,
>Läßt den traurigen Ton erschallen dem Gotte des Meeres;
>Oder wenn wildes Getöse vom Gipfel des Berges daher stürmt
>Und an der Klippen Umzäunung gebrochen drohend heranwächst"[4]).

VIII. Von solchen Vorempfindungen sind ja deine Prognostika[1]) voll. Wer vermag nun die Gründe der Vorempfindungen zu erforschen? Und doch, sehe ich, hat es der Stoiker Boethus[2]) versucht, der insofern etwas geleistet hat, als er den Grund der Erscheinungen im Meere und am Himmel erklärte. 14. Wer aber mag mit Wahrscheinlichkeit angeben, woher Folgendes entspringt?

---

[3]) Diese Verse und die folgenden Fragmente im 8ten und 9ten Kapitel sind aus Cicero's Uebersetzung der διοσημεῖα des Aratus, von Cicero Prognostica (f. Kap. 8 im Anfang) genannt. Außer diesen Versen, Arat. Phaenom. 909—912 ff. (Diosem. 177—180) und dreien bei Priscian ist alles Uebrige verloren. Aratus, aus Soli in Cilicien, um 250 v. Chr., lebte am Hofe des macedonischen Königs Antigonus Gonatas, durch den veranlaßt er das Werk des Knidiers Eudoxos, eines Astronomen, in ein Lehrgedicht: φαινόμενα καὶ διοσημεῖα (Sternerscheinungen und Wetterzeichen) umarbeitete. Cicero übersetzte es als sechzehnjähriger Jüngling in lateinische Verse.

[4]) Wir haben nach der gewöhnlichen Lesart saepe repulsus übersetzt, so daß saepe als Ablativ von saepes, Umzäunung, zu nehmen ist. Doch ist nicht zu verkennen, daß die Häufung der drei Attribute (densus, ortus, repulsus) zu dem einen Worte stridor schwerfällig erscheinen muß, und wir billigen die Konjektur von Manutius (von Davies in den Text aufgenommen): saepe repulsu, dann ist saepe abjektivisch aufzufassen, vgl. Giese zu dieser Stelle, und der Sinn: „durch den häufigen Anprall", also: Und wächst drohend heran durch den häufigen Rückprall am Felsen.

[1]) So hieß der zweite Theil von des Aratus Gedichte.

[2]) Boethus aus Sidon, ein stoischer Philosoph, wird selten erwähnt; er scheint ein Zeitgenosse Chrysipp's gewesen zu sein, vgl. Zeller, Griech. Philos. III. S. 355.

³) „Auch verkündet das bräunliche ⁴) Huhn, aus dem Schlunde des Meeres
Fliehend, mit kläglichem Ton, daß drohe ein schreckliches Sturmwind,
Und nicht mäßige Töne ergießt es aus zitternder Gurgel.
Oft auch läßt aus der Brust ein Lied der Trauer erschallen,
Häuft unablässig die Tön' mit dem Anbruch des Tages die Eule ⁵),
Frühe, sobald den frostigen Thau das Morgenroth auflöst.
Oft auch läuft das Ufer entlang die schwärzliche Krähe,
Taucht hinunter das Haupt und nimmt mit dem Nacken die Flut auf."

IX. 15. Wir sehen, daß diese Zeichen fast niemals trügen; aber trotzdem sehen wir nicht, warum es so geht.

„Ihr auch sehet die Zeichen, des süßen Wassers Bewohner ¹),
Wenn mit Geschrei ihr beginnt nichtssagenden Laut zu erheben,
Und mit widrigem Ton erfüllet die Quellen und Sümpfe."

Wer möchte vermuthen, daß die Frösche dieß ahnen könnten? Aber es liegt in den Fröschen eine wunderbare Kraft und Naturgabe ²), die ihnen Etwas vorbedeutet, und an und für sich hinlänglich zuverläßig, aber für die Erkenntniß des Menschen ziemlich dunkel ist.

„Und schleppfüßige Rinder, erblickend die Sterne des Himmels,
Ziehn mit den Nüstern befeuchtenden Dunst aus der Luft ein."

Ich frage nicht, warum, weil ich einsehe, was vor sich geht.

„Ferner der Mastixbaum, stäts grün und mit Früchten beladen,
Der mit dreifacher Frucht heranzuwachsen gewohnt ist,
Weiset, dreimal ergiebig zum Pflügen die dreifache Zeit an ³)."

---

³) Arat. Phaen. 913. 948. 950 ff.
⁴) Nach der Lesart cana felix. Aus der verdorbenen Lesart rana fluxit idem machte Camerarius rava fulix itidem; aber in den Codd. A. H. V. steht cana (grau), vgl. Giese zu dieser Stelle. Bei Aratus steht ἐρωδιός, eigentlich ardea (Reiher).
⁵) Lateinisch acredula, Griechisch ὀλολυγών; die Erklärung des Wortes ist sehr zweifelhaft; einige Erklärer wollen es für eine Froschgattung nehmen, während es andere, und zwar mit Recht, von einer Vogelgattung (Käuzchen) verstehen, vgl. Giese zu dieser Stelle. Döberlein (Reden und Aufsätze S. 371) vergleicht Theokrit. VII, 138 und erklärt das Wort mit „Grille".
¹) Arat. phaenom. 947. Die beiden folgenden Verse daselbst 954.
²) Nach der Konjektur von Beier und Rieger: mira vis in ranunculis, für die keinen Sinn gebenden Worte des Textes: in rovis et ranunculis, vgl. Giese zu dieser Stelle.
³) Arat. phaen. 1051. Diese drei Verse führt auch Plinius, hist. natur.

16. Auch darnach frage ich nicht, warum dieser Baum allein dreimal blüht, oder warum er das Zeichen seiner Blüte der zum Pflügen geeigneten Zeit anpaßt [4]). Damit bin ich zufrieden, daß ich, wenn ich auch nicht weiß, wie Alles zugeht, doch einsehe, was zugeht. Zur Vertheidigung jeder Weissagung werde ich daher dasselbe, wie für die eben genannten Gegenstände zur Antwort geben.

X. Was die Wurzel der Scammonea [1]) als Reinigungsmittel, was die Aristolochia [2]), — die ihren Namen von dem Erfinder erhielt, dem Erfinder aber wurde die Sache durch einen Traum kund, — gegen den Biß der Schlangen vermag, sehe ich wohl, und das genügt; warum sie es vermag, weiß ich nicht. So sehe ich auch nicht hinlänglich ein, welchen Grund die eben erwähnten Anzeichen der Winde und Regen (von denen ich eben sprach) haben; ihre Kraft und ihren Erfolg aber erkenne ich, weiß ich und billige ich. Ebenso erkläre ich mir, was die Spaltlinie [3]) in den Eingeweiden und was die Faser [4]) bedeutet; was die Ursache davon ist, weiß ich nicht. Und von solchen Dingen ist das Leben voll; denn von den Eingeweiden machen wir fast allen Gebrauch. Wie? können wir wohl an der Kraft der Blitze

---

18. 25, 61 an, und dieselbe Eigenthümlichkeit des Mastixbaumes (σχῖνος, lentiscus pistacia, terebinthus), erwähnt Theophr. de sign. pluv. et vent. 4, 6. p. 799.

[4]) Eigentlich: warum er die rechte Zeit des Pflügens dem Zeichen der Blüte anpaßt, cur arbor justum arandi tempus ad sui floris signum accommodet, i. e. cum flore suo signum det jam esse arandum (Kayser.).

[1]) Scammonea, Purgirkraut, eine Pflanze, deren Wurzel und Saft heilkräftigen Gebrauch hatte, vgl. Sprengel, Gesch. der Botanik I. S. 66 u. 140.

[2]) Aristolochia, vgl. über die Pflanze Theophr. hist. plant. IX. 13. vol. III. p. 787 und dazu Schneider. Es ist ungewiß, ob diese Pflanze ihren Namen von dem Erfinder Aristolochos, oder von der Erfinderin Aristolochia, (vgl. Schol. ad Nicandr. theriac. 511) oder aber von ihrem Nutzen, den sie den Gebärenden leistete, erhalten hat; Letzteres behauptet Plin. hist. nat. 25, 54, vgl. auch noch Dioscorid. III, 4: ἀριστολοχία ὠνόμασται μὲν ἀπὸ τοῦ δοκεῖν ἄριστα βοηθεῖν τοῖς λοχοῖς.

[3]) Lateinisch fissum, wurde von den Opferschauern der Einschnitt der Leber genannt, der die Lappen derselben in zwei Theile trennte, von denen der eine ein dem Befragenden, der andere ein dem Feinde günstiges Resultat versprach, vgl. de nat. Deor. III. 6, 14 und Giese zu unserer Stelle.

[4]) Fibra ist die Faser, der Lappen eines Stückes vom Eingeweide, besonders der Leber, worauf man beim Beschauen des Opferthieres besonders achtete.

zweifeln? Ist hiebei nicht außer vielem Anderen besonders Folgendes bewunderungswürdig? Als der Summanus[5]) an dem Giebelfelbe des Jupiter Optimus Maximus [6]), der damals von Thon war, vom Blitze getroffen war, und nirgends der Kopf dieser Statue zu finden war; da sagten die Opferschauer, er sei in die Tiber geschleudert; und er ward wirklich gefunden an dem Orte, den die Opferschauer bezeichnet hatten.

XI. 17. Aber wen kann ich wohl eher zum Gewährsmann oder Zeugen nehmen als dich selbst? Ich habe deine Verse auswendig gelernt, und das mit Lust, die in dem zweiten Buche von dem Consulate [1]) die Muse Urania [1]) spricht:

„Anfangs wälzet sich Zeus entflammt vom ätherischen Feuer[2])
Und erleuchtet die Welt mit allumfassendem Scheine,
Himmel und Länder zugleich durchdringt er mit göttlichem Geiste,
Der im Innern erhält die Sinn' und das Leben der Menschen,
Von des himmlischen Aethers Gewölbe umzäunt und umgeben.[3])

---

[5]) Summanus, eine Gottheit von unbestimmter Bedeutung, vgl. Ovid. fast. 6. 731: Reddita, quisquis is est, Summano templa feruntur. Sein Name ist wahrscheinlich aus summus manium (der Geisteroberster) entstanden und ursprünglich wohl ein Beiname des Jupiter, des höchsten (summus) der Götter. Vergl. Hartung, Relig. der Römer II. 1. §. 9, S. 59.

[6]) Der Jupiter Optimus Maximus, der höchste und beste Gott, besonders der Beschützer des Römischen Staats, ist der Capitolinus, der seinen Sitz und sein vorzüglichstes Heiligtum auf dem Capitol hatte, daher auch Capitolinus benannt, vgl. Tacit. histor. 3. 72: sedem Jovis Optimi Maximi auspicato a maioribus pignus imperii conditam.

[1]) Cicero hatte die Begebenheiten seines Consulates in drei Büchern besungen, die er im J. 60, im 47. Lebensjahre verfaßte; in dem zweiten führt er die Muse Urania redend ein, vgl. Brückner, Leben Cicero's S. 3. Außer diesem Fragmente sind nur noch wenige Verse in den Briefen an Atticus (II. 8, 13) und im Nonius Marcellus auf uns gekommen.

[2]) Jupiter wird hier nach der Auffassung der Stoiker von Cicero als der Weltgeist und das göttliche, kunstbegabte Feuer geschildert (vgl. de nat. D. II. 22, 57 ignis artificiosus ($\pi\tilde{\nu}\rho$ $\tau\varepsilon\chi\nu\iota\varkappa\acute{o}\nu$) und die Anmerkung dazu. Diog. Laert. VII. 156: $\delta o\varkappa\varepsilon\tilde{\iota}$ $\delta\grave{\varepsilon}$ $\tau o\acute{\upsilon}\tau o\iota\varsigma$ ($\tau o\tilde{\iota}\varsigma$ $\Sigma\tau\omega\iota\varkappa o\tilde{\iota}\varsigma$) $\tau\grave{\eta}\nu$ $\varphi\acute{\upsilon}\sigma\iota\nu$ $\varepsilon\tilde{\iota}\nu\alpha\iota$ $\pi\tilde{\nu}\rho$ $\tau\varepsilon\chi\nu\iota\varkappa\grave{o}\nu$ $\acute{o}\delta\tilde{\omega}$ $\beta\alpha\delta\acute{\iota}\zeta o\nu$ $\varepsilon\mathit{i}\varsigma$ $\gamma\acute{\varepsilon}\nu\varepsilon\sigma\iota\nu$. Gott (Jupiter) wird hier als Aether dargestellt, insofern in dem Aether die göttliche Kraft hervortritt. Gott und Welt werden von den Stoikern als identisch gefaßt.

[3]) D. h. „der Geist Jupiters oder der Weltgeist wohnt im Alles durchdringenden Aether, der auch im Menschen lebt, athmet und denkt." v. Meyer.

Willst du jedoch die Bahn und den Lauf der schweifenden Sterne
Kennen, die fest sind gestellt am Sitze der himmlischen Zeichen,
Die dem Worte nach irren, nach falscher Benennung der Griechen,⁴)
Aber in Wahrheit wandern in sicheren Bahnen und Räumen,
Alles wirst du erblicken bestimmt vom göttlichen Geiste.
18. Du ja sahest, als Consul⁵), den Lauf der geflügelten Sterne
Und den Zusammenstoß der vom Glanze glühenden Lichter,
Als auf Albanischer Höhe⁶) du sühntest die schneeigen Hügel
An dem Latinischen Fest⁷) mit Frohsinn spendend den Milchguß⁸),
Sahst die Kometen entflammt von hellem Strahle des Feuers⁹),
Glaubtest, daß Viel in Verwirrung gerathe durch nächtlichen Frevel¹⁰),
Weil das Latinische Fest in jene schreckliche Zeit fiel¹¹),

---

⁴) Bei den Griechen πλανῆται, Irrsterne genannt, von πλανᾶσθαι umherschweifen.

⁵) Cicero bekleidete im J. 63 v. Chr. das Consulat, zugleich mit dem von ihm gehaßten Gajus Antonius Hybrida, vgl. Cic. in Cat. 3, 6. Plut. Cic. 12.

⁶) Mons Albanus, der westliche Gipfel des jetzigen Albanergebirges, (Monte Cavo), der heilige Berg der Latiner, mit einem Tempel des Jupiter Latialis auf dem höchsten Gipfel, zu dem ein Weg die Festzüge in den feriis Latinis, sowie die Römischen Feldherren bei einer Ovation hinaufführte, vgl. Liv. 26. 21, 6.

⁷) Das Latinische Fest oder die feriae Latinae, sie waren ein Bundesfest der Völkerschaften Latiums und wurden alle 4 Jahre dem Jupiter Latialis zu Ehren auf dem Albanischen Berge unter dem Consul mit einem gemeinschaftlichen Opfer gefeiert, wobei den Göttern Milch gespendet wurde. Vgl. auch Kap. 44. Anm. 7. Sie konnten zu jeder Jahreszeit gefeiert werden, so hier im Winter, wie aus den tumulos nivales deutlich hervorgeht.

⁸) Die Worte Cicero's sind: laeto mactasti lacte Latinas; das mactare ist hier gebraucht wie in Vatin. 6, 14: extis puerorum deos manes mactasti, also ist es so viel als mit allem religiösen Ceremoniell feiern.

⁹) Die Worte sind: Vidisti et claro tremulos ardore cometas und werden von den meisten Erklärern von einem Nordscheine verstanden, vergl. besonders Moser und Giese zu der Stelle, welche die Belege dazu aus Schriftstellern bringen.

¹⁰) Hottinger in seiner Uebersetzung: „Cicero deutet hier auf die Catilinarische Verschwörung, von welcher weiter unten deutlicher gesprochen wird." Wir sind derselben Ansicht, obgleich Görenz die Stelle von nächtlichen Himmelszeichen verstanden wissen will, und v. Meyer in demselben Sinn übersetzt: „Wahr auch genommen der nächtlichen Schlacht vermischtes Getümmel" und dazu bemerkt: „ein feuriges, sogenanntes streitendes Heer."

¹¹) Nach der bessern Lesart cocidere des cod. Eliensis für cecinere, was die übrigen Handschriften haben. v. Meyer vertheidigt in seiner Uebersetzung die Lesart cecinere und nimmt dirum in tempus für de diro tempore; doch ist dieser Erklärungsversuch gewagt und nicht zu billigen.

Zwölftes Kapitel.

Wo die mit vollem Licht erst leuchtende Luna ihr Antlitz [12])
Barg und plötzlich verlor den Glanz am sternvollen Himmel.
Wie! Die Fackel des Phöbus [13]), die traurige Botin des Krieges,
Flog wie ein mächtiger Balken dahin in brennender Hitze
Da, wo das Himmelsgewölb' sich senket, den Abend erstrebend.
Oder als selbst ein Bürger getroffen vom schrecklichen Blitzstrahl
Schwand, beim heitersten Himmel entrissen dem Reiche des Lebens?
Oder als schwanger der Schoß der erschütterten Erde erbebte?
Ja, es erinnerten uns so manche Schreckensgestalten,
Die in der Nacht sich zeigten, an Krieg und wilde Bewegung.
Ja, auch Seher ergossen durch's Land gar viele Orakel
Aus der begeisterten Brust und drohten trauriges Schicksal;
19. Und was endlich im Fall durch die Länge des Alters dahinsank,
Dies verkündete selbst sehr oft der Vater der Götter
Durch wiederholt untrügliche Zeichen auf Erd' und am Himmel.
XII. Jetzt hat, was einst unter Torquatus und Cotta, den Consuln [1]),
Hatte ein lydischer [2]) Seher tyrrhenischen Stammes geweissagt,
Dein Jahr Alles gehäuft und gebracht zu sichrer Vollendung.
Denn hochdonnernd herab von dem Sternenthron des Olympos
Zielte einst selbst der Vater auf eigene Hügel und Tempel,
Schleudernd den feurigen Blitz auf die Capitolinischen Sitze.
Damals stürzte herab des Natta's [3]) eherne, alte

---

[12]) Lateinisch; quum claram speciem concreto lumine luna abdidit. Die Worte concreto lumine will Moser mit Herbeiziehung von de legg. III, 8: contaminato, inquinato lumine von der Verbunkelung des Lichtes verstehen; doch scheint uns die Erklärung Hottinger's: „quum junctis cornubus pleno orbe luceret," also „vom Vollmond" natürlicher.

[13]) Quid vero Phoebi fax, nämlich fecit? wie ein solches Verbum in affektvoller Rede häufig ausgelassen wird. Die Fackel des Phöbus ist ein feuriges Meteor in Gestalt eines Pfeiles oder eines Balkens, wie hier, und galt wie noch jetzt die Kometen als Vorbote von Krieg und Unglück, vgl. Plin. hist. nat. 2. 26: bolida, quae perpetuo ardens longiorem trahit limitem. Vgl. zur Sache Cic. in Catil. III, 8, 18 wo Cicero sagt: visas nocturno tempore ab occidente faces ardoremque coeli.

[1]) Lucius Manlius Torquatus und L. Aurelius Cotta waren im Jahr (der St. 688) 65 v. Chr. Consuln. Ersterer trat im J. 62 gegen Catilina auf, als dessen Verschwörung entdeckt wurde. Dem Cicero war er befreundet. Der zweite war im J. 70 Prätor, auch dem Cicero befreundet; später stand er auf Cäsar's Seite. Zur Sache vgl. besonders Cic. in Cat. III. 8. 19.

[2]) Der Seher wird Lydisch genannt und dem Tyrrhenischen Stamme zugeschrieben nach der Sage, daß die Tusker oder Etrurier unter der Anführung des Tyrrhenus aus Lydien nach Etrurien gekommen seien.

[3]) Natta, ein alter Römer aus der Familie der Pinarier, vgl. LL. 21, 47.

Säule; es schmolz des Gesetzes durch Alter geheiligte Tafel;
Und der Götter Gebilde zerstörte die Flamme des Blitzes.
20. Hier stand einst die Tochter des Waldes[4]), des Römischen Namens
Pflegerin, heilig dem Mars, die kleinen Sprossen des Mavors
Aus der Fülle der Euter mit Thau des Lebens erquickend.
Damals fiel sie zugleich mit den Knaben vom brennenden Blitzstrahl
Nieder; es blieb nur die Spur der abgerissenen Füße.
Wer durchsuchte da nicht der Kunst Denkmäler und Schriften,
Trauerverkündende Stimmen Etruskischen[5]) Blättern entnehmend?
Alle warnten zu meiden den Jammer und grauses Verderben[6]),
Das aus der Mitte der Bürger[7]) von edlem Stamme entsprossen;
Auch einstimmig verkündigten sie der Gesetze Vernichtung,
Hießen die Tempel und Stadt der Macht des Feuers entreißen
Und vor schrecklichem Mord und verheerendem Kampfe sich hüten:
Alles dies stehe begründet und fest durch das harte Verhängniß,
Wenn nicht Jupiters heiliges Bild an der ragenden Säule[8])
Schön gestaltet zuvor[9]) hinschaue zum leuchtenden Osten.

---

[4]) Hierunter ist die Statue der Wölfin mit den Zwillingen, Romulus und Remus, den Söhnen des Mars oder Mavors, zu verstehen. Der Wolf ist ein dem Mars heiliges Thier, vgl. Virg. Aen. IX. 566: Martius lupus. Zu der ganzen Stelle vergleiche man noch Propert. III, 9, 51: eductosque pares silvestri ex ubere reges und Cic. de repl. II, 2 cum esset (Romulus) silvestris belluas sustentatus uberibus. Dieselben Vorfälle, die hier Cicero erwähnt, erzählt auch Dio Cassius XXXVII. 9, p. 117: τὰ δὲ δὴ τέρατα καὶ πάνυ αὐτοὺς (τοὺς Ῥωμαίους) ἐθορύβει ἐν γὰρ τῷ Καπιτωλίῳ ἀνδριάντες τε πολλοὶ ὑπὸ κεραυνῶν συνεχωνεύθησαν καὶ ἀγάλματα ἄλλα τε καὶ Διὸς ἐπὶ κίονος ἱδρυμένον εἰκών δέ τις λυκαίνης σύν τε τῷ Ῥώμῳ καὶ σὺν τῷ Ῥωμύλῳ ἱδρυμένη ἔπεσε, τά τε γράμματα τῶν στηλῶν, ἐς ἃς οἱ νόμοι ἐσεγράφοντο, συνεχύθη καὶ ἀμυδρὰ ἐγένετο.

[5]) Die „chartae Etruscae" sind die Bücher der Etruskischen Weissager, wie überhaupt in Etrurien die Weissagekunst zu Hause war und von dort erst nach Rom gelangte.

[6]) Cicero deutet mit diesen Worten auf die Catilinarische Verschwörung hin, die dem Staate Verderben und Untergang drohte.

[7]) Nach der Lesart des cod. Leidensis Heinsianus: civilem, die auch Orelli mit Recht in den Text aufgenommen hat, statt der der übrigen Handschr.: civili.

[8]) Nach der Lesart excelsum ad columen, die auch durch die Anm.[9]) angeführte Stelle bestätigt zu werden scheint. A. Böttiger will mit Unrecht excisum lesen und es auf die vom Blitze umgestürzte Säule des Standbildes von Jupiter beziehen.

[9]) Die Handschriften haben alle: ni post, was keinen rechten Sinn gibt; wir haben daher die Konjektur von Guilielmus ni prius aufgenommen und darnach übersetzt. Bestätigt wird diese Konjektur durch die Worte Cicero's selbst in Catil. III.

Dann erst werde Senat und das Volk die verborgenen Pläne
Deutlich erkennen, wenn jenes gewandt zum Aufgang der Sonne
Gnädig blicke herab zu dem Sitz des Senates und Volkes[10]).
21. Endlich nach langem Verzuge und Zögern erhob sich das hehre
Standbild, während du[11]) Consul warst, auf erhabenem Throne[12]),
Und in bestimmter Zeit und genau bezeichneter Stunde
Ließ auf der hohen Säule das Scepter Jupiter glänzen[13]),
Und das Verderben, mit Feuer und Schwert dem Vaterland drohend,
Macht der Allóbrogen[14]) Rund bekannt dem Volk und den Vätern.

XIII. Wohl drum thaten die Alten, von denen ihr Denkmale habet,
Sie, die Völker und Städte mit Maß und Tugend regierten,
Wohl auch haben die Euren, die stäts in heiliger Treue
Sich vor den Andern bewährt und sie besiegten durch Weisheit,
Ganz vorzüglich geehrt der Götter kräftiges Walten;
Dieses erkannten auch, eindringend mit spürendem Scharfsinn,
Männer, die frohen Gemüths sich dem edlen Forschen gewidmet,

---

§. 20: haruspices jussisse simulacrum Jovis facere majus et in excelso collocare
et contra atque ante fuerat, ad orientem convertere."

[10]) Dieselbe Geschichte erzählt auch Dio Cassius XXXVII, 34: τά τε οὖν
ἄλλα ἐξεθύοντο τοῖς μάντεσι πειθόμενοι καὶ τῷ Διῒ ἄγαλμα μεῖζον
πρός τε τὰς ἀνατολὰς καὶ πρὸς τὴν ἀγορὰν βλέπον, ὅπως αἱ συνω-
μοσίαι, ὑφ᾽ ὧν ἐταράττοντο, ἐκφανεῖεν, ἱδρυνθῆναι ἐψηφίσαντο.
Vgl. besonders aber die ziemlich übereinstimmenden Worte Cicero's in Catil. III. 8.
20 (haruspices) sperare dixerunt, si illud signum, quod videtis, solis ortum et
forum curiamque conspiceret, fore ut ea consilia, quae clam essent inita contra
salutem urbis atque imperii, illustrarentur, ut a senatu populoque Romano per-
spici possent.

[11]) Nämlich Cicero, der von der Muse angeredet wird.

[12]) Vgl. hierzu in Catil. III, 9. 20 atque illud ita collocandum consules illi
locaverunt; sed tanta fuit operis tarditas, ut neque a superioribus consulibus,
neque a nobis ante hodiernum diem collocaretur.

[13]) D. h. zu derselben Stunde, wo das Standbild Jupiters aufgestellt wurde,
ward auch die Verschwörung Catilina's entdeckt. Vgl. dazu Cicero's eigne Worte,
in Catil. III, 9. 21: Illud vero nonne ita praesens est, ut nutu Jovis Optimi
Maximi factum esse videatur? ut, quum hodierno die mane per forum meo
jussu et coniurati et eorum indices in aedem Concordiae ducerentur, eo ipso tempore signum statueretur; quo collocato atque ad vos senatumque converso omnia et
senatus et vos, quae erant cogitata contra salutem omnium, illustrata et patefacta
vidistis. Dasselbe erzählt auch Dio Cassius XXXVII, 34, 133 und vgl. noch unten
de Div. II. 21, 47.

[14]) Ueber die Anzeige der Allobrogen, welche Catilina vergebens für sich gewinnen wollte, vgl. außer Sallust. Catil. c. 40, 41. noch Cic. in Catil. III. 2.
4, 3. 8, 4. 9, 5. 10. Appian, bell. civ. II, p. 430. Plutarch. Cic. 18.

22. Unter dem Schatten der Akademie[1]) und im Glanz des Lyceums[2]),
Und aus sprudelndem Geist hellstrahlende Lehren ergossen.
Diesen entführte dich schon in der Jugend Blüthe die Heimath[3]),
Stellte dich mitten hinein in den Kampf der thätigen Tugend[4]).
Doch die ängstlichen Sorgen vertreibst du durch Ruh' und Erholung,
Die du der heimischen Sprache und uns, den Musen, geweiht hast"[5]).

Wirst du es also über dich gewinnen können, gegen das, was ich von der Weissagung behaupte, zu reden, du, der du gehandelt hast, wie du gehandelt, und das, was ich eben vortrug, auf das Genau'ste niedergeschrieben hast? 23. Wie? Karneades[6]), du fragst, warum

---

[1]) Die Akademie, in der Plato und seine Schüler lehrten, war ein Gymnasium Athens mitten in lieblichen Anlagen, daher umbrosa hier genannt, sie lag vor dem Thore Dipylon, 6 Stadien von der Stadt entfernt, vgl. de finib. 5. 1, 1.

[2]) Das Lyceum, in dem Aristoteles lehrte, war ein dem Apollon Λύκειος geweihtes Gymnasium; hier wird es von Cicero in poetischer Weise nitidum genannt mit Beziehung auf das glänzende Oel, mit dem sich die Ringer und Wettkämpfer zu salben pflegten; so sagt auch Ovid. fast. V. 667: nitida palaestra.

[3]) Diesen, nämlich den Griechischen Philosophen, mit denen Cicero umgieng. Im 30sten Jahre seines Lebens (76 v. Chr.) kehrte Cicero von Athen nach Rom zurück. Ueber seine Studien der Griechischen Philosophie f. Kühner, Ciceron. in philos. merita p. 34—39, wo seine Lehrer genannt sind.

[4]) Der Kampf der thätigen Tugend (media virtutum moles) ist von den Staatsämtern, die Cicero nach seiner Rückkehr bekleidete, zu verstehen, besonders von der Quästur in Sicilien (im J. 76), im Gegensatze zu den philosophischen Studien, denen er bis da obgelegen hatte, vgl. in Verr. V. 14. 35.

[5]) Die Lesart der Handschr. schwankt in dem letzten Verse sehr. Die meisten Handschr. haben quod patriae vocatis, aber der cod. Vindabon. hat nach einer Korrektur vocis. Der Konjektur von Davies: quod patria vacat his studiis folgend schlägt Madvig noch kühner vor: quod patriae vacat, in dem vorhergehenden Verse relaxans statt relaxas. Förtsch (im Progr. v. Naumburg 1846) liest: quod patriae voci studium. Wir sind in unserer Uebersetzung der Konjektur von Schütz gefolgt, der mit geringer Aenderung statt quod: quam liest und dieß auf das vorhergehende requieto bezieht. Kayser, der die Lesart quod beibehalten will, erklärt so: tu relaxas quiete curas, eo nimirum, quod eas (curas) nobis (Musis, litteris v. c. philosophiae) et sermoni patrio rhetoricisque studiis sacrasti, i. e. sacrare soles; doch ist die Erklärung des quod etwas gewaltsam. Die studia patriae vocis sind, wie Kayser richtig erklärt, von dem Studium der Römischen Sprache und Beredsamkeit im Gegensatze zu den Beschäftigungen mit der Griechischen Philosophie zu verstehen.

[6]) Cicero wendet sich an den Karneades und redet ihn selbst an, da er gerade der heftigste Gegner der Stoiker war, vgl. Kap. IV. Anm. 1.

dieß so geschieht, oder durch welche Kunst dieß durchschaut werden kann. Daß ich es nicht weiß, gestehe ich ein; daß es aber geschieht, das, behaupte ich, siehst du selbst. Durch Zufall, sagst du. Also wirklich? Kann irgend Etwas durch Zufall geschehen sein, was alle Merkmale der Wahrheit an sich trägt? Geben vier hingeworfene Würfel durch Zufall den Venuswurf⁷)? Glaubst du nun etwa, daß, wenn du 400 Würfel hinwirfst, durch Zufall 100 Venuswürfe herauskommen werden? Farben, die ohne Absicht auf eine Tafel gespritzt worden sind, können sie die Züge eines Gesichts hervorbringen? Glaubst du nun etwa, daß durch ein zufälliges Anspritzen die Schönheit der Koischen Venus ⁷) hervorgebracht werden könne? Wenn ein Schwein mit seinem Rüssel den Buchstaben A in den Boden eingedrückt hat, wirst du etwa deswegen muthmaßen können, daß die Andromache⁸) des Ennius von ihm geschrieben werden könne? Karneades⁹) erdichtete, daß in den Steinbrüchen der Chier bei der Zerspaltung eines Steines der Kopf eines Paniscus¹⁰) entstanden sei. Ich glaube wohl, irgend eine diesem ähnliche Gestalt, aber sicherlich nicht eine solche, daß man sie

---

⁶) Der jactus Venereus ist der glücklichste Wurf, und zwar der, wenn alle vier Würfel oben eine andere Zahl hatten, z. B.: 1, 3, 5, 6. Der schlechteste Wurf, bei dem alle vier Würfel eine gleiche Zahl oben zeigten, hieß der Hundewurf (canis).

⁷) Die Koische Venus, die aus dem Meere emporsteigende (ἀναδυομένη) ein Meisterwerk des Koers Apelles (356—308 v. Chr.), des Schülers von Pamphilus. Augustus ließ dieß Werk aus dem Tempel des Äskulaps, auf der Insel Kos, nach Rom bringen.

⁸) Die Andromache, eine der Tragödien des Ennius, aus Rudiä in Calabrien, 239 (515 d. St.) geboren, vgl. über ihn zu I. 20, 40. Anm. 7.

⁹) Jacobs bemerkt in seiner Uebersetzung hierzu Folgendes: „daß Karneades den hier angeführten Fall nicht erdichtet, sondern daß sich in einem Steinbruche (aber freilich nicht auf Chios, sondern auf Paros, wirklich eine Abbildung des Silenus beim Sprengen des Gesteines gezeigt habe, sagt Plinius XXXVI. c. 5, 2 und 3. Stuart fand im Steinbruche zu Hagio-Minas eine Wand mit mancherlei Figuren, unter denen auch ein Silenus mit einer Rohrpfeife war, dem der Meisel nur etwas nachgeholfen hatte. (Siehe Stuarts und Revetts Alterthümer Athens. 4. Band S. 554 f.) Professor Osann glaubt, daß Pariorum statt Chiorum zu verbessern sei. Die Identität der von Cicero und Plinius erwähnten Bilder zugegeben, könnte der den Ort betreffende Irrthum doch vielleicht vom Cicero verschuldet sein."

¹⁰) Paniscus (Πανισκός) ist ein junger Pan.

für ein Werk des Skopas[11]) hätte halten können. Denn in der That verhält sich die Sache so, daß der Zufall niemals vollkommen die Wahrheit nachahmen kann.

XIV. 24. Doch bisweilen trifft das, was vorhergesagt ist, nicht gerade ein. In welcher Kunst ist das nicht der Fall? Ich meine solche Künste, welche in Muthmaßungen bestehen und auf Wahrscheinlichkeit beruhen. Oder ist etwa die Heilkunde für keine Kunst zu halten? Und doch täuscht bei ihr so Vieles. Wie täuschen sich nicht auch die Steuerleute? Oder sind nicht die Heere der Achiver und die Lenker so vieler Schiffe so von Ilium abgesegelt,

„Daß sie bei der Abfahrt freudig auf der Fische muntres Spiel
Schauten,“ wie Pacuvius[1]) sagt, „und ihr Auge sich nicht satt dran sehen konnt'?
Doch schon bei der Sonne Sinken schäumet hoch das Meer empor,
Es verdoppelt sich das Dunkel, schwarz steigt Nacht und Regen auf.“

Hat daher etwa der Schiffbruch so vieler hochberühmter Führer und Könige die Steuerkunst aufgehoben? oder ist etwa die Feldherrnkunst nichts, weil neulich einer der bedeutendsten Feldherren[2]) nach Verlust seines Heeres geflohen ist? oder gibt es etwa deswegen keine Methode und Wissenschaft der Staatsverwaltung, weil Vieles den Gnäus Pom-

---

[11]) Skopas, einer der berühmtesten Bildhauer, aus der blühendsten Zeit der Kunst, geboren auf der Insel Paros zwischen Ol. 97—107 oder 392—350 v. Chr. Seine Werke waren besonders auch in Rom bekannt und geschätzt.

[1]) Pacuvius in seinem Duloreftes, vgl. über dieß Stück: Stieglitz, de Pacuvii Duloreste, Bonn, index lectt. 1822 p. 54 sqq. 87 u. 126. Pacuvius, der Tragödiendichter, um 219 v. Chr. in Brundusium geboren, ein Schwestersohn des Dichters Ennius, war bis in sein hohes Alter in Rom als Dichter von Tragödien, zugleich als Maler (Plin. hist. nat. 35, 7) thätig. Die beiden ersten angeführten Verse hat Orelli in seiner Ausgabe des Cicero (IV. p. 489) nicht als Verse bezeichnet, sondern mit den vorhergehenden Worten des Textes verbunden. Nach dem Vorgange von Hermann stellt Ribbeck, tragicor. latt. reliquiae p. 111. XLV. die Verse so her: ab Ilio ut
profectione laeti piscium lasciviam
Intuentur, nec tuendi capere satietas potest. Die beiden letzten Verse führt Cicero mit den darauf folgenden auch de orat. III. 39. 157 an.

[2]) Cicero meint den Gnäus Pompejus, der im Juni des J. 48 v. Chr., also ungefähr drei Jahre vor Abfassung der Schrift de divinatione, trotz seines bedeutend überlegenen Heeres von Cäsar bei Pharsalus aufs Haupt geschlagen ward.

pejus, Manches ben Marcus Cato ³), Einiges auch bich selbst getäuscht hat? Aehnlich verhält es sich mit der Antwort der Opferschauer und aller muthmaßlichen Weissagung; denn sie stützt sich auf Vermuthung, über die sie nicht hinausgehen kann. 25. Diese täuscht uns vielleicht bisweilen; aber sehr häufig führt sie uns zur Wahrheit. Denn sie stammt von aller Ewigkeit her; und da in dieser fast unzähligemal die Dinge auf eine und dieselbe Weise sich ereigneten, nachdem dieselben Zeichen vorausgiengen, so ist eine Kunst geschaffen worden, indem man die nämlichen Ereignisse bemerkte und aufzeichnete.

XV. Aber wie fest stehen euere Auspicien ¹)! Diese sind freilich den Römischen Auguren — bu erlaubst mir wohl dieß zu sagen — wenig bekannt, werden aber von den Ciliciern, Pamphyliern, Pisiben und Lyciern ²) festgehalten. 26. Denn was soll ich unseren Gastfreund, den hochberühmten und trefflichen Mann, den König Dejotarus ³), erwähnen? der nie etwas ohne vorausgegangene Auspicien unternimmt. Als dieser durch den Flug eines Adlers gewarnt von einer

---

³) Marcus Cato mit dem Beinamen Uticensis, im J. 95 geboren, einer der edelsten Römer der sinkenden Römischen Republik. Hauptfeind des Cäsar, nahm er sich nach der verlorenen Schlacht bei Thapsus, um sich Cäsars Gnade nicht zu unterwerfen, in Utica das Leben im J. 46 v. Chr. 8. April.

¹) Quintus denkt hierbei an das Augurat seines Bruders, das dieser an Stelle des im Parthischen Kriege gefallenen Publius Crassus durch Gnäus Pompejus und Quintus Hortensius im J. 53 (701 b. St.) erhielt, vgl. Phil. II. 2, 4. Brut. 1.

²) Die Cilicier, Pamphylier und Pisibier sind schon im Anfang (Kap. 1, 2) erwähnt. An Pamphylien gränzte Lycien.

³) Dejotarus, Tetrarch von Galatien, ein eifriger Anhänger der Römer, unterstützte im Mithridatischen Kriege die Römischen Feldherren gegen Mithridates und erhielt deshalb von Pompejus die Herrschaft über Klein-Armenien und vom Senate den Königstitel. Im Kampfe zwischen Cäsar und Pompejus stand er auf des letzteren Seite und verlor nach der Schlacht bei Pharsalus (48), an der er selbst Theil nahm, fast sein ganzes Reich an Pharnaces, den Sohn des Mithridates. Dem Cäsar mußte er sich unterwerfen und behielt, nachdem er sich zu Geldleistungen verpflichtet hatte, nur sein ererbtes Reich und den königl. Titel, vgl. noch II. 37, 79. Einige Jahre darauf (45 n. Chr.) wurde er von seinem Enkel, Castor, beim Cäsar verklagt, diesem nach dem Leben getrachtet zu haben. Cicero, ihm seit seinem Proconsulate in Cilicien (51 v. Chr.) befreundet, vertheidigte den Angeklagten in der oratio pro rege Deiotaro und bewirkte auch seine Freisprechung. Nach Cäsar's Tode bestätigte ihn Antonius auch in seinen früheren Besitzungen, s. Cic. Phil. 2, 37. — Ueber seinen religiösen Cultus vgl. besonders Cic. oratio de harusp. resp. 13, 29.

Reise, die er sich vorgenommen und fest beschlossen hatte, zurückkehrte; stürzte das Zimmer, wo er, wenn er weiter gereist wäre, hätte bleiben müssen, in der nächsten Nacht zusammen. 27. Daher kehrte er häufig, wie ich aus seinem eigenen Munde gehört, auf der Reise um, wenn er auch schon mehrere Tagereisen zurückgelegt hatte. Ein sehr schöner Zug an ihm ist folgender: nachdem er von Cäsar um die Tetrarchie, sein Reich und eine Summe Geldes [4]) bestraft worden war, behauptete er dennoch, die Auspicien, die sich ihm bei seiner Reise zum Pompejus günstig gezeigt hätten, gereuten ihn nicht. Denn er habe das Ansehen des Senates, die Freiheit des Römischen Volks und die Würde der Herrschaft mit seinen Waffen vertheidigt, und die Vögel, durch die bewogen er Pflicht und Treue beobachtet, hätten ihm wohl gerathen; denn sein Ruhm sei ihm von höherer Bedeutung gewesen als seine Besitzthümer. Der scheint mir also sich der rechten Augurien zu bedienen. Unsre Obrigkeiten gebrauchen freilich nur erzwungene. Denn es muß nothwendiger Weise, wenn der Bissen [5]) hingeworfen ist, dem Huhne beim Fressen ein Stückchen aus dem Schnabel fallen. 28. Weil ihr es aber geschrieben findet, daß, wenn etwas davon auf die Erde fällt, daraus ein Tripudium entstehe; so nennt ihr auch das, was ich erzwungen nenne, ein Tripudium solistimum [6]). Daher sind viele Augurien, viele Auspicien, worüber der weise Cato [7]) klagt, durch Nachlässigkeit des Collegiums gänzlich verloren und aufgegeben worden.

---

[4]) Vgl. die vorige Anmerkung.
[5]) Offa Lateinisch, Griechisch μάζα, ὄμπη, äolisch ὄππη, vgl. Festus s. v. puls, war ein aus Mehl und Wasser gekneteter und mit den Händen geformtes Kügelchen; solche Kügelchen warf man den Hühnern, mit denen man Auspicien anstellen wollte, zum Fressen vor. Fiel etwas dabei auf den Boden, so galt dieß als ein günstiges omen. Wenn die Hühner nun lange gehungert hatten, so mußten sie wegen des gierigen Fressens nothwendig Etwas fallen lassen. Hottinger erklärt richtig die auspicia coacta: Auspicia coacta sunt, quum, qui illis utuntur, ea arte regunt, ut talia eveniant, qualia ipsi optant. Vgl. II, 34, 75. u. 35, 73.
[6]) Ueber tripudium und tripudium solistimum vgl. Buch II. 34, wo Cicero selbst die Worte erklärt, und die Anmerkung dazu.
[7]) Marcus Porcius Cato, der Aeltere, mit dem Beinamen Censorius, der Großvater des Kap. 14 genannten Cato Uticensis, 234 v. Chr. geboren zu Tusculum. 195 Consul, 184 Censor, 150 gestorben, war Hauptanhänger der stoischen Philosophie. Vgl. über sein Leben die Einleitung zu der Uebersetzung des Cato S. 5 ff. Er erhielt noch den ehrenvollen Beinamen der Weise, vgl. Lael.

XVI. Vordem ward fast keine Sache von größerer Bedeutung, selbst im Privatleben ohne vorausgegangene Auspicien unternommen: was noch jetzt die Auspices bei den Hochzeiten ¹) beweisen, die, nachdem die Sache aufgehört hat, nur noch den Namen behalten. Denn wie jetzt durch Beschauen der Eingeweide (obwohl auch dieß bedeutend weniger als sonst), so pflegte man damals durch Beobachtung der Vögel glückliche Anzeichen zu erlangen ²). Indem wir daher die ungünstigen Zeichen nicht ausforschen, gerathen wir in Unheil und Mißgriffe ³). 29. So z. B. haben Publius Claudius, der Sohn des Appius Cäcus, und sein Amtsgenosse, Lucius Junius ⁴) die bedeutendsten Flotten verloren, da sie mit Verletzung der Auspicien in See

---

2. 6. Cato quasi cognomen jam habebat in senectute Sapientia und Legg. II. 2. 5. Wo Cato über die Vernachlässigung der Auspicien klagt, ist unbekannt; man vergleiche jedoch seine Worte II, 24, 61. und zu unsrer Stelle de Legg. 13. 33: Dubium non est, quin haec disciplina et ars augurum evanuerit jam et vetustate et negligentia. Itaque neque illi assentior, qui hanc scientiam negat unquam in nostro collegio fuisse, neque illi, qui esse etiam nunc putat.

¹) Auspices nuptiarum. Auch bei Hochzeiten wurde, wenn auch mehr der Formalität halber, ein auspex ernannt, um der Hochzeit ein feierliches Ansehen zu verleihen, vgl. Valer. Maximus II. 1, den Giese anführt, und K. O. Müller, die Etrusker II. S. 111. Hottinger bemerkt zu dieser Stelle: Videntur autem esse posteriore tempore adhibiti nuptiarum auspices ad consignandam dotem, vid. Suet. Claud. 26.

²) Das lateinische Wort ist impetrire, das auch im 2. Kap. §. 3 statt des gewöhnlichen impetrandis nach der Konjektur von Manutius zu lesen ist.

³) „Sinistra dum non exquirimus, in dira et in vitiosa incurrimus." Ernesti bemerkt zu sinistra: Dum non attendimus ad sinistra auspicia, incidimus in mala dira. Itaque sinistra auspicia h. l. sunt mala s. adversa: alio sensu ac infra II. 39, 82. Zu dira und vitiosa vgl. Cic. de Legg. II. 8: Quae augur injusta, nefasta, vitiosa, dira defixerit, irrita infectaque sunto. Hottinger zu dieser Stelle: Sunt autem dira, quae adversis avibus ac velut Diis iratis (unde Festus h. v. derivat) suscipiuntur, vitiosa, quae contra auspicia aut religionem fiunt. Aehnlich sagt auch Cicero gleich darauf vitio navigare, d. h. „ohne die günstigen Auspicien eingeholt zu haben."

⁴) Im J. (505 d. St.) 249 v. Chr., im ersten Punischen Kriege verloren die beiden Consuln, Publius Claudius Pulcher und Lucius Junius Pullus, der erste in einer Seeschlacht bei dem Vorgebirge Drepanum in Sicilien gegen den Carthager Adherbal; und der zweite durch einen heftigen Sturm beim Sicilischen Vorgebirge Pachynum ihre Flotten. Vgl. besonders de nat. D. II, 3, 7, wo Cicero den Vorfall ausführlicher erzählt, und Polyb. I, 54.

gegangen waren. Ganz ebenso erging es dem Agamemnon, der, als die Achiver anfingen

> „Unter sich zu murren und der Opferschauer Kunst zu schmähn,
> Abfuhr unter großem Beifall, und dem Vögelflug zum Trotz." [5]

Doch wozu erwähne ich alte Dinge? Was dem Marcus Crassus [6]) begegnet ist, als er die Verkündigung der schlimmen Anzeichen vernachlässigt hatte [6]), sehen wir. Hierbei hat dein Amtsgenosse Appius den Gajus Atejus [7]), einen wackeren Mann und ausgezeichneten Bürger, mit nicht gehöriger Einsicht als Censor bestraft, weil jener falsche Augurien erdichtet habe, wie er unterschrieb [7]). Es mag dieß die Sache des Censors gewesen sein, wenn er meinte, jener habe Augurien erdichtet. Aber das war durchaus nicht die Sache des Censors hinzuzuschreiben, daß aus diesem Grunde das Römische Volk eine sehr große Niederlage erlitten habe. Denn wenn das die Ursache des Unglücks war, so liegt nicht die Schuld an dem, der die bösen Vorzeichen verkündigt, sondern an dem, der ihnen nicht gehorcht hat. Daß die Verkündigung wahr gewesen ist, hat, wie er, Augur und Censor zugleich, sagt, der Erfolg bewiesen; wenn sie falsch gewesen wäre, so hätte sie keinen

---

[5]) Woher diese beiden Verse stammen, ist ungewiß, vielleicht auch aus dem Dulorestes des Pacuvius, vgl. oben (Kap. 14 §. 24) nach Stieglitz, de Pacuvii Duloreste p. 128, vgl. Ribbeck, tragg. latt. reliqu. p. 210. Die Verse beziehen sich übrigens auf die Abfahrt Agamemnon's und der Griechen von Aulis nach Troja. Agamemnon fuhr trotz der widrigen Winde, welche ihnen die Göttin Diana wegen der Tödtung einer Hirschkuh gesandt hatte, ab, nachdem er freilich auf den Rath des Sehers Kalchas seine Tochter Iphigenia zum Opfer darzubringen sich bereit erklärt hatte.

[6]) Der habsüchtige Marcus Licinius Crassus (66 v. Chr. mit Cäsar und Pompejus Triumvir) fiel in dem Kriege gegen die Parther, kurz nach der Niederlage von Karrhä (699 d. St. 53 v. Chr.), vgl. Plut. im Leben des Crassus, Kap. 17, 19. 23. und Vellej. Paterkul. 2, 46, Flor. 2. 11, vgl. auch Appian. 2, 18: ἀλλὰ τῷ δὲ μὲν ἐξιόντι τῆς πόλεως πολλά τε ἄλλα ἀπαίσια ἐγίγνετο, καὶ οἱ δήμαρχοι (Tribunen) προηγόρευον μὴ πολεμεῖν Παρθυαίοις οὐδὲν ἀδικοῦσιν. οὐ πειθομένῳ δὲ δημοσίας ἀρὰς ἐπηρῶντο.

[7]) Appius Claudius Pulcher war der Amtsgenosse Cicero's im Augurate, vgl. Kap. 47 §. 105 Anm. 1. Der hier erzählte Vorfall ist nicht genau bekannt, nur daß Atejus sich dem Feldzuge des Crassus widersetzt habe, erzählt Plutarch im Leben des Crassus, Kap. 16, vgl. Dio Cassius 39. 39. Atejus ist vielleicht derselbe, der bei Cic. epp. ad fam. XIII. 29 erwähnt wird.

Grund für die Niederlage abgeben können. Denn die Verwünschungen bringen, sowie die übrigen Auspicien, wie die Vorbebeutungen, wie die Zeichen, keine Gründe herbei, warum Etwas geschehe, sondern verkünden nur, daß es sich ereignen werde, wenn man sich nicht vorsieht. 30. Nicht also hat die Verkündigung des Atejus den Grund zu dem Unglücke gebildet, sondern, als das Zeichen sich entgegenstellte, erinnerte er den Crassus, was geschehen würde, wenn er sich nicht in Acht nehme. So hat also jene Verkündigung entweder Nichts bewirkt, oder wenn sie, wie Appius urtheilt, eine Wirkung hatte, so war es die, daß der Fehler nicht an dem haftet, der gewarnt, sondern an dem, der nicht gehorcht hat.

XVII. Wie? woher ist jener, euer Lituus[1]), das berühmteste Abzeichen des Augurats, euch übergeben worden? Hat nicht mit ihm Romulus die Himmelsgegenden bezeichnet, als er die Stadt gründete? Dieser Lituus des Romulus also, (ein gekrümmter und am oberen Ende sanft gebogener Stab, der seinen Namen von der Aehnlichkeit mit dem Lituus, auf dem man bläst, bekommen hat,) lag in der Curie der Salier[1]), die auf dem Palatinischen Hügel ist, und als diese abgebrannt[2]) war, wurde er unversehrt gefunden. 31. Ferner, viele Jahre nach Romulus, unter der Regierung des Tarquinius Priscus, welcher alte Schriftsteller spricht nicht von der Abtheilung der Himmelsgegenden, die Attius Nävius[3]) durch den Lituus vorgenommen hat? Dieser soll, als er wegen seiner Armut die Schweine als Knabe hütete, und eines verloren gegangen war, gelobt haben, wenn er dasselbe wiederbekäme, die größte Traube im Weinberge dem Gotte darzubringen.

---

[1]) Lituus hieß der krumme Stab, den die Auguren in der rechten Hand führten, um die Himmelsgegenden damit zu bezeichnen. Die Salier waren die Priester des Mars, und die curia auf dem Palatinischen Hügel war das Gebäude für ihre Zusammenkünfte, deshalb hießen sie auch Palatini; vgl. Mommsen, Röm. Gesch. I. S. 83 und Preller, Röm. Mythol. S. 314.

[2]) Im Gallischen Kriege, bei der Einnahme Roms durch die Gallier (J. b. St. 364, 390 v. Chr. Geb.), vgl. Plut. Romulus Kap. 22. Camill. Kap. 32.

[3]) Vgl. besonders de nat. Deor. II, 3. 9, de republ. II, 20. 36 und Niebuhrs Röm. Gesch. I. p. 440 (3. Aufl.) Dion. Hal. Antiqq. 3, 70. Liv. I, 36, vgl. Hartung, Relig. der Röm. I, 3, 7. S. 124 ff. Attius Nävius war ein Zeitgenosse des Königs Tarquinius Priscus, nicht des Hostilius, wie Cicero durch einen Gedächtnißfehler de nat. Deor. II. 3, 9 schreibt.

Als er nun das Schwein wiedergefunden hatte, soll er nach Süden schauend mitten in dem Weinberge still gestanden haben, und als er den Weinberg in vier Theile getheilt hatte und drei Theile die Vögel verworfen hatten, fand er, wie wir geschrieben lesen, in dem vierten noch übrigen der eingetheilten Gegend eine Traube von wunderbarer Größe. Als diese Sache bekannt wurde, und alle Nachbarn insgesammt sich an ihn wegen ihrer Angelegenheiten wandten, ward sein Name und Ansehen groß. 32. Daher ließ ihn der König Priscus zu sich kommen. Um seine Kenntniß als Augur auf die Probe zu stellen, sagte er ihm, er denke sich Etwas, und fragte ihn, ob dieß möglich sei. Jener antwortete nach Anstellung des Auguriums, es sei möglich. Tarquinius sagte darauf, er habe gedacht, man könne einen Schleifstein mit einem Scheermesser zerschneiden. Da habe Attius befohlen, die Probe anzustellen. Es sei also ein Schleifstein auf das Comitium gebracht und vor den Augen des Königs und des Volkes mit einem Scheermesser zerschnitten worden. Daher kam es, daß sowohl Tarquinius den Attius Nävius als Augur annahm, als auch das Volk ihn bei seinen Angelegenheiten um Rath fragte. 33. Der Schleifstein aber und das Scheermesser wurde, wie man berichtet, auf dem Comitium vergraben und darüber ein Puteal⁴) gesetzt. Wir wollen Alles leugnen, wir wollen die Geschichtsbücher verbrennen, wir wollen annehmen, es sei erdichtet, und schließlich Alles lieber zugestehen, als daß die Götter sich um die menschlichen Angelegenheiten bekümmerten. Aber, was bei dir selbst von Tiberius Gracchus⁵) geschrieben ist, bestätigt

---

⁴) Puteal für puteale sc. operculum, bedeutet hier ein steinernes Denkmal, von der Aehnlichkeit mit einem Brunnen so benannt, vgl. Dion. Hal. a. a. O.: ὀλίγον ἄποθεν αὐτῆς ᾗτε ἀκόνη κεκρύφθαι λέγεται καὶ ὁ ξυρὸς κατὰ γῆς ὑπὸ βωμῷ τινι.

⁵) Die Sache wird ausführlich, aber etwas anders, de nat. Deor II. 4, 10 erzählt, man vgl. die Anmerkungen dazu in der Uebersetzung. Tiberius Sempronius Gracchus, Vater der beiden berühmten Volkstribunen, Tiberius und Gajus Sempronius Gracchus, zweimal Consul, 177 und 163 und Censor 169. Bevor Gracchus die Wahlversammlung hielt, begab er sich außerhalb des Zwingers der Stadtmauer (pomoerium) und nahm das Schauzelt (tabernaculum) zur Beobachtung der Auspicien ein; doch bevor er diese anstellen konnte, mußte er in die Stadt zurückkehren, um Senatssitzung zu halten. Nach Beendigung derselben begab er sich wieder zu dem Zelte, vergaß aber bei der Ueberschreitung des Zwingers die Vogel-

das nicht sowohl die Wissenschaft der Auguren und Opferschauer? Als dieser, ohne es zu wissen, den Standort nicht gehörig eingenommen hatte, weil er ohne Auspicien über den Stadtzwinger gegangen war, hielt er die Comitien zur Wahl der Consuln. Die Sache ist bekannt und von dir selbst schriftlich aufgezeichnet. Aber auch der Augur Tiberius Gracchus selbst hat das Ansehen der Auspicien durch das Geständniß seines Irrthums bekräftigt, und die Wissenschaft der Opferschauer hat bedeutend an Ansehen gewonnen, indem sie, gleich nach den Comitien in den Senat eingeführt, behaupteten, der Vorsteher der Comitien sei nicht rechtmäßig gewesen.

XVIII. 34. Ich stimme also denen bei, die zwei Arten von Weissagungen angenommen haben, eine, die mit Kunst verbunden ist, und eine, die der Kunst entbehrt. Denn es findet sich Kunst bei denen, die neue Dinge durch Muthmaßung deuten, die alten durch Beobachtung kennen gelernt haben. Es entbehren aber der Kunst die, welche nicht durch Vernunftschlüsse oder Muthmaßung nach Beobachtung und Anmerkung von Zeichen, sondern durch eine gewisse Erschütterung der Seele, oder durch eine freie und ungebundene Bewegung die Zukunft voraussehen (was bei Träumenden oft der Fall ist und denen, die von Wahnsinn ergriffen, weissagen,), wie der Böotier Bacis[1]), wie der Kreter Epimenides[2]) wie die Erythräische Sibylle[3]). Zu dieser Gattung sind auch die Orakel zu rechnen, nicht diejenigen, welche nach

---

schau anzustellen (auspicari), wie es das Gesetz erheischte. Tabernaculum ist das auf einem freien Platze vor der Stadt aufgeschlagene Zelt, wo kurz nach Mitternacht die Magistratsperson, welche die bevorstehende Wahlversammlung zu leiten hatte, vor Abhaltung der Vogelschau (auspiciorum) sich niederließ, vgl. Val. Max. I, 1. 3.

[1]) Bacis, ein berühmter Seher, er hatte den zweiten Persischen Krieg vorausgesagt, s. Herod. 8, 20, vgl. Pausan. 10, 14. 3, Wachsmuth, Hellen. Alterth. II. 2. S. 274.

[2]) Epimenides (zur Zeit des Solon,), vgl. Plat. de legg. II. p. 642 D. (ἀνὴρ θεῖος genannt) aus Knosos in Kreta, als Priester und Seher bekannt, ward von Solon nach Athen berufen, um die Stadt durch Opfer und Sühngebräuche zu reinigen und die Bürgerschaft mit den zürnenden Göttern wieder zu versöhnen.

[3]) Die Erythräische Sibylle, s. zu Kap. 2 §. 4 und vgl. darüber Strabo 14. p. 645. 17 p. 814. Pausan. Phoc. 12. Pausanias hält sie mit der Delphischen und mit der Trojanischen für eine und dieselbe. Erythrä gehörte zu den 12 Ionischen Städten in Kleinasien und lag auf der Chios gegenüberliegenden Halbinsel Erythräa.

Gleichmachung der Loose⁴) gezogen werden, sondern jene, welche durch einen göttlichen Antrieb und Anhauch sich ergießen. Wiewol das Loos selbst nicht zu verachten ist, wenn es nur das Ansehen des Alters besitzt, wie die Loose sind, die, wie wir hören, aus der Erde gekommen sind⁵); daß diese aber beim Ziehen für die bestimmte Sache treffend ausfallen, kann, glaube ich, durch göttlichen Einfluß geschehen. Die Erklärer aller dieser Dinge scheinen, wie die sprachgelehrten Erklärer der Dichter, der Weissagung derer, die sie erklären, zunächst zu kommen⁶). 35. Was ist das also für ein Scharfsinn, Dinge, die durch das Alter bekräftigt sind, durch Verdrehungen umstoßen zu wollen? Ich finde keinen Grund. Er ist vielleicht in das Dunkel der Natur eingehüllt und verborgen. Denn Gott hat nicht gewollt, daß ich diese Dinge wisse, sondern nur, daß ich Gebrauch davon mache. Ich werde also davon Gebrauch machen und will mir nicht einreden lassen, daß ganz Etrurien bei der Opferschau wahnsinnig sei, oder daß dasselbe Volk bei der Deutung der Blitze irre, oder trügerisch Wundererscheinungen auslege, da oft ein Brummen, oft ein Gebrüll, oft eine Erschütterung der Erde unserem Staate und den anderen Staaten viel Wichtiges und Wahres vorausgesagt haben. Wie? Als eine Mauleselin ein Junges warf, worüber man spottet⁷), sagten da nicht die Opferschauer, weil in unfruchtbarer Natur Frucht entsprang, voraus, die Zeit gehe mit unglaublichen Uebeln schwanger? 36. Wie? Tiberius Gracchus⁸), des Publius Sohn, der zweimal Consul und Censor

---

⁴) Aequatis sortibus. Was dieß bedeute, ist nicht genau zu ermitteln; wahrscheinlich bezieht sich der Ausdruck auf die gleiche Größe und gleichmäßige Anordnung der Loose, so daß nicht eines über das andere emporragte (s. Giese).

⁵) Die Präneſtiniſchen nämlich, von denen II. 41, 85 die Rede ist, vgl. die Anm. 3 und 4 dazu.

⁶) Der Sinn dieſer Stelle iſt: Wie die Erklärer von Gedichten bei der Auslegung der Dichter mit einem poetiſchen Hauche begabt werden, ſo treten auch die Deuter der Weiſſagungen der Gottheit am Nächſten und ſind gottbegeiſtert.

⁷) Daß ein Maulthier geworfen habe, erwähnt Plinius, hist. nat. 8, 44; aber er nennt es ein Wunder (prodigium).

⁸) Tiberius Sempronius Gracchus war zuerſt Conſul im J. d. St. 577 (186 v. Chr.) und Cenſor (J. d. St. 585) 169 v. Chr. zum zweiten Male (J. d. St. 591) v. Chr. 162; er war 187 Volkstribun; er hatte die Tochter des älteren Scipio Afrikanus, Cornelia, zur Gemahlin. Vgl. über ihn de Off. II, 12. Dieſelbe Geſchichte erzählt Plut. Gracch. 1.

gewesen ist und zugleich ein sehr tüchtiger Augur, ein weiser Mann und ein vortrefflicher Bürger, rief er nicht, wie sein Sohn, Gajus Gracchus, schriftlich hinterlassen hat, als zwei Schlangen in seinem Hause ergriffen wurden, die Opferschauer zusammen? Als diese geantwortet hatten, wenn er das Männchen losließe, so müsse seine Gattin binnen Kurzem sterben, wenn das Weibchen, so er selbst; so hielt er es für billiger, daß er selbst einen frühzeitigen [9] Tod sterbe, als die junge Tochter des Publius Africanus. Er ließ das Weibchen los; wenige Tage darauf starb er.

XIX. Mögen wir die Opferschauer verlachen, mögen wir sie eitel und nichtig nennen und die verachten, deren Wissenschaft ein sehr weiser Mann, der Erfolg und die Thatsache bekräftigt hat; mögen wir auch Babylon[1]) und diejenigen verachten, die vom Kaukasus aus die Zeichen des Himmels beobachten und nach Gesetzen die Bahnen[2]) der Sterne verfolgen; mögen wir diese, sage ich, entweder der Thorheit oder der Eitelkeit oder der Unverschämtheit beschuldigen, die, wie sie selbst sagen, in ihren Denkmälern die Beobachtungen von 470,000 Jahren umfassen, und mögen wir erklären, daß sie lügen und daß sie nicht das Urtheil der künftigen Jahrhunderte über sie selbst scheuen! 37. Wohlan, mögen die Barbaren eitel und trügerisch sein; hat etwa auch die Geschichte der Griechen gelogen? Was, um von der natürlichen Weissagung zu reden, der Pythische Apoll[3]) dem Krösus, was er den Athenern, was den Lacedämoniern, den Tegeaten[4]), den Argi-

---

[9]) Wir lesen maturam mit Christ statt des gewöhnlichen maturam.

[1]) Nach der Lesart der codd. Babylonem et eos, wofür Victorius Babylonios et eos unnöthiger Weise vermuthet hat, wenn auch unter Babylon hier dessen Einwohner zu verstehen sind. Daß die Babylonier im Alterthume für bedeutende Astronomen gehalten wurden, ist bekannt, vgl. auch II. 46. Uebrigens sind die Babylonier nicht dieselben mit denen, die den Kaukasus bewohnen, wie einige Herausgeber (Hottinger) wollen.

[2]) Nach der Lesart numeris stellarum cursus; numeri sind die Gesetze, nach denen die Bahnen der Gestirne berechnet werden; die Worte et motibus hinter numeri, die sich in den Handschriften finden, hält Christ (in der neuen Orellischen Ausg.) mit Recht für eine Interpolation.

[3]) Das berühmteste Orakel des Pythischen Apollo zu Delphi, von dem gleich darauf die Rede ist.

[4]) Tegea, eine Stadt in Arkadien.

vern und den Korinthiern geantwortet hat, weiß das nicht Jeder? Es hat unzählig viele Orakel Chrysippus ⁵) gesammelt, und keines ohne einen vollwichtigen Gewährsmann und Zeugen. Weil sie dir aber bekannt sind, so übergehe ich sie. Nur eines vertheidige ich. Niemals wäre jenes Orakel zu Delphi so besucht und so berühmt gewesen, nie wäre es mit so großen Geschenken aller Könige und Völker ausgestattet worden, wenn nicht jedes Zeitalter die Richtigkeit jener Orakelsprüche erfahren hätte. Schon lange thut es dieses nicht mehr. 38. Wie es also jetzt weniger berühmt ist, weil die Richtigkeit der Orakelsprüche weniger hervortritt, so würde es damals nicht so berühmt gewesen sein, wenn es sich nicht durch die größte Wahrheit ausgezeichnet hätte. Es kann aber jene Kraft der Erde, die den Geist der Pythia ⁶) durch einen göttlichen Anhauch begeisterte, durch die Länge der Zeit verschwunden sein, sowie wir sehen, daß Flüsse ausgetrocknet sind oder sich in einen anderen Lauf gewunden und abgelenkt haben ⁷). Aber mag dieß gekommen sein, wie du willst; denn die Frage ist wichtig; nur das bleibe, was sich nicht leugnen läßt, wenn wir nicht alle Geschichte über den Haufen werfen, daß nämlich dieses Orakel viele Jahrhunderte hindurch wahrhaft gewesen ist.

XX. 39. Doch lassen wir die Orakel bei Seite, kommen wir auf die Träume! Von diesen handelt Chrysippus, und indem er viele und unbedeutende Träume sammelt, thut er dasselbe wie Antipater ¹), und liest diejenigen zusammen, die, durch die Deutung Antiphon's ²)

---

⁵) Chrysippus in dem Buche περὶ χρησμῶν, vgl. zu Kap. 3, 6 und dazu die Anm. 5.

⁶) Die zu Delphi auf dem Dreifuße sitzende Pythia wurde durch Dämpfe oder Ausdünstungen, die aus der Erde emporstiegen, in eine Art Betäubung versetzt, und so begeistert sprach sie die Orakelsprüche. Vgl. Plin. h. n. 2. 95. Justin. 24. 6 (wo eine ausführliche Beschreibung des Delphischen Orakels).

⁷) Dieselbe Vergleichung des Austrocknens der Flüsse mit dem Verschwinden der Orakel gebraucht Plutarch (de defectu oraculorum p. 411) mit folgenden Worten: τὴν Βοιωτίαν νῦν ἐπιλέλοιπε κομιδῇ (χρηστήρια sc.) καθάπερ νάματα, καὶ πολὺς ἐπέσχηκε μαντικῆς αὐχμὸς τὴν χώραν.

¹) Antipater, aus Tarsus, schon oben 3, 6 erwähnt.

²) Antiphon, ein Athener, Zeitgenosse des Sokrates, war ein Wunderdeuter, τερατοσκόπος καὶ ὀνειροκρίτης, er schrieb Bücher über die Deutung der Träume: vgl. Suidas s. v. Ἀντιφῶν und Artemidori Oneirocrit. ed Reiff. II, 14.

erklärt, allerdings den Scharfsinn des Auslegers beweisen; aber er hätte wichtigere Beispiele anführen müssen. Als die Mutter des Dionysius³), des bekannten Tyrannen von Syrakus, — wie bei Philistus⁴), einem gelehrten, sorgfältigen Manne, der zu jener Zeit lebte, geschrieben steht, — mit eben diesem Dionysius schwanger gieng, träumte ihr, sie habe einen jungen Satyr⁵) geboren. Ihr antworteten die Ausleger der Wundererscheinungen, die damals Galeoten in Sicilien hießen, wie Philistus erzählt, der Sohn, den sie gebären werde, würde in Griechenland sehr berühmt werden und sein Glück von langer Dauer sein⁶). 40. Soll ich dich etwa zu den Erzählungen unserer oder der Griechischen Dichter zurückführen? Es erzählt nämlich beim Ennius⁷) jene Vestalin⁸):

„Als die Alte geweckt mit zitternden Gliedern das Licht bringt⁹),
Spricht sie, erschreckt aus dem Schlafe, mit Thränen im Auge die Worte:

---

³) Dionysius, der ältere, Tyrann von Syrakus, geb. 431, gest. 367 v. Chr. Geb.

⁴) Philistus, aus Syrakus, ein Geschichtschreiber um 400, war mit Dionysius, dem älteren, verwandt und sehr befreundet, er schrieb eine Sicilische Geschichte, deren erster Theil bis zur Einnahme Agrigents ging, der zweite aber die Geschichte des älteren Dionysius umfaßte, ferner eine Geschichte des jüngeren Dionysius. Vgl. Göller, der seine Fragm. gesammelt hat in der Schrift: de oritu et origine Syracusarum atque Philisti et Timaei rerum Sicularum fragm. Lipsiae 1818.

⁵) Satyriscus, ein junger Satyr; die Satyrn sind die beständigen Begleiter des Bacchus und werden in bocksähnlicher Gestalt dargestellt.

⁶) Dieselbe Geschichte erzählt ebenso Valer. Maxim. I, 7, 7.

⁷) Aus den Annalen des Ennius (S. 40—56), Ennius aus Rudiä in Calabrien, geb. 239 v. Chr., gest. 169, Vater der Römischen Dichtkunst genannt, hat ein historisches Epos, die Annalen in Hexametern geschrieben, es umfaßte in 18 Büchern die Geschichte Roms bis zu dem ersten Punischen Kriege, es sind nur noch Fragmente davon erhalten; vgl. darüber Blum, Einleitung in Roms alte Geschichte, S. 41 ff.

⁸) Die Vestalin ist Ilia oder Rhea Silvia, die Tochter des Numitor, oder bei Ennius des Aeneas, die durch Mars bekanntlich Mutter von Romulus und Remus wurde, daher Vestalis illa, jene bekannte, weshalb die Konjektur von Columna: „Ilia" überflüssig ist.

⁹) Die Alte, die hier erwähnt ist, ist wahrscheinlich die Amme, die in dem Hause Numitor's aufgezogen ist. Nach Anderen versteht man darunter die Vestalis maxima (Suet. Caes. S. 3), ἡ πρεσβεύουσα: Dio. Cass. 54, 24. Eurydice ist wahrscheinlich die Mutter der Antho, welche die Tochter des Amulius war, vgl. Plutarch vita Romuli, 3. und Orelli, Onom. Tullian. Klotz bemerkt übrigens

Tochter der Eurydice, die einst mein Vater geliebt hat,
Leben und Kraft sind jetzt mir ganz aus dem Körper gewichen.
Denn es schien mir, als ob durch liebliche Weidengebüsche
An ein fremdes Gestade ein stattlicher Mann [10]) mich entführte.
Einsam, glaubt' ich sodann, o theuere Schwester, zu irren,
Suchte mit zögerndem Schritt dich aufzuspüren, doch konnt'
Nicht dich erblicken im Geist, kein Pfad bot sicheren Fuß mir.
41. Drauf nun schien mich mein Vater zu rufen mit folgenden Worten:
Tochter, du mußt zuvor erst Kummer und Mühe ertragen,
Später wird dir dein Glück noch aus dem Strome [11]) entstehen.
Als dieß der Vater gesprochen, entschwand er plötzlich, o Schwester,
Ließ nicht wieder sich blicken, wenn gleich mein Herz ihn begehrte.
Ob ich auch lange die Hände zur blauen Wölbung des Himmels
Unter Thränen erhob und mit schmeichelnder Stimme ihn anrief;
Eben entwich mir der Schlaf aus meinem blutenden Herzen."

XXI. 42. Wenn dieß auch von dem Dichter ersonnen ist, so liegt es dennoch von der Gewohnheit der Träume nicht fern. Mag denn auch jener Traum erdichtet sein, durch den Priamus erschreckt wurde [1]):

„Weil einst die schwangre Hekuba im Traum geglaubt,
Daß Mutter sie von einem Fackelbrande sei;
Da ward der König Priamus von Furcht bestürzt,
Und von den seufzervollen Sorgen aufgezehrt,
Bracht' er zur Sühn' manch blökend Schaf auf den Altar.
Drauf sucht er Deutung [2]), fleht um Frieden dann,
Beschwört Apoll, daß er ihn doch belehren mög',
Was denn bedeute dieser wunderbare Traum.

---

mit Recht zu dieser Stelle (in der Uebersetzung von Jacobs), daß über das Verhältniß der Sprechenden und der Angeredeten noch Manches dunkel bleibe.
[10]) Hierunter ist Mars zu verstehen, vgl. Anm. 8.
[11]) Diese Worte beziehen sich auf die grausame Behandlung, die Rhea von Amulius erleiden mußte, und auf die Geburt der Zwillinge, Romulus und Remus, die von Amulius in der Tiber ausgesetzt, vom Flusse wieder ans Land gespült wurden. Auch soll Ilia selbst von dem Flußgotte zu seiner Gemahlin gemacht sein.
[1]) Woher die folgenden Verse genommen sind, ist ungewiß, vielleicht aus einer Hekuba des Attius (oder Accius), eines berühmten Römischen Tragikers (geb. 172 v. Chr.), des Sohnes eines Freigelassenen. Seine Stücke sind freie Uebersetzungen, zum Theil Umarbeitungen Griechischer Tragödien. Vgl. Ribbed tragg. lat. frgm. p. 201.
[2]) Nach der Lesart der Handschriften conjecturam, wofür Orelli conjectorem hat, das dann den Seher bedeutet, oder von Hottinger auf Apollo bezogen wird.

Da gab Apoll aus Göttermund ihm diesen Spruch,
Den Knaben³), der hiernach zuerst dem Priamus
Geboren würde, sollte er nicht auferziehn,
Er sei für Troja das Verderben und die Pest für Pergamum."

43. Das mögen freilich, wie gesagt, Träume aus Dichtungen sein, und zu diesen mag auch der Traum des Aeneas gerechnet werden, der in den Jahrbüchern des Numerius Fabius Pictor⁴) so beschaffen ist, daß alle Thaten und Schicksale des Aeneas mit dem übereinstimmen, was er im Traum gesehen hat.

XXII. Doch laßt uns näher Liegendes in's Auge fassen! Welcher Art ist denn der Traum des Tarquinius Superbus, von dem er in dem Brutus des Attius¹) selbst redet?

44. Als ich im Umschwung tiefer Nacht²) der Ruhe pflog,
Die müden Glieder stärkend durch den sanften Schlaf,
Da schien, als ob im Traum ein Hirt zu mir heran
Des ausgesuchtesten Wollenviehes Heerde trieb;
Ein Zwillingspaar von Widdern³) wählt ich mir daraus,
Von diesen opfert ich den schönsten am Altar
Drauf stürmte auf mich los sein Bruder mit dem Horn
Und rannte mich zur Erde nieder mit dem Stoß.
Da auf dem Boden hingestreckt und schwer verletzt

---

³) Dieser Sohn ist Paris, der die Ursache des Krieges gegen Troja und dessen Unterganges wurde.
⁴) Numerius Fabius Pictor soll Griechische Annalen geschrieben haben. In Orelli's zweiter Ausgabe ist nach der Konjektur von Hertz geschrieben: nostri Fabi, so daß dann der bekanntere Quintus Fabius Pictor (um 220 v. Chr., zur Zeit Hannibals) zu verstehen ist, der zuerst in Griechischer Sprache eine Geschichte Roms (annales) schrieb (s. Dion. Hal. 1. 6.), die Livius viel benutzt hat.
¹) Attius ist der in Anm. 1 zu dem vorigen Kapitel erwähnte Römische Tragiker. Sein Brutus, eine Tragödie, die auch ihrem Inhalte nach Römisch ist, daher praetextata genannt, enthielt die Geschichte der Vertreibung der Könige durch Lucius Junius Brutus und die der Lucretia, vgl. Bothe, poett. latt. frgm. p. 156 ff. Ribbeck, tragg. latt. reliqu. p. 349 sq. und Neukirch, de fab. togata Romanorum Lips. 1833. S. 84 f.
²) Nocturno impetu, vgl. Cic. de nat. Deor. II. 38. 97 und besonders die ähnliche Stelle in Virg. Aen. 2, 250: vertitur interea caelum et ruit Oceano nox.
³) Unter den Zwillingswiddern sind Lucius Junius Brutus und sein Bruder zu verstehen, welchen letzteren sein Oheim Tarquinius Superbus tödtete, vgl. Liv. I, 56, Dion. Hal. 4. 69.

Lag ich rücklings gefallen, und ein wunderbar
Und großes Werk erblickt' ich; denn der Feuerball
Der Sonne wälzet rechts sich hier auf neuer Bahn."

45. Sehen wir nun, was für eine Deutung die Ausleger diesem Traume gegeben haben!

„König, was der Mensch im Leben treibt und denkt und sorgt und sieht,
Was er wachend thut und treibet, wenn ihm das im Schlaf erscheint,
Ist's kein Wunder; doch kein Traum zeigt grundlos sich in solchem Fall⁴).
Drum sieh zu, ob Einem, den du stumpf an Geist hältst, gleich dem Vieh,
Nicht inwohne ein erhab'ner und durch Weisheit starker Geist
Und dich aus dem Reich vertreibe. Was du an der Sonne sahst,
Deutet einen nahen Umschwung in dem Staat dem Volke an.
Dieß mög' Heil dem Volke bringen: denn daß grad zur Rechten hin
Von der Linken her das hohe Licht der Sonne nahm den Lauf,
Deutet schön, daß einst der Römer Staat sehr glänzend werd' erblühn."

XXIII. 46. Wohlan, kehren wir nun zu dem Fremden zurück! Heraklides Pontikus¹), ein gelehrter Mann und ein Zuhörer und Schüler Platon's, schreibt, die Mutter des Phalaris²) habe einst im Traume die Bilder der Götter zu sehen geglaubt, die sie selbst zu Hause geweiht hätte, unter ihnen habe Merkur aus einer Schale, die er in der rechten Hand gehalten, Blut auszugießen geschienen, und als dieß die Erde berührt habe, sei es aufgebraust, so daß das ganze Haus in Blut geschwommen habe. Diesen Traum der Mutter bestätigte die unmenschliche Grausamkeit des Sohnes. Soll ich ferner aus Dinons³)

---

⁴) Wir haben nach der Konjektur von Davies übersetzt: in re tanta haud temere visa se offerunt. Die Handschriften haben: improviso offerunt, was keinen Sinn gibt. Ribbeck und Neukirch lesen mit geringer Aenderung: sed di rem tantam haud temere improviso offerunt.

¹) Heraklides Pontikus, aus Sinope, einer Stadt im Pontus, gehörte zur Schule des Plato und lebte um 310 v. Chr. Geb., vgl. über ihn Ronle, commentatio. Lovan. 1828.

²) Phalaris, Tyrann von Agrigent 565—549, wird von den Griechen als der grausamste und schrecklichste aller Tyrannen dargestellt. Besonders bekannt ist die (wahrscheinlich auf dem Molochdienste beruhende) Erzählung von dem ehernen Stier des Perillus, in dem er Menschen verbrennen ließ, vgl. Tusc. 2, 7, 18.

³) Dinon hatte eine Persische Geschichte geschrieben (τὰ Περσικά), die auch Cornelius Nepos viel benutzt hat, vgl. Con. 5, 4.

Dreiundzwanzigstes Kapitel.

Perſiſcher Geſchichte vorbringen, was die Magier dem älteren Cyrus ausgelegt haben? Als nämlich ihm im Schlafe die Sonne zu den Füßen erſchienen ſei, ſo ſchreibt Dinon, habe er dreimal vergebens mit den Händen nach ihr gegriffen, indem ſie, ſich umwälzend, ihm entſchlüpft und verſchwunden ſei. Die Magier, die zu den Weiſen und Gelehrten in Perſien gerechnet werden, hätten ihm nun geſagt, durch das dreimalige Greifen nach der Sonne werde angedeutet, daß Cyrus dreißig Jahre herrſchen würde⁴). Dieß traf auch ſo ein. Denn er erreichte das ſiebzigſte Jahr, nachdem er in einem Alter von vierzig Jahren die Regierung angetreten hatte. 47. Fürwahr auch in den barbariſchen Völkern wohnt ein Ahnungs- und Weisſagungsvermögen. Als der Indier Calamus⁵), zum Tode ſchreitend, den brennenden Scheiterhaufen beſtieg, ſagte er: O, du herrliches Scheiden vom Leben, indem die Seele nach Verbrennung des ſterblichen Körpers, wie es dem Herkules⁶) zu Theil ward, zum Lichte emporſteigt. Und als Alexander ihn bat, wenn er einen Wunſch habe, es ihm zu ſagen, antwortete er: „Sehr wohl, in den nächſten Tagen werde ich dich wiederſehen. Dieß traf ſo ein. Einige Tage darauf ſtarb Alexander zu Babylon. Ich ſchweife ein wenig von den Träumen ab und und will auf ſie wieder zurückkommen. In derſelben Nacht, in welcher der Tempel der Epheſiſchen Diana⁷) abbrannte, wurde bekanntlich Alexander von der Olympias geboren, und beim Anbruche des Tages ſchrieen die Magier,

---

⁴) Vgl. Herod. I, 214: τελευτᾷ (Κῦρος) βασιλεύσας ἑνὸς δέοντα τριήκοντα ἔτεα.

⁵) Dieß erzählt Cicero auch Tusc. II. 22, 52. Calamus war ein ſ. g. Gymnoſophiſt (deren Streben war: σπεύδειν τὰς ψυχὰς ἀπολῦσαι τῶν σωμάτων) und Freund Alexanders des Großen. In ſeinem 73ſten Jahre erkrankte er und tödtete ſich ſelbſt durch Feuer. Vgl. auch Plut. Alex. 69. Arrian VII. 3, und Diod. Sic. XVII. 107.

⁶) Auch Herkules errichtete, als er das von ſeiner Gemahlin ihm geſandte Gewand angezogen und das darin enthaltene Gift ſeinen Leib verzehrte, ſich auf dem Oeta einen Scheiterhaufen und verbrannte ſich ſelbſt.

⁷) In Epheſus (am Ausfluſſe des Kayſtros) war ein berühmter Tempel der Diana, erbaut von dem Knoſſier Cherſiphron; er wurde von Heroſtratus 356 v. Chr. Geb., in welchem Jahre auch Alexander der Große geboren wurde, verbrannt; aber von den kleinaſiatiſchen Griechen mit Pracht wieder aufgebaut.

Pest und Verderben sei für Asien in der vergangenen Nacht geboren worden⁸). Dieß von den Jubiern und Magiern.

XXIV. Wir wollen uns wieder zu den Träumen wenden. Cälius¹) schreibt vom Hannibal, er habe die goldene Säule, die im Tempel der Juno Lacinia²) stand, wegnehmen wollen, aber im Zweifel, ob sie gediegen sei oder nur von außen vergoldet, habe er sie durchbohrt, und als er sie gediegen befunden und sie wegzunehmen beschlossen habe, sei ihm im Traume Juno erschienen und habe ihm verboten es zu thun und ihm gedroht, wenn er es doch thäte, so würde sie bewirken, daß er auch das Auge, mit dem er gut sähe, verlöre³). Dieß habe er als ein scharfsinniger Mann nicht außer Acht gelassen und daher aus dem Golde, das ausgebohrt war, eine kleine Kuh machen und diese oben auf die Säule stellen lassen. 49. Folgendes steht auch in der Griechischen Geschichte des Silenus⁴), dem Cälius folgt, dieser aber hat die Geschichte Hannibals auf's Genaueste behandelt: Hannibal habe nach der Einnahme Sagunts⁵) geglaubt im Traume von Jupiter in die Götterversammlung gerufen zu werden. Als er dahin gekommen, habe Jupiter ihm befohlen Italien zu bekriegen und habe ihm einen Führer aus der Versammlung gegeben, unter dessen Leitung er mit dem Heere vorgerückt sei; darauf habe der Führer ihm geboten sich nicht umzusehen; er aber habe dieß nicht länger

---

⁸) Vgl. Plut. a. a. O.: βοῶντες ἄτην ἅμα καὶ συμφορὰν μεγάλην τῇ Ἀσίᾳ τὴν ἡμέραν ἐκείνην τετοκέναι.

¹) Lucius Cälius Antipater (um 110 v. Chr.), Geschichtschreiber des zweiten Punischen Krieges; vgl. über ihn Cic. de legg. 1. 2. und Orelli onomasticon. Tull.

²) Juno wird Lacinia genannt von dem Vorgebirge Lacinium im Lande der Bruttier in Unteritalien, wo der Tempel stand. Denselben soll Herkules nach Tödtung des Wegelagerers Lacinius gegründet haben. Das Genauere über diesen Tempel und die goldene Säule berichtet Liv. 24. 3.

³) Daß Hannibal einäugig gewesen sei, wird von vielen Schriftstellern erzählt, vgl. die Auslegungen zu Nep. Hannib. 4.

⁴) Silenus aus Calatia in Campanien (seine Zeit unbestimmt), Verfasser Sicilischer Geschichten, vgl. Ernesti clav. Cic. s. v. Diesen Traum erzählt auch Liv. 21, 22. und danach auch Silius Italicus 3, 168—213.

⁵) Sagunt, Stadt im Tarrakonensischen Hispanien, wurde im Jahre 219 v. Chr. von Hannibal eingenommen (Liv. 21, 6—15), was den Grund zum zweiten Punischen Kriege gab.

aushalten können und habe sich aus Neugierde umgeschaut und ein gewaltiges, ungeheures, von Schlangen umwundenes Thier gesehen, das, wo es hinkam, Büsche, Gesträuche und Häuser vernichtete. Hierüber verwundert habe er den Gott gefragt, was denn das für ein Ungethüm sei, und der Gott habe geantwortet, das sei die Verwüstung Italiens, und er habe ihm gerathen vorwärts zu gehen und sich nicht um das, was hinter ihm in seinem Rücken geschähe, zu kümmern. 50. Beim Agathokles⁶) steht in der Geschichte geschrieben, daß der Karthager Hamilkar⁷) bei der Belagerung von Syrakus eine Stimme zu hören geglaubt habe, er werde am folgenden Tage in Syrakus speisen; als aber der Tag angebrochen, sei ein großer Aufstand in seinem Lager zwischen den Punischen und Sicilischen Soldaten ausgebrochen, und als die Syrakusaner dieß bemerkt hätten, wären sie unversehens in das Lager eingedrungen und hätten den Hamilkar lebendig mit fortgeführt. 51. Als jener Publius Decius*), des Quintus Sohn, der erste Consul aus der Familie der Decier, unter dem Consulate des Markus Valerius und Aulus Cornelius Kriegstribun war, und unser Heer von den Samniten bedrängt wurde, er aber allzu kühn sich in die Gefahren der Schlacht stürzte und ermahnt wurde vorsichtiger zu sein: da sagte er, wie in den Jahrbüchern steht, er habe im Traume geglaubt mitten im Gewühle der Feinde am Ruhmvollsten zu sterben. Damals blieb er zwar unversehrt und befreite das Heer von der Umzingelung. Nach drei Jahren aber weihte er sich als Consul⁸) dem Tode und stürzte sich bewaffnet auf die Schlachtlinie der Latiner. Durch diese That wurden die Latiner überwunden und vernichtet. Sein Tod war so ruhmvoll, daß sein Sohn⁹) sich denselben wünschte.

---

⁶) Agathokles, ein Geschichtschreiber aus Cyzikus oder Babylon, vgl. Voß de histor. Graecor. III. 158 und Orelli onom. Tull. s. v.

⁷) Hamilkar, ein Feldherr der Karthager, nicht der Vater des Hannibal. Diese Erzählung hier findet sich auch etwas verschieden bei Diod. Sic. 20, 29 p. 767 und ebenso bei Valer. Maxim. I, 7. 8.

⁸) Es waren die Consuln Marcus Valerius Corvus, zum dritten Male, und Aulus Cornelius Cossus Arvina im J. 343. Vgl. die Anm. zu de finib. II. 19, 61. Im J. 340 v. Chr. weihte sich Publius Decius, der Vater, in einer Schlacht gegen die Latiner und Campaner in der Nähe des Vesuv dem Tode; sein Sohn that dasselbe im J. 295 v. Chr. in seinem vierten Consulate in dem Kriege gegen

52. Doch kommen wir nun, wenn es gefällig ist, auf die Träume der Philosophen!

XXV. Bei Platon[1]) finden wir, wie Sokrates im Staatsgefängnisse saß und seinem Freunde Kriton sagte, daß er nach drei Tagen sterben müsse; er habe im Traume eine ausgezeichnet schöne Frau erblickt, die ihn beim Namen nennend einen Homerischen Vers folgendermaßen ausgesprochen habe:

„Dich bringt günstiges Loos am dritten Tage nach Phthia."

Wie dieß geschrieben steht, so soll es auch eingetroffen sein. Der Sokratiker Xenophon (was für ein großer Mann!) beschreibt in dem Feldzuge, den er mit dem jüngeren Cyrus gemacht hat, seine Träume[2]), die auf wunderbare Weise in Erfüllung gegangen sind. Sollen wir behaupten, daß Xenophon lüge oder wahnsinnig sei? Wie? Ein Mann von ausgezeichnetem und fast göttlichem Geiste, Aristoteles, irrt er etwa selbst, oder will er andere zum Irrthum verleiten?, wenn er schreibt[3]), sein Freund, der Cyprier Eudemus, sei auf der Reise nach Macedonien nach Pherä gekommen, einer damals sehr angesehenen Stadt in Thessalien, die aber unter dem grausamen Joche des Zwingherrn Alexander[4]) stand; in der Nacht sei nun Eudemus so schwer erkrankt, daß alle Aerzte ihn aufgaben. Da sei ihm im Schlafe ein Jüngling von herrlicher Gestalt erschienen und habe ihm gesagt, er werde binnen Kurzem genesen, und in wenigen Tagen werde der Gewaltherrscher Alexander umkommen; er selbst aber nach fünf Jahren

---

die Samniten, Umbrier, Etrusker und Gallier in der Schlacht bei Sentinum; vgl. Weber, Röm. Gesch. II. 119 und 132.

[1]) Plato im Crito p. 44 a, wo es heißt: ἐδόκει τίς μοι γυνὴ προσελθοῦσα, καλὴ καὶ εὐειδής, λευκὰ ἱμάτια ἔχουσα, καλέσαι με καὶ εἰπεῖν· ὦ Σώκρατες, Ἤματί κεν τριτάτῳ Φθίην ἐρίβωλον ἵκοιο. Der Vers steht Ilias 9, 363, wo Achilles hofft in seine Heimat nach Phthia zu gelangen. Sokrates versteht unter seiner Heimat das Leben nach dem Tode.

[2]) So z. B. in der Anabasis 3. 1, 9. 4. 5, 7.

[3]) In einem zur Verewigung seines Freundes Eudemus geschriebenen, aber verloren gegangenen Dialoge, Εὔδημος oder περὶ ψυχῆς, den Plutarch vita Dion. 22 erwähnt.

[4]) Alexander, Tyrann von Pherä (um 350 v. Chr.), wurde von den Brüdern seiner Gemahlin getödtet, wie Xenoph. Hellen. VI. 4, 35—37 erzählt.

in die Heimat zurückkehren. Und das Erste, schreibt Aristoteles, sei sofort eingetroffen: Eudemus sei gesund geworden und der Gewaltherrscher von den Brüdern seiner Gemahlin getödtet; am Ende des fünften Jahres aber, als er jenem Traume zu Folge von Sicilien nach Cyprus zurückzukehren hoffte, sei er in einem Treffen bei Syrakus gefallen; in Folge dessen habe man jenen Traum so ausgelegt, daß, nachdem die Seele des Eudemus den Körper verlassen habe, er in seine Heimat zurückgekehrt sei. 54. Fügen wir den Philosophen einen sehr gelehrten Mann, wenigstens einen göttlichen Dichter, den Sophokles, hinzu. Als aus dem Tempel des Herkules eine schwere, goldene Schale entwandt worden war, sah er im Traume den Gott selbst, der ihm den Thäter nannte. Dieß ließ er das erste und zweite Mal unbeachtet. Als es aber sich wiederholte, bestieg er den Areopag und zeigte die Sache an. Die Areopagiten ließen den Menschen, den Sophokles bezeichnet hatte, ergreifen, und dieser gestand nach eingeleiteter Untersuchung die That und brachte die Schale zurück. Hierauf erhielt jener Tempel den Namen des Angebers Herkules [5]).

XXVI. 55. Doch wozu erwähne ich Griechen? Das Unsrige zieht mich, ich weiß nicht wie, mehr an. Folgendes erzählen alle Geschichtschreiber, die Fabier [1]), die Gellier [1]), aber zunächst Cälius [1]). Als man im Latinischen Kriege zum ersten Male die großen Votivspiele [2]) feierte, wurde plötzlich die Bürgerschaft zu den Waffen gerufen. Die Spiele wurden daher eingestellt und erneuerte angeordnet. Bevor diese begannen, wurde, als sich das Volk schon niedergelassen hatte, ein

---

[5]) Index Hercules, Griech. Μηνυτής. Der Biograph des Lebens des Sophokles erzählt diesen Traum nur mit dem Unterschiede, daß statt der goldenen Schale ein goldener Kranz gestohlen war, und daß Sophokles dem Herkules Μηνυτής einen Tempel baute.

[1]) Die Fabier, Gajus und Numerius, vgl. über sie Voß, de histor. latt. 1. 3. p. 12 ff. Anm. [4]) zu Kap. XXI. — Die Gellier Gnäus und Sextus, vgl. Voß a. a. D. 1. 3. S. 34 f., über Cälius vgl. Anm. [1]) zu Kap. XXIV.

[2]) Die ludi votivi waren die Spiele, die der in den Krieg ziehende Feldherr zu feiern gelobte und nach dem Siege veranstalten ließ; hier soll Postumius nach der Schlacht am Regillus (496) sie gelobt haben; sie hießen auch Romani, magni, Circenses, vgl. Liv. I. 35, 9. und Dion. Halic. VII. 68, wo sie beschrieben werden. Denselben Vorfall erzählt mit verschiedener Zeitangabe Liv. II, 36 ausführlicher; vgl. auch Val. Max. I, 7, 4; der Landmann hieß Titus Latinius.

Sklave durch den Circus geführt, indem er das Gabelkreuz³) trug und mit Ruthen gepeitscht wurde. Hierauf erschien einem Römischen Landmann Jemand im Schlafe, der zu ihm sagte, der Vortänzer⁴) habe bei den Spielen nicht gefallen, und zugleich ihm befahl dieß dem Senate zu melden; er habe es aber nicht gewagt. Er sei zum zweiten Male aufgefordert und ermahnt worden, er möchte es nicht zum Aeußersten kommen lassen; aber auch da habe er es nicht gewagt. Nun sei sein Sohn gestorben, und dieselbe Mahnung habe sich zum dritten Male wiederholt. Da sei er auch schwach geworden und habe seinen Freunden die Sache mitgetheilt, und auf deren Rath sei er auf einer Sänfte in die Curie getragen worden, und nachdem er dem Senate seinen Traum erzählt, sei er gesund auf seinen Füßen zurückgekehrt. Daher ward dem Traume vom Senate Glauben geschenkt, und wie man erzählt, jene Spiele zum zweiten Male erneuert. 56. Gajus Gracchus⁵) hat, wie gleichfalls beim Cälius steht, Vielen erzählt, daß ihm, als er sich um die Quästur bewarb, im Traume sein Bruder erschienen sei und ihm gesagt habe, wie sehr er auch zögern möge, werde er doch desselben Todes sterben müssen, wie er selbst gestorben sei. Dies, schreibt Cälius, habe er selbst, bevor Gajus Gracchus Volkstribun wurde, gehört und habe es Vielen⁶) erzählt. Kann etwas Zuverlässigeres als dieser Traum aufgefunden werden?

XXVII. Wie? jene beiden Träume, die so häufig von den Stoikern erwähnt werden, wer kann sie wohl verachten? Der eine

---

³) War ein gabelförmiger, aus zwei Balken bestehender tragbarer Halsblock.

⁴) praesul oder praesultator (Val. Max. sagt praesultor) ist der Anführer des Festzugs nach Plutarch ὁ τῆς πομπῆς προηγούμενος; hier bezieht es sich auf den Sklaven, der vor dem feierlichen Aufzuge durch den Circus getrieben wurde.

⁵) Im J. 126 v. Chr. Die beiden Brüder Tiberius und Gajus Sempronius Gracchus, bekannt als Freunde des Volkes, waren Enkel des älteren Scipio durch ihre Mutter Cornelia. Gajus ließ sich im J. 121 von seinen Sklaven tödten. Plutarch Leben des Gajus Gracchus c. 1. erzählt diesen Traum mit Bezug auf Cicero.

⁶) Nach der Lesart der Handschriften multis; dann muß Cälius als Subjekt genommen werden; multos conjicirt Hottinger, und Viele hätten es erzählt. Christ schiebt illum ein mit Bezug auf Val. Max. I, 7. 6 und bezieht es auf Gracchus.

von Simonides¹). Als dieser den Leichnam irgend eines Unbekannten hatte liegen sehen uud ihn bestattet hatte, und die Absicht hatte, zu Schiffe zu gehen; da schien es ihm, als ob er von dem, welchen er begraben hatte, gewarnt würde, wenn er führe, so würde er im Schiffbruche umkommen; daher sei Simonides zurückgekehrt, die übrigen aber, die gefahren wären, seien umgekommen. 57. Der andere²) ganz besonders berühmte Traum wird folgendermaßen erzählt. Als zwei befreundete Arkabier zusammen eine Reise machten und nach Megara gekommen waren, sei der eine bei einem Gastwirte eingekehrt, der andere bei einem Gastfreunde. Als sie nach dem Abendessen sich zur Ruhe begeben hätten, sei es dem, der bei dem Gastfreunde war, um Mitternacht vorgekommen, als ob der Andere ihn bäte ihm zu Hülfe zu kommen, da ihm der Gastwirt mit dem Tode drohe; Anfangs sei er durch den Traum erschreckt und aufgestanden; als er sich dann aber wieder gesammelt und geglaubt habe diese Erscheinung für bedeutungslos halten zu müssen, habe er sich wieder niedergelegt; da sei ihm im Schlafe jener wieder erschienen und habe gebeten, er möchte doch, weil er ihm im Leben nicht zu Hülfe gekommen sei, seinen Tod nicht ungerächt hingehen lassen; er sei ermordet und von dem Wirte auf einen Wagen geworfen und mit Mist überdeckt; er bitte ihn daher früh morgens am Thore zu sein, bevor der Wagen aus der Stadt führe. Durch diesen Traum aber erschüttert, habe er in der Frühe auf den Knecht bei dem Thore gewartet und ihn gefragt, was er in dem Wagen habe; jener sei erschrocken geflohen, und der Todte hervorgezogen worden; der Wirt aber sei, als die Sache an den Tag gekommen, bestraft worden.

XXVIII. 58. Was kann göttlicher als dieser Traum genannt werden? Doch wozu suchen wir noch Mehreres und Altes auf? Oft habe ich dir meinen Traum erzählt, oft habe ich von dir den deinigen gehört. Als ich als Proconsul¹) Asien verwaltete, hatte ich im Traume

---

¹) Simonides aus Ceos, einer Insel im Ägäischen Meere (um 490 v. Chr.), berühmter lyrischer Dichter, vgl. über den Traum Valer. Max. I, 7. 3.

²) Suidas erwähnt diesen Traum, den er dem Chrysippus entlehnt hat, unter τιμωροῦντος, vgl. Valer. Max. I, 7. 10.

¹) Im J. (b. St 692) 62 v. Chr. bekam Quintus Cicero (der Bruder des M. Tullius Cicero) Asien als Provinz. Die Lesart proconsule statt der einer

gesehen, wie du auf einem Pferde an das Ufer eines großen Flusses geritten und vorgeeilt plötzlich in den Fluß gefallen und nirgends zum Vorschein gekommen seiest; ich hätte gebebt und gezittert, da seiest du auf Einmal froh hervorgekommen und habest auf demselben Pferde das jenseitige Ufer erstiegen, und wir hätten uns einander umarmt. Die Deutung dieses Traumes war leicht, und mir wurden von Sachverständigen in Asien die Erfolge der Dinge, die eingetroffen sind, vorausgesagt¹). 59. Ich komme jetzt zu deinem Traume. Ich habe ihn zwar von dir selbst gehört; aber häufiger hat mir ihn unser Sallustius²) erzählt. Als du auf jener für uns ruhmvollen, für das Vaterland unheilvollen Flucht in einem Landhause des Atinatischen⁴) Gebietes verweiltest und einen großen Theil der Nacht durchwacht hattest, seiest du endlich gegen Anbruch des Tages in einen schweren und tiefen Schlaf verfallen. Daher habe er (Sallustius)⁵), obwol die Reise bevorstand, Stille anbefohlen und dich nicht wecken lassen; als du aber ungefähr um die zweite Stunde aufgewacht seiest, habest du ihm deinen Traum erzählt; es sei dir, während du in einsamer Gegend traurig umherirrtest, Gajus Marius mit lorbeerbekränzten Ruthenbündeln erschienen und habe dich gefragt, warum du traurig seiest, und auf deine Antwort, daß du aus deinem Vaterlande mit Gewalt vertrieben seiest, habe er deine Rechte ergriffen und dich gutes Muthes sein geheißen und dich durch den zunächst stehenden Liktor zu seinem Denkmale⁶) führen lassen und gesagt, dort werde dir Heil zu Theil

---

Handschr. provinciis, vertheidigt Bergmann, Philolog. II, 673. Die Erfüllung dieses Traumes geht auf die Verbannung Cicero's im J. 58 und seine glänzende Rückkehr im Jahre darauf.

2) Sallustius ist der Freigelassene oder Klient Cicero's, der ihm in die Verbannung folgte.

3) Cicero mußte im J. 58 durch den Gesetzesvorschlag des Clodius, seines Todfeindes, wegen der Hinrichtung der Catilinarier Rom verlassen und ging in die Verbannung nach Thessalonich in Griechenland, wurde aber am 4. August des folgenden Jahres durch die zahlreich versammelte Bürgerschaft zurückberufen; darauf beziehen sich die folgenden Worte in diesem Kapitel.

4) In der Umgegend von Atina in Latium, nicht weit von Arpinum.

5) Nach der Konjektur F. A. Wolf's so, wofür die Handschriften te haben, siehe die ausführliche Anmerkung hierzu in Giese's Ausg.

6) Das Denkmal des Marius ist der Tempel des Honor-Virtus, den Marius nach dem Siege über die Cimbern zum Andenken an sich hatte erbauen lassen. In

werden. Da habe er, erzählt Sallustius, ausgerufen, es stehe bir eine schnelle und ruhmvolle Rückkehr bevor, und du selbst habest über diesen Traum erfreut geschienen. Und mir selbst wurde bald gemeldet, sobald du gehört habest, daß in dem Denkmale des Marius jener so glänzende Senatsbeschluß wegen deiner Rückkehr auf den Antrag des trefflichen und ausgezeichneten Consuls gefaßt, und derselbe bei sehr vollem Theater unter unglaublichem Zuruf und Beifallklatschen bestätigt worden sei; da habest du gesagt, es könne nichts Göttlicheres geben als jener Atinatische Traum.

XXIX. 60. Aber viele sind falsch. — O nein! aber vielleicht dunkel für uns. Mögen einige falsch sein, was sagen wir aber gegen die wahren? und diese würden in weit größerer Zahl vorkommen, wenn wir uns freien Geistes zur Ruhe begäben. Nun aber, mit Speise und Wein beschwert, sehen wir wüste und verworrene. Höre, was Sokrates in Plato's Staate¹) spricht. Er sagt nämlich: „Da, während wir schlafen, der Theil der Seele, der des Verstandes und der Vernunft theilhaftig ist, eingeschlummert sei und erstarrt daliege, jener aber, in dem eine gewisse Wildheit und thierische Roheit wohnt, durch unmäßiges Trinken und Essen aufgeschwellt sei: so empöre sich dieser im Schlafe und gebare sich unmäßig. Daher bieten sich ihm alle Erscheinungen als leer an Verstand und Vernunft dar, so daß Mancher glaubt, daß er mit seiner Mutter fleischlichen Umgang habe oder mit irgend einem anderen Menschen oder einem Gotte, oft auch mit einem Thiere; auch daß er Jemanden ermorde und sich ruchlos mit Blut beflecke, und viel Unzüchtiges und Häßliches mit Frechheit und Schamlosigkeit ausführe. 61. Wer sich dagegen nach heilsamer und mäßiger Pflege und Kost zur Ruhe begibt, indem der Theil der Seele, der Verstand und Besonnenheit besitzt, geweckt und aufgerichtet ist und gesättigt mit der Speise guter Gedanken, und der Theil der Seele, der in Sinnenlust seine Nahrung findet, weder durch Mangel geschwächt, noch durch Sättigung überfüllt ist, (denn Beides pflegt die Schärfe des

---

diesem Tempel wurde jener Senatsbeschluß durch den Consul Publius Cornelius Lentulus Spinther, der die Rückberufung des verbannten Cicero beschloß, gefaßt, vgl. besonders Cicero's eigene Worte hierüber in or. in Pison. 15, 34.
¹) Platon. de republ. IX. p. 571 C. Kap. I.

Geistes abzustumpfen, mag der Natur Etwas fehlen oder mag sie durch Ueberfluß übersättigt sein,) und, wenn auch der dritte Theil der Seele, in dem die Glut des Gemüthes ²) sich zeigt, beruhigt und gedämpft ist: dann geschieht es, daß, nachdem die beiden vernunftlosen Theile niedergedrückt sind, jener dritte Theil der Seele, der der Vernunft und des Verstandes, aufleuchtet und sich kräftig und munter zum Träumen zeigt; dann werden ihm ungetrübte und wahrhafte Erscheinungen während der Ruhe vor die Seele treten.

XXX. 62. Das sind Plato's eigene Worte, die ich übersetzt habe. Wollen wir nun lieber Epikurus hören? Denn Karneades ¹) behauptet aus Streitsucht bald dieß, bald jenes. Aber was meint jener? Er meint nie etwas Feines, nie etwas Geziemendes. Willst du etwa diesen dem Plato und dem Sokrates vorziehen? die, gesetzt, sie legten keine Rechenschaft ab, doch diese unbedeutenden Philosophen an Ansehen übertreffen. Plato schreibt also vor mit solcher Körperverfassung sich zur Ruhe zu begeben, daß Nichts in den Seelen Irrthum und Verwirrung erzeugen kann. Daher glaubt man auch, sei es den Pythagoreern verboten, Bohnen zu essen, weil diese Speise eine starke Aufblähung verursacht, die der Ruhe des Geistes, der das Wahre sucht, entgegengesetzt ist ²). 63. Wenn sich also im Schlafe die Seele von der Gemeinschaft und der Berührung mit dem Körper absondert, so erinnert sie sich des Vergangenen, schaut das Gegenwärtige und sieht das Zukünftige voraus. Denn der Leib eines Schlafenden liegt unthätig da wie der eines Todten; die Seele aber ist thätig und lebendig. Dieß wird sie noch weit mehr nach dem Tode sein, wenn sie den Körper gänzlich verlassen hat. Daher ist sie auch bei Annäherung des Todes weit mehr von göttlicher Eingebung erfüllt ³). Denn eben das sehen diejenigen, welche von einer schweren und tödtlichen Krankheit befallen sind, daß ihnen der Tod bevorstehe. Deshalb bieten sich diesen meistens Bilder der Verstorbenen dar; sie streben dann grade am

---

²) Irarum ardor. Das Platonische θυμός, Gemüth, übersetzt Cicero hier und anderwärts durch ira.

¹) S. Kap. 4. Anm. ¹) über ihn.

²) Vgl. 2, 58. 119. Ueber Pythagoras f. zu I. 3, 5.

³) Divinus von divinare hier, wie die folgenden Worte beweisen, in seiner eigentlichen Bedeutung: „weissagerisch".

Meisten nach Ruhm, und diejenigen, welche anders, als es sich ziemte, gelebt haben, bereuen dann am Meisten ihre Fehler. 64. Daß die Sterbenden weissagen, bestätigt Posidonius⁴) auch durch das Beispiel, welches er anführt, daß ein gewisser Rhodier sterbend sechs seiner Altersgenossen genannt und gesagt habe, welcher von ihnen zuerst, welcher hernach und welcher dann der Reihe nach sterben werde. Er glaubt aber, daß auf dreierlei Weise die Menschen durch göttliche Anregung träumen: erstens, indem die Seele selbst durch sich voraussehe, da sie ja in Verwandtschaft mit den Göttern steht; zweitens, weil die Luft voll sei von unsterblichen Seelen, in denen die Kennzeichen der Wahrheit gleichsam eingeprägt erscheinen⁵); drittens weil die Götter selbst mit den Schlafenden sich unterhielten, und das tritt, wie eben gesagt, leichter bei der Annäherung des Todes ein, daß die Seelen das Zukünftige weissagen. 65. Hierher gehört auch jenes vorher von mir erwähnte Beispiel von Calanus⁶), und das des Homerischen Hektors, der sterbend dem Achilleus den nahen Tod verkündigt⁷).

XXXI. Und es würde nicht der Redegebrauch jenes Wort so ohne Grund aufgenommen haben, wenn die Sache überhaupt Nichts zu bedeuten hätte:

„Die Seele spürte (praesagibat), daß vergeblich ich das Haus verließ"¹).

Denn spüren (sagire) heißt scharf wahrnehmen, weshalb man von spürenden alten Frauen (sagae anus) spricht, weil sie Vieles zu wissen glauben, und von Spürhunden (sagaces canes). Wer also die Sache ahnt (sagit), bevor sie ihm vor die Augen tritt; von dem sagt man, er spüre voraus (praesagire), d. h. er sehe die Zukunft vorher. 66. Es liegt also in den Seelen ein Ahnungsvermögen, das ihnen von außen eingeflößt und von der Gottheit in sie eingeschlossen ist. Wenn dasselbe heftiger entbrennt, so wird es Raserei (furor) genannt,

---

⁴) Vgl. über Posidonius Anm. ¹⁴) zu Kap. III.
⁵) D. h. welche die Wahrheit in sich eingeprägt haben, daher wissen, was wahr sei und den Menschen deshalb das Wahre in den Träumen zeigen können.
⁶) Vgl. über ihn Anm. ⁵) zu Kap. 23.
⁷) Ilias XXII, 355—360.
¹) Der Vers ist aus Plautus, Aulular. II, 2. 1 und lautet dort: praesagibat mihi animus, frustra me ire, quum exirem domo.

indem die Seele von dem Körper abgezogen durch göttlichen Antrieb aufgeregt wird.

H. Warum scheint sie denn auf einmal mit dem wuthentbrannten Aug'?[2]
Wo ist die vorhin so weise, jungfräuliche Sittsamkeit?
K. Mutter, von den besten Weibern[3] die bei weitem trefflichste,
Ach! ich bin dahin gegeben gotterfüllter Weissagung;
Denn Apoll reizt wider Willen rasend mich zum Schicksalsspruch.
Meine Schwestern [scheu' ich[4]); vor dem Vater schäm' ich mich der That,
Diesem edlen Manne, dich beklag' ich, Mutter, hasse mich.
Daß du Priam gute Kinder schenktest außer mir, das schmerzt,
Daß ich schade, jene nützen, willig sind und trotzig ich.

O was für ein zartes, charaktervolles und weiches Gedicht! Doch das gehört hier nicht zur Sache. 67. Das, was wir wollen, ist darin ausgedrückt, daß nämlich die Raserei Wahres zu weissagen pflegt.

„Da, da ist die Schreckensfackel[5]), eingehüllt in Blut und Brand;
Jahre lang war sie verborgen; Bürger helft und löscht sie aus!"

Schon spricht der in dem sterblichen Leibe eingeschlossene Gott, nicht Kassandra:

„Schon wird gefügt für das Meer die eilende
Flotte; es eilt der verderbliche Schwarm, und er
Naht; und die trotzigen Krieger erfüllen aus
Segelbeflügelten Schiffen den Meerstrand."

XXXII. 68. Ich scheine von Tragödien und Fabeln zu reden. Aber von dir selbst habe ich keine erdichtete, sondern wirkliche Thatsache

---

[2]) Woher diese und die beiden folgenden poetischen Stellen genommen sind, ist ungewiß. Vielleicht aus der Alexandra des Ennius oder wahrscheinlicher aus der Hekuba des Attius, vgl. Bothe, poett. latt. scen. frgm. p. 275. Es spricht hier die Hekuba, die Gemahlin des Priamus, zu ihrer Tochter Kassandra, die durch Apollo, dem sie sich nicht preisgeben wollte, in weissagerische Raserei versetzt worden war.

[3]) Nach der Konjektur von M. Haupt: optumarum statt optumatum.

[4]) Nach der Konjektur von Ribbeck und Mähly: virgines vereor aequales statt virgines vero —. Aus den Jungfrauen, den Schwestern oder Gespielinnen der Kassandra, bestand der Chor.

[5]) Diese Fackel ist auf Paris zu beziehen, vergl. 21. 42. Paris wurde wegen jenes (21, 42 erwähnten) Traumes nach seiner Geburt ausgesetzt und unter den Hirten auf dem Berge Ida erzogen.

derselben Art gehört: Gajus Coponius, ein höchst kluger und unterrichteter Mann, sei zu dir nach Dyrrhachium ¹) gekommen, als er mit dem Oberbefehle die Rhodische Flotte befehligte, und er habe gesagt, ein Ruderknecht von einem Fünfruderer der Rhodier habe geweissagt, in weniger als 30 Tagen werde Griechenland mit Blut getränkt werden, Dyrrhachium werde geplündert werden, und man werde die Schiffe besteigen und fliehen, und die Fliehenden würden einen jammervollen Rückblick auf die Feuersbrunst haben; doch der Flotte der Rhodier stehe baldige Rückkehr und Heimfahrt bevor. Dieß habe einen tiefen Eindruck auf dich gemacht, und Marcus Varro ²) und Marcus Cato ³), die damals gerade sich dort befanden, seien heftig darüber erschrocken. In der That sei wenige Tage nachher Labienus ⁴) von der Pharsalischen Flucht angekommen, und als er den Untergang des Heeres verkündigt habe, sei auch der übrige Theil der Weissagung nach kurzer Zeit erfüllt worden. 69. Denn das aus den Speichern geplünderte Getreide bedeckte alle Straßen und Gassen, ihr bestiegt in dem plötzlichen Schrecken die Schiffe, und indem ihr bei Nacht auf die Stadt zurückblicktet, saht ihr die Lastschiffe in Brand, welche die Soldaten angezündet hatten, weil sie nicht hatten folgen wollen; und endlich erkanntet ihr, von der Rhodischen Flotte verlassen, daß der Wahrsager wahrhaftig gewesen sei. — 70. Ich habe so kurz als möglich die Orakel des Traumes und der Raserei auseinandergesetzt, die, wie ich gesagt habe, der Kunst entbehren. Diese beiden Gattungen haben einen

---

¹) Als der Bürgerkrieg zwischen Cäsar und Pompejus ausgebrochen war, verließ Cicero Rom und begab sich nach Brundisium, wohin Pompejus mit seinem Heere gegangen war, um von da nach Griechenland überzusetzen. Während der Schlacht bei Pharsalus (5. August 48), die den vollständigen Sieg Cäsar's über Pompejus entschied, verweilte Cicero in Dyrrhachium.

²) Marcus Terentius Varro (116 v. Chr. geb.) war dem Pompejus beim Ausbruche des Krieges gefolgt. Nach dem Siege bei Pharsalus ward er wieder von Cäsar in Gunst aufgenommen, vgl. über ihn Orelli, onomast. Tull. p. 575.

³) Cato ist Marcus Porcius Cato Uticensis, ein Anhänger der Stoischen Philosophie, der sich im J. 46 nach dem Siege Cäsar's bei Thapsus in Afrika über die Republikaner zu Utica das Leben nahm.

⁴) Titus Atius Labienus, der Legat Cäsar's in Gallien im J. 58, stand Anfangs auf dessen Seite und ging dann zu der Partei des Pompejus über. Vgl. Orelli, Onom. Tull. p. 82.

Grund, den unser Kratippus ⁵) anführt, daß die Seelen der Menschen nach einem Theile von Außen her genommen und geschöpft seien ⁶). Hieraus sieht man denn ein, daß außerhalb eine göttliche Seele sei, aus welcher die menschliche abgeleitet ist, und daß der Theil der menschlichen Seele, der Empfindung, der Bewegung, der Begierden hat, von der Thätigkeit des Körpers nicht geschieden sei; daß derjenige Theil aber, welcher an Vernunft und Einsicht Antheil hat, dann am lebenskräftigsten sei, wenn er von dem Körper am meisten entfernt ist.

71. Nach der Auseinandersetzung der wahren Weissagungen und Träume also pflegt Kratippus auf folgende Weise zu schließen. Wenn ohne Augen die Verrichtung und das Amt der Augen nicht stattfinden kann; die Augen aber bisweilen ihren Dienst nicht versehen können: so ist doch derjenige, der nur einmal seine Augen so gebraucht hat, daß er das Wahre sah, mit dem Sinne der Augen, die das Wahre sehen, begabt. Ebenso also, wenn ohne Weissagung die Verrichtung und das Amt der Weissagung nicht stattfinden kann; es kann aber Einer, wenn er die Weissagung besitzt, bisweilen irren und das Wahre nicht sehen: so reicht es doch zur Bestätigung der Weissagung hin, daß einmal Etwas so geweissagt worden ist, daß Nichts durch Zufall dabei sich ereignet zu haben schien. Dergleichen Beispiele gibt es aber unzählige: folglich muß man zugestehen, daß es eine Weissagung gebe ⁷).

XXXIII. 72. Diejenigen Arten der Weissagung, die entweder durch Muthmaßung sich erklären lassen oder nach den Erfolgen beobachtet und aufgezeichnet sind, werden, wie ich oben ¹) bemerkt habe, nicht natürliche, sondern künstliche genannt, und hierzu werden die Opferbeschauer, die Auguren und Traumdeuter gerechnet. Diese Arten werden von den Peripatetikern verworfen und von den Stoikern vertheidigt. Einiges hievon beruht auf schriftlichen Denkmälern und Wissenschaft, wie die Schriften der Etrusker über Opferschau und über

---

⁵) Ueber Kratippus vgl. Anm. ⁹) Kapitel 3.
⁶) Vgl. Kap. 49. §. 110.
⁷) Derselbe Schluß wird auch Kap. 55. §. 125 gezogen.
¹) 6, 12.

Blitze und die Ritual" und auch eure Auguralbücher ²) beweisen; Anderes läßt sich augenblicklich aus dem Stegreif durch Muthmaßung erklären, wie es bei Homer Kalchas thut, der aus der Zahl der Sperlinge die Jahre des Trojanischen Krieges geweissagt hat ³), und wie wir in der Geschichte des Sulla ⁴) geschrieben sehen, und was sich vor deinen Augen ereignete, daß, als jener auf dem Nolanischen Acker vor dem Feldherrnzelte opferte, plötzlich eine Schlange ⁵) vom untersten Theile des Altares hervorschlüpfte; worauf ihn der Opferschauer, Gajus Postumius, bat das Heer sogleich in's Feld zu führen; und als dieß Sulla gethan hatte, da nahm er vor der Stadt Nola das so stark befestigte Lager der Samniten. 73. Auch beim Dionysius ⁶) wurde eine Muthmaßung gemacht kurz vor dem Antritte seiner Herrschaft. Als er auf einer Reise durch das Leontinische Gebiet selbst mit seinem Rosse in einen Fluß hinabgestiegen war, ging dieses in den Strudeln unter und verschwand; und als er es mit der größten Anstrengung nicht herausziehen konnte, ging er, wie Philistus ⁷) erzählt, unmuthig fort. Als er aber eine ziemliche Strecke vorgeschritten war, hörte er plötzlich ein Gewieher; er sah sich um und erblickte zu seiner Freude sein Roß, das munter war, und an dessen Mähne sich ein Bienenschwarm niedergelassen hatte. Diese Erscheinung hatte die Bedeutung, daß Dionysius wenige Tage darauf die Herrschaft antrat.

---

²) Die Ritualbücher enthielten nach Festus Vieles aus der Wissenschaft der Opferschau.

³) Vgl. Ilias 2, 301—329 und auch II, 30, 63, wo Cicero die Verse Homer's übersetzt hat.

⁴) Bei Gellius noct. Att. wird ein Geschichtswerk (rerum gestarum libri) des Lucius Cornelius Sulla, des bekannten Dictators und Gegners des Marius, erwähnt, das sein Freigelassener Cornelius Epicadus fortsetzte. Sulla unterwarf in dem Bundesgenossenkriege (91—88) die von den Römern abgefallenen Städte in Samnium und Unteritalien. Nola in Campanien. Der Opferschauer Postumius ist sonst nicht weiter bekannt.

⁵) Die Schlangen galten als Symbol des Glückes und Sieges.

⁶) Dionys I., der Tyrann von Syrakus, der 406 zur Regierung gelangte und 367 starb. — Leontini, eine Stadt in Sicilien.

⁷) Ueber diesen Geschichtschreiber s. Anm. ⁴) zu Kap. XX. Zur Sache vgl. Göller, in Philisti et Timaei reliquiis. p. 170.

XXXIV. 74. Wie? Was wurde den Lacedämoniern kurz vor der Niederlage bei Leuktra¹) für ein Anzeichen gegeben, als in dem Tempel des Herkules die Waffen ertönten und das Bild des Herkules von starkem Schweiße floß? Und zu derselben Zeit öffneten sich zu Theben, wie Kallisthenes²) sagt, in dem Tempel des Herkules die mit Riegeln verschlossenen Flügelthüren plötzlich von selbst, und die Waffen, welche an den Wänden befestigt waren, wurden auf der Erde gefunden. Und als um dieselbe Zeit bei Lebadia dem Trophonius³) geopfert wurde, sollen die Hähne an dem Orte so anhaltend zu krähen angefangen haben, daß sie gar nicht aufhörten: da hätten die Böotischen Auguren gesagt, der Sieg sei auf Seiten der Thebaner deswegen, weil jener Vogel, wenn er besiegt sei, zu schweigen und, wenn er gesiegt habe, zu krähen pflege. 75. Und in eben der Zeit wurde durch viele Anzeichen den Lacedämoniern das Unglück der Leuktrischen Schlacht verkündet. Denn auf dem Haupte der Statue Lysander's⁴), des berühmtesten unter den Lacedämoniern, entstand plötzlich ein Kranz von stachlichten und wilden Kräutern; und die goldenen Sterne, die in Delphi von den Lacedämoniern geweiht worden waren, nach jenem Seesiege Lysanders, in dem die Athener unterlagen, (— weil in dieser Schlacht Kastor und Pollux bei der Flotte der Lacedämonier sich gezeigt

---

¹) In der Schlacht bei Leuktra (in Böotien) im J. 371 wurden die Spartaner von den Thebanern unter Epaminondas auf's Haupt geschlagen.

²) Kallisthenes aus Olynth, Begleiter Alexanders des Großen auf seinen Feldzügen, wurde von diesem 325 v. Chr. getödtet. Er schrieb außer andern Büchern eine Griechische Geschichte (ἑλληνικά), von dem Antalkidischen Frieden bis zur Einnahme des Delphischen Tempels (387—355), vgl. Voß, hist. graec. I, 9. p. 73. Zur Sache vgl. besonders Xenoph. Hell. VI. 4. 7. und Diod. Sic. XV, 53.

³) Ueber die Höhle und das Orakel des Trophonius bei Lebadia, einer Stadt in Böotien, vgl. Pausan. XI. 37. 7. K. O. Müller, Orchomenos u. s. w. S. 150.

⁴) Lysander, der Anführer der Spartaner, schlug am Ende des Peloponnesischen Krieges in der Seeschlacht bei Aegospotamoi im Hellespont (405) die Athener unter den zehn Feldherrn. Dieselben auf Lysander bezogenen Anzeichen der Niederlage bei Leuktra erwähnt Plut. Tom. II. p. 397 E. mit folgenden Worten: οἱ δὲ ἀστέρες ἠφανίσθησαν, οὓς Λύσανδρος ἀνέθηκεν ἀπὸ τῆς ἐν Αἰγὸς ποταμοῖς ναυμαχίας· ὁ δὲ αὐτοῦ τοῦ Λυσάνδρου λίθινος ἀνδριὰς ἐξήνθησεν ἀγρίαν λόχμην καὶ πόαν τοσαύτην τὸ πλῆθος, ὥστε κατακρύψαι τὸ πρόσωπον.

haben sollen⁵), so wurden ihre Abzeichen, die goldenen Sterne, von denen ich gesprochen, zu Delphi aufgestellt —) diese fielen kurz vor der Schlacht bei Leuktra herunter und wurden nicht wieder aufgefunden. 76. Das bedeutendste Wunderzeichen aber gleichfalls für die Spartaner war, daß, als sie den bobonäischen Jupiter⁶) um ein Orakel baten und ihn in Betreff des Sieges befragten, und die Gesandten jenes Gefäß⁷), in dem die Loose waren, hingestellt hatten, ein Affe, welcher der Liebling des Königs der Moloffer⁶) war, sowohl die Loose als auch was zum Loosen vorbereitet war in Verwirrung brachte und das eine hierhin das andere borthin warf. Da soll die Priesterin, die dem Orakel vorstand, gesagt haben, an die Rettung, nicht an den Sieg sollten die Lacedämonier denken.

XXXV. 77. Wie? Hat nicht im zweiten Punischen Kriege Gajus Flaminius, zum zweiten Male Consul, die Zeichen der Zukunft zum größten Nachtheile des Staates vernachlässigt¹)? Als dieser nach der Musterung des Heeres nach Arretium hin aufgebrochen war und gegen Hannibal seine Legionen führte, stürzte er selbst und sein Roß vor der Bildsäule des Jupiter Stator²) ohne Veranlassung plötzlich zusammen; aber er trug deßhalb kein Bedenken, eine Schlacht zu liefern, obgleich, wie es den Sachverständigen schien, das Anzeichen in

---

⁵) Plutarch im Leben Lysander's, Kap. 12, erzählt, daß vor der Schlacht bei Aegospotamoi (405 v. Chr.) beim Auslaufen der Flotte an dem Schiffe Lysander's die Sterne der beiden Dioskuren Kastor und Pollux erschienen seien. Ἦσαν δέ τινες οἱ τοὺς Διοσκόρους ἐπὶ τῆς Λυσάνδρου νεὼς ἑκατέρωθεν, ὅτε τοῦ λιμένος ἐξέπλει πρῶτον ἐπὶ τοὺς πολεμίους, ἄστρα τοῖς οἴαξιν ἐπιλάμψαι λέγοντες.

⁶) Zu Dodona, in Epirus im Lande der Moloffer, nicht weit vom Acherusischen See, lag das berühmte älteste Griechische Orakel.

⁷) Ernesti ergänzt hinter illud: vas. Uebrigens werden hier allein die Loose beim Dodonäischen Orakel erwähnt.

¹) Gajus Flaminius Nepos, der gegen die Auspicien wider Hannibal in's Feld gezogen war, wurde im J. 217 am Trasimenischen See in Etrurien gänzlich geschlagen; außer ihm selbst fielen 15,000 Römer, vgl. II. 8. 21 und de nat. D. II. 3. 9. Hannibal war bei Arretium (j. Arezzo) an ihm vorübergezogen, als ob er nach Rom sich wende.

²) Jupiter hatte als Gott des Krieges, als Entscheider der Schlachten den Namen Stator (τροπαῖος).

ben Weg getreten war. Als derselbe mit dem Tripubium ³) Auspicien hielt, ließ der Wärter der Hühner den Tag für die Schlacht aufschieben. Da fragte Flaminius ihn, wenn die Hühner auch nachher nicht fräßen, was er dann zu thun rathe. Als jener geantwortet hatte, dann müsse man sich ruhig verhalten, sagte Flaminius: Fürwahr, herrliche Auspicien, wenn nur gehandelt werden kann, sobald die Hühner hungrig sind, wenn sie aber satt sind, Nichts ausgeführt wird. Daher befahl er die Feldzeichen aus dem Boden zu reißen und ihm zu folgen. Als zu derselben Zeit der Adlerträger der ersten Compagnie der Hastaten ⁴) das Feldzeichen nicht von der Stelle bewegen konnte und, als mehrere hinzukamen, doch Nichts ausgerichtet wurde, so ließ Flaminius, als es gemeldet war, nach seiner Gewohnheit die Sache unbeachtet. Das Heer wurde daher binnen drei Stunden niedergemacht und er selbst getödtet. 78. Auch das, was Cälius ⁵) hinzufügte, ist von großer Bedeutung, daß gerade zu der Zeit, als dieß Unglück geschah, so große Erdbeben in Ligurien, Gallien, auf mehreren Inseln und in ganz Italien sich zeigten, daß viele Städte zusammenstürzten, an vielen Orten Erdfälle entstanden, die Flüsse in die entgegengesetzte Richtung strömten und das Meer in die Ströme eindrang ⁶).

XXXVI. Es werden sichere¹) Muthmaßungen in der Weissagung von Sachverständigen gemacht. Jenem Phrygier Midas ²) trugen in seiner Kindheit, als er schlief, Ameisen Weizenkörner in den Mund zusammen. Daß er sehr reich werden würde, wurde ihm geweissagt; und es traf ein. Und als sich dem Platon, während er als kleiner Knabe in der Wiege schlief, Bienen auf die Lippen gesetzt hatten, wurde geantwortet, daß er ausgezeichnete Anmuth der Rede be-

---

³) Vgl. Kap. 15. §. 28 und besonders II. 34, 72.

⁴) Primi hastati, nämlich ordinis oder manipuli zu verstehen. Die Hastaten bildeten in der Schlacht das erste Glied und bestanden aus zehn Compagnien.

⁵) Vgl. über ihn die Anm. 1 zu Kap. 24.

⁶) Diese Erdbeben während der Schlacht am See Trasimenus erwähnt auch Plin. hist. nat. II. 86.

¹) Nach der Konjektur von Marsus: certas für das handschriftliche certa; sichere Muthmaßungen aber sind solche, die durch den Erfolg sich bestätigen.

²) Midas, König von Phrygien, seines Reichthums und seiner Thorheit wegen bekannt.

kommen werde ³). So wurde die zukünftige Beredsamkeit bei dem Kinde vorausgesehen. 79. Wie? Roscius ⁴), deine Freude und dein Liebling, hat er etwa selbst, oder für ihn ganz Lanuvium gelogen? Als er in der Wiege lag und in Solonium, einem Felde des Lanuvinischen Gebiets, erzogen wurde, erwachte Nachts die Amme und bemerkte, nachdem sie das Licht herbeigeholt, wie der Knabe im Schlafe von den Windungen einer Schlange umringt sei; durch diesen Anblick in Schrecken gerathen, erhob sie ein Geschrei. Der Vater des Roscius trug es den Opferschauern vor, und diese antworteten, dieser Knabe werde vor Allen berühmt und ausgezeichnet werden. Und diesen Gegenstand hat Pasiteles ⁵) in Silber ausgearbeitet, und unser Archias ⁶) in Versen geschildert. Worauf warten wir also? Etwa bis sich die unsterblichen Götter mit uns auf dem Forum unterreden, bis sie auf den Straßen, bis sie zu Hause mit uns verkehren? Diese zeigen sich zwar persönlich uns nicht; aber ihre Kraft verbreiten sie weit und breit, sie schließen dieselbe theils in die Höhlen der Erde ein, theils verweben sie sie mit der Natur der Menschen. Denn die Kraft der Erde begeisterte die Pythia ⁷) zu Delphi, die der Natur die Sibylle. Wie? Sehen wir denn nicht, was für verschiedene Arten von Erdstrichen es gibt? Von diesen ist ein Theil tödtlich, wie die Gegend von Ampsanktus ⁸) bei den Hirpinen und in Asien die Plutonien ⁹), die

---

³) Diese beiden Vorbedeutungen bei Midas und Platon bringen auch mit einander in Verbindung Aellan. var. hist. XII. 45 und Valer. Max. I, 6. 2.

⁴) Quintus Roscius aus Lanuvium, der berühmteste Schauspieler damaliger Zeit und Freund Cicero's, starb 61 v. Chr. in hohem Alter, vgl. Orelli, Onomast. p. 514.

⁵) Pasiteles, nicht mit Praxiteles zu verwechseln, ist auch ein berühmter Bildhauer, vgl. über ihn Plin. hist. nat. 36. 4 und Sillig in der Amalthea 3. Bd. S. 294 f.

⁶) Archias, Aulus Licinius, zu Antiochia in Syrien ungefähr 120 v. Chr. geboren, ein berühmter Griechischer Dichter, den Cicero im J. 61 in der bekannten Rede vertheidigte.

⁷) S. die Anm. 6 zu Kap. XIX.

⁸) Der See von Ampsanktus war von schwarzer Farbe und hauchte schlechte Dünste aus; dorthin verlegt Virgil Aen. VII. 563 ff. den Eingang zur Unterwelt.

⁹) Plutonia oder Charonia waren in Kleinasien, namentlich am Flusse Mäander Gegenden, die schädliche und verpestete Dünste aushauchten, vgl. Strabo XII,

ich gesehen habe; bann gibt es verpestete Landstriche, auch gesunde und einige, die scharfsinnige Köpfe, andere, die stumpfe hervorbringen. Dieß alles geschieht sowohl durch die Verschiedenheit des Klimas, als auch durch die verschiedenartige Ausdünstung der Erde. 80. Oft kommt es auch vor, daß durch irgend eine Erscheinung, oft durch den Ernst der Töne und durch den Gesang die Gemüther sehr heftig erregt werden, oft auch durch Kummer und Furcht, sowie jene ist, die

„Bewegt im Herzen, rasend, wie von Bakchus Wuth
Ergriffen an dem Grabe ihren Teucer ruft" [10])

XXXVII. Und auch jene Erregung beweist, daß in den Seelen eine göttliche Gewalt wohnt. Denn Demokritus[1]) behauptet, daß ohne Raserei kein Dichter groß sein könne, und dasselbe sagt Plato. Mag er dieß, wenn es ihm beliebt, Raserei nennen, wenn nur diese Raserei so gelobt wird, wie es im Phädrus des Plato[2]) geschieht. Wie verhält es sich mit der Rede vor Gericht? wie mit dem theatralischen Vortrage? Kann er wirksam, gewaltig und voll Fülle sein, wenn nicht die Seele selbst ungewöhnlich bewegt ist? Ich wenigstens habe oft bei dir und — um auch auf Geringeres zu kommen — bei deinem Freunde, Aesopus[3]), eine solche Glut in Bewegungen und

---

8 p. 579 und XIII. 4 p. 629. Cicero sah diese, als er 51 v. Chr. Proconsul in Cilicien war und seinen Bruder bei sich hatte.

[10]) Die beiden Verse sind aus dem Teucer des Pacuvius und beziehen sich auf die Tekmessa, das Weib des Ajax. Teucer ist der Sohn des Telamon, des Königs von Salamis und des Ajax Stiefbruder. Ernesti meint, daß unter Teucer Ajax zu verstehen sei; ob mit Recht, ist sehr fraglich.

[1]) Demokritus aus Abdera in Thrazien, 460 v. Chr. geboren, Schüler des Leukippus, des Gründers der Lehre von den Atomen. Demokrit schrieb περὶ ποιήσεως, vgl. Clemens Alex. strom. VI. p. 698 B. περὶ μὲν ποιητικῆς Πλάτων· κοῦφον γάρ τι χρῆμα καὶ ἱερὸν ποιητής, γράφει καὶ οὐχ οἷός τε ποιεῖν, πρὶν ἂν ἔνθεός τε καὶ ἔκφρων γένηται. Καὶ ὁ Δημόκριτος ὁμοίως. Ποιητὴς δὲ ἄσσα μὲν ἂν γράφῃ μετ' ἐνθουσιασμοῦ καὶ ἱεροῦ πνεύματος, καλὰ κάρτα ἐστίν. Bergl. auch Horat. ep. ad Pis. v. 296: „Excludit sanos Helicone poëtas Democritus."

[2]) Im Phädrus p. 244 A. cap. XXII.: νῦν δὲ τὰ μέγιστα τῶν ἀγαθῶν ἡμῖν γίγνεται διὰ μανίας, θείᾳ μέντοι δόσει διδομένης, und vgl. p. 245 A, cap. XXII.

[3]) Aesopus war ein berühmter Schauspieler und Freund Cicero's und ist dessen Lehrer im Vortrage gewesen, vgl. Plut. Cic. Cap. 5.

Mienen gesehen, daß ihn irgend eine Kraft dem Bewußtsein des Geistes entrissen zu haben schien. 81. Oft treten auch Gestalten auf, die an sich nichtig sind, aber doch ein Bild darbieten; dieß soll Brennus [4] und seinem Gallischen Heere begegnet sein, als er den Tempel des Delphinischen Apollo mit frevelhaftem Kriege überzogen hatte; denn damals soll die Pythia das Orakel ausgesprochen haben:

„Mir und den weißen Jungfraun wird dieß Sorge sein" [5].

Hiernach geschah es, daß sowohl weiße Jungfrauen sich mit Waffen entgegenstellten, als auch das Heer der Gallier unter dem Schnee begraben wurde.

XXXVIII. Aristoteles glaubte, daß diejenigen sogar, welche in Folge einer Krankheit rasten und Melancholische hießen, in den Seelen etwas Weissagendes und Göttliches hätten [1]. Ich aber möchte das vielleicht weder den Magenkranken noch den Gehirnkranken zuschreiben [2]; denn einer gesunden Seele, nicht einem krankhaften Körper kommt die Weissagung zu. 82. Daß diese aber in Wirklichkeit da sei, wird durch folgenden Schluß der Stoiker gefolgert: Wenn es Götter gibt, und sie den Menschen das Zukünftige nicht vorher verkündigen, so lieben sie entweder die Menschen nicht oder wissen nicht, was sich ereignen wird, oder glauben, es liege den Menschen nichts daran die Zukunft zu wissen; oder sie meinen, es sei ihrer Würde nicht angemessen den Menschen vorher anzudeuten, was geschehen wird; oder die Götter selbst können dieß nicht einmal andeuten. Aber fürwahr sie lieben uns; denn sie sind wohlthätig und dem Menschengeschlechte wohlgesinnt; und sie wissen sehr wohl das, was von ihnen selbst an-

---

[4] Brennus, Anführer der Gallier, fiel im J. 278 v. Chr. in Macedonien und Griechenland ein und fand bei Delphi seinen Tod.
[5] Vgl. Justin. XXIV. 8. Pausan. Phoc. 23. Der griechische Vers lautet: ἐμοὶ μελήσει ταῦτα καὶ λευκαῖς κόραις. Tzetes Chiliad. IX, 388 deutet richtig die weißen Jungfrauen auf Athene und Diana. Jacobs bemerkt: Unverkennbar ist aber wol die Anspielung auf das Schneegestöber, das die Gallier begrub.
[1] Aristotel. problem. XXX. p. 471, vgl. de anima p. 122 ed Bekk.
[2] Cardiacus ist magenkrank, vgl. darüber Cels. III. 19 und Hor. Sat. II. 3. 161 u. Heindorf's Erklärung z. d. St. Es sind hier die cardiaci den phrenetici, den Rasenden, gegenübergestellt.

geordnet und bestimmt ist; und nicht ist es uns gleichgültig das zu wissen, was sich ereignen wird; denn wir werden vorsichtiger sein, wenn wir dieß wissen; noch halten sie es ihrer Würde für unangemessen; denn Nichts ist schöner als die Wohlthätigkeit, und nicht ist es möglich, daß sie das Zukünftige nicht im Voraus erkennen sollten [3]).

83. Es ist also nicht denkbar, daß es Götter gibt, und daß sie das Zukünftige nicht anzeigen [4]). Nun aber gibt es Götter; also zeigen sie es auch an. Und, wenn sie es anzeigen, so eröffnen sie uns auch Wege zur Erkenntniß der Anzeichen; denn sie würden es sonst vergeblich anzeigen, und wenn sie Wege eröffnen, so ist es nicht möglich, daß es keine Weissagung gebe; es gibt also eine Weissagung.

XXXIX. 84. Dieses Schlusses bedient sich Chrysippus, Diogenes und Antipater [1]). Was ist also für ein Grund zu zweifeln, daß dasjenige, was ich behauptet habe, sehr wahr ist? Wenn die Vernunft auf meiner Seite steht, wenn die Erfolge, die Völker und Nationen, wenn die Griechen und Barbaren und auch unsere Vorfahren; wenn dieß endlich immer so geglaubt worden ist, wenn die ausgezeichnetsten Philosophen, wenn die Dichter, die weisesten Männer, welche die Staaten geordnet, die Städte gegründet haben, auf meiner Seite stehen [2]): wollen wir da etwa warten, bis die Thiere sprechen? Sind wir nicht mit dem übereinstimmenden Zeugnisse der Menschen zufrieden? 85. Auch wird ja dafür, daß die von mir genannten Arten der Weissagung nichtig sind, kein anderer Grund beigebracht, als daß es schwer zu sagen scheint, was jedesmal die Ursache, was der Grund einer Weissagung sei. Denn was hat der Opferschauer für einen Grund, daß die gespaltene Lunge auch bei guten Eingeweiden die Zeit unterbreche und den Tag hinausschiebe [3])? was der Augur, daß der Rabe

---

[3]) Man erwartet statt „vorher erkennen" eher ein Wort, wie: anzeigen, vgl. die Anm. Christ's in Orell's zweiter Ausg. zu dieser Stelle und Giese daselbst.
[4]) Nach der Erklärung Hottinger's, die Giese in seiner Ausgabe und Rabulg in emendatt. ad Cic. libb. philos. p. 156 angenommen haben.
[1]) Ueber Chrysippus, Diogenes und Antipater s. die Anm. zu Kap. 3.
[2]) Man muß aus dem Vorhergehenden mecum faciunt noch einmal wiederholen.
[3]) Die Eingeweide mit einem Einschnitte galten für ein böses Vorzeichen vgl. Liv. VIII. 9. Ovid. Met. XV, 794 [u. K. O. Müller, die Etrusker II. p. 182].

zur Rechten und die Krähe zur Linken Etwas bestätigt ⁴)? was der Astrolog, daß der Stern des Jupiter oder der Venus mit dem Monde verbunden bei der Geburt der Kinder heilbringend, der des Saturn oder des Mars feindlich sei? Warum aber soll uns Gott im Schlafe ermahnen, im Wachen vernachlässigen? Was gibt es endlich für einen Grund, daß die rasende Kassandra die Zukunft voraussieht, der weise Priamus aber eben dies nicht zu thun vermag? 86. Du fragst, warum Jegliches geschehe. Ganz mit Recht; aber davon ist jetzt nicht die Rede. Ob es geschehe, oder ob es nicht geschehe, danach wird gefragt. Wie wenn ich sage: der Magnet ist ein Stein, der das Eisen an sich lockt und anzieht, den Grund aber, weshalb dies geschieht, nicht beibringen kann: könntest du da leugnen, daß es überhaupt geschehe? Und eben dieses thust du bei der Weissagung, die wir selbst sehen, hören und lesen und von den Vätern empfangen haben. Auch hat vor dem Aufblühen der Philosophie, die kürzlich erfunden ist, das gewöhnliche Leben nicht daran gezweifelt, und hernach, als die Philosophie hervorgetreten war, hat kein Philosoph, der nur einige Bedeutung hatte, anders geurtheilt. 87. Ich habe von Pythagoras, von Demokritos, von Sokrates gesprochen, ich habe keinen von den Alten, außer Xenophanes ⁵), ausgenommen, ich habe die alte Akademie, die Peripatetiker und die Stoiker hinzugefügt. Nur Epikurus allein ist anderer Ansicht. Was Wunder? Ist dieß schimpflicher, als daß derselbe meint, es gebe keine uneigennützige Tugend?

XL. Wen sollte aber wohl nicht das durch die berühmtesten Denkmäler beglaubigte und verbürgte Alterthum bewegen? Von Kalchas schreibt Homer, er sei der bei Weitem beste Augur und der Führer der Flotten vor Ilium ¹) gewesen, wegen seiner Kenntniß der Auspicien, glaub' ich, nicht wegen der der Gegenden. 88. Amphilochus

---

⁴) Vgl. Kap. VII, 12 und die Anm. dazu.

⁵) Xenophanes und die übrigen Philosophen sind alle im dritten Kapitel erwähnt, wozu man die Anmerkungen vergleichen möge.

¹) Hom. Iliad. 1. 69 ff.:

καὶ νήεσσ' ἡγήσατ' Ἀχαιῶν Ἴλιον εἴσω
Ἣν διὰ μαντοσύνην,

und Mopsus ²) sind die Könige der Argiver gewesen, aber auch zugleich Auguren, und sie haben an der Seeküste Ciliciens Griechische Städte gegründet. Und noch vor ihnen lebte Amphiaraus und Tiresias, keine geringen und unberühmten Leute und nicht denen ähnlich, wie es bei Ennius heißt:

„Die um ihres Vortheils willen falsche Sprüche sinnen aus,"

sondern berühmte und vortreffliche Männer, die durch Vögel und Zeichen belehrt die Zukunft weissagten. Von dem einen derselben sagt Homer ³), daß er auch in der Unterwelt allein weise sei, während die übrigen wie Schatten umherschwärmten. Den Amphiaraus aber hat der Ruf in Griechenland so sehr geehrt, daß er für einen Gott gehalten wurde, und daß man von der Stelle, wo er begraben ward, Orakel holte ⁴). 89. Hatte nicht der König von Asien, Priamus, einen Sohn Helenus ⁵), und eine Tochter Kassandra, die weissagten, der eine durch Augurien, die andere durch geistige Aufregung und durch göttliche Begeisterung? Von derselben Art, lesen wir geschrieben, sind die Marcischen Brüder ⁶), edler Abkunft, bei unseren Vorfahren ge-

---

²) Amphilochus war der Sohn des gleich darauf erwähnten Amphiaraus und der Eriphyle; er ging mit nach Troja und wurde hier mit dem Seher Mopsus befreundet, mit dem er zusammen die Stadt Mallus in Cilicien erbaute. Amphiaraus selbst nahm an dem Kriege gegen Theben Theil durch den Verrath seiner Gattin Eriphyle, die von Abrastos sich durch ein goldenes Geschmeide bestechen ließ, seinen Aufenthalt zu entdecken. Er wurde vor Theben von der Erde verschlungen. Mopsus war der Sohn der Manto, der Tochter des Tiresias und des Ampykus, nach Anderen des Apollo. — Der Vers des Ennius ist vielleicht aus dessen Telamon, vgl. Ribbeck, tragg. latt. reliqu. p. 56 und zu I, 58, 132.

³) Vom Tiresias, dem blinden Seher in Theben, nämlich, es heißt bei Homer Odyss. X, 492:

τῷ καὶ τεθνηῶτι νόον πόρε Περσεφόνεια
Οἴῳ πεπνῦσθαι· τοὶ δὲ σκιαὶ ἀΐσσουσι.

⁴) Zu Dropus, vgl. Pausan. I. 34, Strabo IX. 1. p. 399 und Giese zu dieser Stelle.

⁵) Vgl. über ihn Hom. VI, 76: Πριαμίδης Ἕλενος, οἰωνοπόλων ὄχ' ἄριστος. Ueber Kassandra vgl. Anm. 2 zu Kap. 31.

⁶) Die Zeit, in der die Marcischen Brüder gelebt haben, ist unbekannt. Sie waren Wahrsager, und ihre Weissagungen stehen mit den Sibyllinischen Sprüchen in Verbindung. Vgl. über sie Hartung, Religion der Römer I. 3. 8. p. 129 ff.

wesen. Und erzählt nicht Homer, daß der Korinthier Polyibus [7]) sowol Anderen Vieles, als auch seinem Sohne, der nach Troja zog, den Tod vorhergesagt habe? Ueberhaupt besaßen bei den Alten die Machthaber auch zugleich die Augurien. Zeuge davon ist unser Staat, in dem die Könige als Auguren, und hernach die mit demselben Priesterthume bekleideten Privatpersonen den Staat durch das Ansehen der Religion lenkten.

XLI. 90. Und diese Weise der Weissagungen ist nicht einmal bei den barbarischen Völkern vernachlässigt worden. So sind doch in Gallien die Druiden [1]), von denen ich selbst den Aebuer Divitiacus [2]), deinen Gastfreund und Lobredner, kennen gelernt habe, der behauptete, ihm sei die Naturwissenschaft, welche die Griechen Physiologie nennen, bekannt und theils durch Augurien, theils durch Muthmaßung, was zukünftig wäre, voraussagte. Auch bei den Persiern deuten und weissagen die Magier, die sich in einem Heiligthum versammeln, um sich zu berathen und sich mit einander zu besprechen, was auch ihr ebenfalls einst an den Nonen zu thun pflegtet [4]). 91. Auch kann Niemand König der Persier sein, der nicht zuvor die Lehre und Wissenschaft der Magier erlernt hat [5]). Man kann ferner gewisse Familien und Nationen sehen, die dieser Wissenschaft sich gewidmet haben. Telmessus [6]) ist eine Stadt in Karien, in welcher der Unterricht der Opferschauer berühmt ist. Ebenfalls hat Elis im Peloponnes zwei bestimmte Fa-

---

[7]) Hom. Iliab. XIII. 663—668.

[1]) Ueber die Druiden und deren Naturbeobachtung siehe Giese, welcher die bezüglichen Stellen aus anderen Schriftstellern anführt.

[2]) Die Aebuer waren eine von den Gallischen Nationen und standen mit den Römern im Bündniß. Cäsar erwähnt bell. gall. VI. 12 den Druiden und vornehmen Aebuer Divitiacus, der sonst bei Cicero nicht vorkommt.

[3]) fano; eigentliche Tempel hatten die Perser nicht.

[4]) An den Nonen (d. h. am 7ten Tage im März, Mai, Juli und October und am 5ten Tage in den übrigen Monaten) pflegten die Auguren, um Auspicien anzustellen, außerhalb Roms an einem freien Platze zusammenzukommen, vgl. K. O. Müller, die Etrusker II. p. 122 fg.

[5]) Vgl. Philo Judaeus de spec. legg. p. 711 f. und Brisson de regno Pers. I. 115 p. 165 sq., der die betreffenden Stellen aus den Alten anführt.

[6]) Arrian exp. Alex. II. 3, Nonnus hist. LXXI. u. Herod. I. 78, der zuerst Wahrsager aus Telmessus, einer Stadt in Karien, erwähnt hat.

milien, die eine der Jamiden, die andere der Klytiden⁷), die durch die
Berühmtheit der Opferschau ausgezeichnet sind. In Syrien zeichnen
sich die Chaldäer⁸) durch die Kenntniß der Gestirne und durch die
geistige Erfindsamkeit aus. 92. Etrurien⁹) aber beobachtet das vom
Blitz Getroffene mit großem Geschick und deutet ebenfalls, was durch
irgend welche wunderbare Erscheinungen und Anzeichen angekündigt
wird. Daher hat auch bei unseren Vorfahren der Senat während der
Blüte des Reichs wohlweislich beschlossen, daß sechs Söhne von Vornehmen den einzelnen Völkerschaften Etruriens zum Unterricht übergeben werden sollten, damit nicht eine bedeutende Kunst durch die Nie-
drigkeit der Menschen von dem Ansehen in der Religion zum Lohn-
dienst und zum Erwerb herabgewürdigt würde¹⁰). Die Phrygier
aber, die Pisiden und die Cilicier¹¹) und die Nation der Araber folgen
meist den Anzeichen der Vögel, und dasselbe soll auch in Umbrien, wie
wir gehört haben, üblich gewesen sein.

XLII. 93. Und mir scheinen auch aus der Lage der Gegenden,
die von den Einzelnen bewohnt wurden, die günstigen Gelegenheiten
zu den Weissagungen entsprungen zu sein. Denn die Aegyptier und
Babylonier, die auf den Erdflächen sich weit ausdehnender Ebenen
wohnten, haben, da Nichts über der Erde emporragte, was der Be-
trachtung des Himmels hätte hinderlich sein können, alle Sorge auf
die Kenntniß der Gestirne verwandt¹); die Etrusker aber haben, weil
sie von Religiosität erfüllt, eifriger und häufiger Opferthiere schlachten, sich besonders auf die Kenntniß der Eingeweide gelegt; und weil
wegen der dicken Luft bei ihnen Vieles am Himmel sich zutrug, und

---

⁷) Herod. IX. 33 erwähnt diese beiden Familien; über die Jamiden vgl. besonders Böckh in der Erklärung des Pindar zur VI. Ol. p. 152, über die Kly-
tiden K. O. Müller, die Dorier I. S. 253 f.

⁸) Die Chaldäer werden schon früher I. 2 erwähnt.

⁹) Ueber die Etrusker vgl. Plin. hist. nat. II. 52 ff. und K. O. Müller,
die Etrusker II. p. 9 ff.

¹⁰) Vgl. Valer. Max. I. 1, der von 10 Söhnen spricht; weshalb Christ
statt sex singulis liest: XCX singulis, und Madvig deni principum filii ex;
Cic. de legg. II. 9, und K. O. Müller, die Etrusker II. S. 4 f. vgl. noch
Giese zu dieser Stelle.

¹¹) Dieselben Völkerschaften sind schon Kap. I. 2 u. 3 erwähnt.

¹) Vgl. Kap. I. §. 2.

aus demselben Grunde viel Ungewöhnliches theils vom Himmel, theils aus der Erde entstand ²), Manches auch bei der Empfängniß und Zeugung der Menschen oder Thiere, so wurden sie die geübtesten Ausleger von Wundererscheinungen. Die Bedeutung dieser Erscheinungen wird, wie du selbst zu sagen pflegst ³), durch die Benennungen selbst bezeichnet, die unsere Vorfahren sinnreich dafür geschaffen haben. Denn weil sie anzeigen, verkündigen, hinweisen und vorhersagen, so werden sie Anzeichen, Verkündigungen, Hinweisungen und Vorbedeutungen genannt ⁴). 94. Die Arabier aber, die Phrygier und Cilicier, die vorzüglich Viehzucht treiben, haben, indem sie Sommer und Winter Felder und Berge durchstreifen, deshalb leichter den Gesang und den Flug der Vögel beobachtet, und derselbe Grund war in Pisidien und hier in unserem Umbrien. Ferner ganz Carien und besonders die vorhin erwähnten Telmessier sind, weil sie sehr ergiebige und höchst fruchtbare Aecker bewohnen, auf denen sich wegen der Fruchtbarkeit Vieles bilden und sich erzeugen kann, in der Beobachtung von Anzeichen sorgfältig gewesen.

XLIII. 95. Wer sieht aber nicht, daß gerade in der besten Staatsverfassung die Auspicien und die übrigen Arten der Weissagung den größten Einfluß gehabt haben? Gab es je einen König, je ein Volk, das sich nicht der göttlichen Weissagung bedient hätte? und nicht bloß im Frieden, sondern noch weit mehr im Kriege, wo der Kampf und die Entscheidung für das Wohl von größter Bedeutung war. Ich übergehe unsere Landsleute, die Nichts im Kriege ohne Befragung der Eingeweide unternehmen, Nichts im Frieden ohne Auspicien verhandeln ¹). Laßt uns Auswärtiges betrachten! Die Athe-

---

²) Dreierlei verschiedene Erscheinungen nennt Cicero, erstens solche, welche in der Luft vorkommen, als Meteore vgl. §. 97; zweitens die am Himmel selbst wahrgenommen werden, als Regen von Steinen u. dgl., vgl. §. 99; drittens die besonderen Merkmale auf der Erde, wohin Erdbeben und auch Eigenthümlichkeiten im Stein- und Pflanzenreiche gehören.

³) Vgl. de nat. D. II. 3, 7.

⁴) Vgl. über die Etymologie dieser verschiedenen Zeichen Hartung, Relig. der Röm. 1. S. 96 ff.

¹) Die Handschr. haben: nihil sine auspiciis domi habent, auspicia externa videmus. Das zweite auspicia ist jedenfalls interpolirt, vgl. Christ in Orelli's

ner haben zu allen öffentlichen Berathungen immer einige weissagende Priester, die sie μάντεις nennen ²), zugezogen, und die Lacedämonier haben ihren Königen einen Augur zum Beisitzer gegeben, und ebenso bestimmten sie, daß bei den Greisen (denn so nennen sie den Staatsrath) ³) ein Augur zugegen sei; auch holten sie bei wichtigeren Dingen immer von Delphi, oder vom Ammon, oder von Dodona das Orakel ein. 96. Lykurg wenigstens, der den Staat der Lacedämonier ordnete, hat seine Gesetze durch das Ansehen des Delphischen Apollo bekräftigt ⁴). Als dieses Lysander ändern wollte, wurde er durch dieselbe religiöse Rücksicht daran gehindert ⁵). Ja auch die oberste Behörde der Lacedämonier, nicht zufrieden mit der Sorge während des Wachens, legte sich in dem Tempel der Pasiphae ⁶), der auf einem Felde nahe bei der Stadt steht, zum Träumen nieder, weil sie die Orakel während des Traumes für wahr hielten. 97. Ich komme auf das Einheimische zurück. Wie oft hat nicht der Senat die Zehnmänner zu den Büchern ⁷) gehen lassen? In wie wichtigen Angelegenheiten und wie oft hat er

---

2ter Ausg. zu dieser St. Das habero ist dem vorhergehenden agunt entgegengesetzt und bezieht sich auf das Halten von Versammlungen u. dgl.

²) Das ist Seher, Weissager, von μαίνομαι.

³) Es ist der Rath der Alten (γερουσία), der die oberste Regierungsbehörde und das höchste Gericht des Landes in Sparta bildete; er bestand aus 28 mindestens 60jährigen Greisen (γέροντες), und die beiden Könige führten den Vorsitz.

⁴) Lykurg, der Gesetzgeber der Spartaner, gab vor, seine Gesetze vom Apollo empfangen zu haben, oder er ließ sie doch durch das Orakel dieses Gottes bestätigen (vgl. Plut. Lycurg. c. 5. Polyän. strateg. I. 16 u. Herod. I. 65).

⁵) Ueber Lysander (vgl. Anm. 4) zu Kap. 34), der die Verfassung der Spartaner zu ändern beabsichtigte, vgl. Plut. Lysand. c. 25. Diodor. XIV. 13 und Corn. Nep. Lys. 3.

⁶) Unter der obersten Behörde sind die Ephoren zu Sparta zu verstehen. Plut. v. Agid. 9 erwähnt ein Orakel der Pasiphae bei Thalamä in Sparta, und Pausan. III. 26 einen Tempel und ein Orakel der Ino bei Thalamä, wo die Priester in dem Tempel schliefen (incubare, Griech.: ἐγκοιμᾶσθαι, ἐγκαθεύδειν) um während des Traumes von der Gottheit sich weissagen zu lassen. Fr. A. Wolf, über den Somnambulismus aus dem Alterthume (in dessen Verm. Schriften und Aufsätzen, Halle 1802, S. 407), nimmt an, daß Pasiphae und Ino ein und dasselbe Wesen seien.

⁷) Nämlich den Sibyllinischen.

nicht ben Antworten ber Opferschauer Folge geleistet [8])? als zwei Sonnen sich gezeigt hatten und brei Monde, und als Fackeln und eine Sonne zur Nachtzeit erschienen war, und als vom Himmel her ein Getöse gehört ward, und der Himmel sich zu theilen schien und an ihm Kugeln wahrgenommen wurden. Dem Senate wurde auch ein Erbfall auf dem Privernatischen Gebiete [9]) vorgetragen, als die Erde bis zu einer unendlichen Tiefe sich herabgesenkt hatte, und Apulien durch sehr heftige Erdbeben erschüttert worden war: lauter Anzeichen, durch welche dem Römischen Volke schwere Kriege und verderbliche Unruhen verkündigt wurden; und bei allen diesen Vorfällen stimmten die Antworten der Opferschauer mit den Versen der Sibylle überein. 98. Wie? Als zu Cumä Apollo [10]), zu Capua die Victoria schwitzte, als ferner ein Zwitter geboren wurde; war das nicht ein verhängnißvolles Vorzeichen? Wie? als der Fluß Atratus [11]) von Blut strömte? Wie? als oft ein Regen von Steinen, bisweilen von Blut, manchmal von Erde und einmal auch von Milch herabfloß? Wie? als auf dem Capitolium der Centaur vom Blitze getroffen wurde? auf dem Aventinus Thore und Menschen, zu Tusculum [12]) der Tempel des Kastor und Pollux und zu Rom der der Pietas? Haben da nicht die Opferschauer das geantwortet, was wirklich eintraf, und sind nicht in den Büchern der Sibylle dieselben Weissagungen aufgefunden worden?

XLIV. 99. Auf einen Traum der Cäcilia, der Tochter des

---

[8]) Diese Worte hat Davies zuerst aus dem Anfange des folgenden Kapitels an diese Stelle gesetzt, vgl. die Noten hiezu bei Giese.

[9]) Privernum, eine Stadt in Latium.

[10]) Vgl. Liv. 43, 13: Cumis in arce Apollo triduum ac tres noctes lacrimavit, und Freinsheim zum Flor. II. 8, 3, der viele Beispiele von schwitzenden Götterbildern anführt, vgl. noch Plut. Coriol. 38 p. 232, der eine Erklärung gibt.

[11]) Die Handschriften haben atratus; Marsus und danach Davies schreibt: Atratus; ein Fluß dieses Namens wird sonst nicht erwähnt, er muß nach Marsus in der Nähe Roms gewesen sein und hat vielleicht seinen Namen in spätern Zeiten geändert.

[12]) Tusculum, eine Municipalstadt in Latium, in deren Nähe Cicero sein Landgut (Tusculanum) hatte.

Quintus[1]), wurde noch jüngst im Marsischen Kriege[2]) vom Senate der Tempel der Juno Sospita[3]) wiederhergestellt. Nachdem Sisenna[4]) auseinandergesetzt hatte, daß dieser Traum wunderbar Wort für Wort mit dem Erfolge zusammentraf, behauptete er dann doch ganz unerwartet, ich glaube, von einem Epikureer verleitet, man dürfe den Träumen kein Vertrauen schenken. Derselbe sagt aber gegen die Vorzeichen Nichts und erzählt, daß im Anfange des Marsischen Krieges die Bilder der Götter geschwitzt, daß Blut geflossen, daß der Himmel sich getheilt habe, daß aus dem Verborgenen Stimmen vernommen worden seien, welche die Gefahren des Krieges verkündigten, daß zu Lanuvium[5]), — was den Opferschauern als das Traurigste erschienen wäre —, die Schilder von den Mäusen zernagt seien. Wie? lesen wir nicht in den Jahrbüchern, daß in dem Vejentischen Kriege[6]), als der Albanische See[6]) über die Maßen angeschwollen war, irgend ein vornehmer Mensch zu uns geflohen sei und gesagt habe, nach den geschriebenen Schicksalsbüchern, welche die Vejenter besäßen, könne Veji nicht eingenommen werden, so lange dieser See übertrete; und wenn der See abgelassen würde und durch seinen Fall und Lauf zum Meere sich ergösse, so werde dieß dem Römischen Volke verderblich sein.

---

[1]) Diese Cäcilia Metella, die Tochter des Quintus Cäcilius Metellus, wird schon Kap. II. erwähnt, vgl. Anm. 6 dazu, außerdem Kap. 46. 104.

[2]) Der Marsische Krieg, auch Bundesgenossenkrieg (bellum sociale) von den Italischen Bundesgenossen, besonders den Marsern, die das Römische Bürgerrecht verlangten, genannt, im J. 91—89.

[3]) Ueber den Tempel der Juno Sospita vgl. Anm. 5 zu Kap. 2.

[4]) Lucius Cornelius Sisenna (geboren um 120 v. Chr., vgl. Orelli, onomastic. über ihn) war ein Römischer Geschichtschreiber, der eine Römische Geschichte in 22 Büchern schrieb, die besonders den Bundesgenossenkrieg und die Sullanischen Streitigkeiten behandelt.

[5]) Lanuvium, eine Stadt in Latium, berühmt durch den Tempel der Juno Sospita, vgl. zu Kap. 2.

[6]) Der Vejentische Krieg gegen die Stadt Veji im J. 406—396, der mit der Einnahme der 10 Jahre lang belagerten Stadt durch Camillus endigte. Vgl. Liv. V. 15. Plut. Camill. 4. u. Valer. Max. I. 6. 3. und Niebuhr, Röm. Geschichte II. S. 520 ff., der eine Erklärung der berühmten Wasserleitung (Emissarius) aus dem Albanischen See, die während dieses Krieges gebaut wurde, zu geben sucht. Uebrigens gehört Vieles aus der Erzählung der Einnahme Veji's der Sage und der Dichtung an.

Würde er aber so abgeleitet, daß er zum Meere nicht gelangen könne; so würde das den Unsrigen zum Heile dienen. Hierauf hin wurde jene bewunderungswürdige Albanische Wasserleitung von unseren Vorfahren gebaut. 100. Als aber die Vejenter, des Krieges müde, Gesandte an den Senat geschickt hatten, da soll von diesen Einer gesagt haben, daß jener Ueberläufer nicht gewagt habe Alles dem Senate zu sagen; in denselben Schicksalsbüchern der Vejenter stehe geschrieben, daß Rom binnen kurzer Zeit von den Galliern werde eingenommen werden, und wie wir sehen, ist dieß 6 Jahre nach der Einnahme Veji's geschehen⁷).

XLV. 101. Oft ließen sich auch Faune¹) in den Schlachten hören; und in unruhigen Zeiten sollen wahrredende Stimmen aus dem Verborgenen erschollen sein. Von dieser Gattung gibt es unter vielen zwei Beispiele, aber sehr wichtige. Nicht lange vor der Einnahme der Stadt wurde aus dem Haine der Vesta²), der sich von dem Fuße des Palatinischen Berges nach der neuen Straße herabzieht, eine Stimme gehört: „Die Mauern und Thore sollten ausgebessert werden; würden keine Vorsichtsmaßregeln getroffen, so würde Rom eingenommen werden." Dieses wurde nicht beachtet, als es noch verhütet werden konnte, und wurde nach jener so großen Niederlage gesühnt³). Denn es wurde dem Ajus Loquens²) jenem Platze gegenüber der

---

⁷) Im Jahre 390 (8 Jahre nach der Einnahme Veji's) wurde nach der Schlacht an der Allia Rom von den Galliern geplündert und verbrannt.

¹) „Den Faunen schreiben" nach Dionys. V. 16 „die Römer alles Panische und alle gespenstischen Erscheinungen zu, die in wechselnden Gestalten den Menschen zu Gesicht kommen und betrachten alle seltsamen, das Gehör erschreckenden Rufe als ihr Wort." Sie verkündigen auch bisweilen die Zukunft. Vgl. de nat. Deor. II. 2, 6 und Hartung, Relig. der Röm. II. S. 182 ff. Preller, Röm. Mythol. S. 335 ff.

²) Der Tempel und Hain der Vesta lag zwischen dem Forum und dem Palatinischen Hügel an der „via nova". Livius V. 50 erwähnt dieselbe nächtliche Stimme, die vor dem Gallischen Kriege die Niederlage der Römer verkündigte. — Ajus Loquens oder Locutius, der „Sager" oder „Sprecher" war eine Gottheit, die den Kindern zum Erlernen des deutlichen Sprechens zur Seite stand, vgl. II. 33, 69 und Tertull. ad Nat. II. 11. Varro, libb. divin. VI. 52 und Hartung, Relig. der Römer. S. 183.

³) Nach der sichern Konjektur von Davies: expiatum est statt des handschriftlichen explicatum est. Die Konjektur wird durch die Vergleichung der Livia-

Cicero, von der Weissagung.   5

Altar geweiht, den wir umzäunt sehen. Und Viele haben auch geschrieben, nach einem Erdbeben sei von dem Tempel der Juno her aus der Burg eine Stimme vernommen worden, „daß durch ein trächtiges Schwein die Sühnung veranstaltet werden sollte; daher sei jene Juno die Mahnerin (Moneta) [4] genannt worden. Verachten wir also dieß was die Götter angezeigt und unsere Vorfahren beachtet haben?
102. Und nicht nur die Stimmen der Götter haben die Pythagoreer fleißig beobachtet, sondern auch die der Menschen, welche sie Vorbedeutungen nennen. Weil unsere Vorfahren von diesen meinten, daß sie eine wirksame Kraft besäßen; so schickten sie deshalb allen ihren Handlungen die Worte voraus: „Möge es gut, günstig, glücklich und heilsein sein" [5], und bei Gottesdiensten, die von Staats wegen gehalten wurden, ward angeordnet, „die Zunge zu wahren" [6], und bei der Ankündigung der Ferien [7], „sich des Streites und Zankes zu enthalten". Desgleichen wurden bei der Sühnung einer Kolonie von dem, der sie führte, und wenn der Feldherr das Heer, der Censor das Volk sühnte [8], Männer mit günstigen Namen ausgesucht, welche die Opferthiere führen sollten [9]. Eben dasselbe beobachten auch die Con-

---

nischen Stelle (V. 50) bestärkt, wo sich dieselben Gegensätze expiare und negligere finden.
[4] Juno wurde als Höhen- und Burggöttin verehrt, sie hatte einen Tempel auf dem Capitolinischen Hügel (in arce). Den Beinamen Moneta leitet Cicero a monendo (mahnen) ab, indem sie bei einem Erdbeben die Mahnung ergehen ließ zur Abwendung ein trächtiges Schwein zu opfern. Livius (VII. 82), Ovid (fast. VI, 183) und Suidas (s. v. Μονῆτα) geben andere Erklärungen, so daß sie ihren Beinamen von der ihrem Tempel nahegelegenen Münze empfangen habe; vergl. über sie und ihren warnenden Ruf Preller, Röm. Mythol. 55 u. 252.
[5] Lateinisch: Quod bonum, faustum, felix fortunatumque sit.
[6] Favere linguis, das Griechische εὐφημεῖν und fast gleichbedeutend mit „schweigen", damit kein Wort, das vielleicht ein böses Omen hätte, während des Opfers oder sonst einer heiligen Handlung Einem entschlüpfe.
[7] Die feriae nämlich Latinae, vgl. über sie Anm. 7 zu Kap. XI. Sie dauerten unter Tarquinius einen Tag, nach der Vertreibung der Könige zwei, später drei, zuletzt, wie zur Zeit Cicero's, vier Tage. Während dieses Festes fand ein Stillstand der öffentlichen Geschäfte statt, vgl. Preller, Röm. Myth. S. 197 ff.
[8] Ueber die Lustrationen (Sühnungen) von Kolonien, Heeren und besonders über die Sühnung der Censoren für das ganze Volk beim Beschlusse der Schatzung auf dem Marsfelde vgl. Preller, Röm. Mythol. S. 373 fg.
[9] Auch Plin. hist. nat. 28, 2, 5 erwähnt, daß bei den Reinigungsfesten

ſuln bei der Aushebung, daß der erſte Soldat einen günſtigen Namen habe. 103. Und das haſt du, wie du weißt, ſowohl als Conſul als auch als Feldherr mit der größten Gewiſſenhaftigkeit beobachtet. Unſere Vorfahren haben auch gewollt, daß die Prärogative [10]) als eine Vorbedeutung rechtmäßiger Wahlverſammlungen gelte.

XLVI. Und nun will ich bekannte Beiſpiele von Vorbedeutungen anführen. Als Lucius Paullus [1]) in ſeinem zweiten Conſulate beguſtragt worden war den Krieg mit dem Könige Perſeus zu führen und an eben demſelben Tage nach Hauſe zurückkehrte, küßte er ſein Töchterchen Tertia, die damals noch recht klein war, und bemerkte, daß ſie etwas traurig war. „Was iſt dir, meine Tertia?" ſagte er. Sie antwortete: „Mein Vater, Perſa iſt dahin." Darauf drückte er das Mädchen enger an ſich und ſprach: „Ich nehme das Omen an, meine Tochter;" es war nämlich ein Hündchen dieſes Namens geſtorben. 104. Den Flamen des Mars, Lucius Flaccus [2]), habe ich oft erzählen hören, daß Cäcilia, die Tochter des Metellus [3]), als ſie die Tochter ihrer Schweſter verheiraten wollte, in eine Kapelle gegangen

---

diejenigen, welche die Opferthiere führten, günſtige Namen haben mußten, wie z. B. Valerius, Salvius u. a.

[10]) Praerogativa, nämlich tribus oder centuria, iſt die Centurie, welche in den Centuriatcomitien als der erſten Klaſſe aller Tribus als die zuerſt ſtimmende ausgelooſt und mit dem Namen ihrer Tribus bezeichnet wurde; hatte dieſe einen guten Klang (z. B. Valeria), ſo wurde es zugleich als eine günſtige Vorbedeutung für den glücklichen Verlauf der Comitien angeſehen.

[1]) Lucius Aemilius Paullus, der Sohn des bei Cannä gefallenen Lucius Aemilius Paullus (vgl. II. 33, 71) beſiegte in ſeinem zweiten Conſulate (168) den König Perſes (oder Perſeus) von Macedonien in der Schlacht bei Pydna in Macedonien und erhielt den Beinamen: Macedonicus, vgl. Plut. vita Aemil. Paull. c. 10, der dieſe Erzählung nach Cicero wiedergibt.

[2]) Numa hatte für die drei Götter Jupiter, Mars und Quirinus aus patriciſchem Geſchlechte eigene Opferprieſter, flamines (benannt von dem wollenen Faden, der um die Prieſtermütze oder um den Kopf ſelbſt gewunden wurde) eingeſetzt; ſie hießen die flamines maiores; außerdem gab es noch 12 flamines minores, die aus den Plebejern gewählt wurden, vgl. Preller, Röm. Mythol. S. 57 und 108 u. a. O.

[2]) Ueber Lucius Flaccus ſ. Orelli, onomastic. Tull.

[3]) Ueber Cäcilia Metella, die Tochter des Conſuls Quintus Cäcilius Metellus Balearicus, ſ. Anm. 6 zu Kap. 2; für die Erzählung vgl. Valer. Max. I, 5. 4.

sei, um ein Omen abzuwarten, was nach der Sitte der Alten zu geschehen pflegte. Als die Jungfrau stand, und Cäcilia auf einem Sessel saß, und lange Zeit sich keine Stimme vernehmen ließ, da habe das Mädchen vor Ermüdung ihre Tante gebeten in ihrem Sessel sich ausruhen zu dürfen; und jene habe gesagt: „Sehr wohl, mein Mädchen, ich räume dir meinen Platz ein. Diesem Omen folgte die Erfüllung. Denn sie selbst starb kurze Zeit darauf, die Jungfrau aber heiratete den, mit welchem Cäcilia verheiratet gewesen war. Daß man dieß verachten oder gar verlachen kann, sehe ich vollkommen ein; aber das heißt eben an die Götter nicht glauben, wenn man verachtet, was von ihnen angedeutet wird.

XLVII. 105. Was soll ich von den Auguren reden? Das ist deine Rolle, deine Sache muß es sein die Auspicien in Schutz zu nehmen. Dir meldete während deines Consulats der Augur Appius Claudius[1]), da das Augurium der Salus[2]) bedenklich gefunden sei, so stehe ein trauriger und stürmischer Bürgerkrieg[1]) bevor. Und dieser brach wenige Monate darauf aus, wurde aber in wenigen Tagen von dir unterdrückt. Diesem Augur stimme ich aus vollem Herzen bei. Denn er hat allein seit einer langen Reihe von Jahren die Wissenschaft besessen nicht nur das Augurium abzuleiern, sondern auch wirklich zu weissagen. Ihn verlachten deine Amtsgenossen und nannten ihn bald einen Pisidier[3]), bald einen Soranischen[4]) Augur. Es schien ihnen, als ob es in den Augurien oder Auspicien kein Vorgefühl, kein Wissen zukünftiger Wahrheit gäbe; die Religionen, behaupteten sie, seien

---

[1]) Appius Claudius Pulcher, der schon Kap. 16, 29 erwähnt ist, war der Collège Cicero's im Auguratu gewesen. Er hatte auch libros auguralos geschrieben; s. Cic. opp. ad Div. III. 4, 6. Cicero war im Jahre 63 Consul, und unter dem gleich darauf erwähnten Bürgerkriege ist die Catilinarische Verschwörung zu verstehen, die Cicero während seines Consulates entdeckte, s. zu Kap. 12. Anm. 6.

[2]) Die Göttin Salus hatte einen Tempel auf dem Quirinale. Zu ihr wurde vermittelst des s. g. augurium Salutis gebetet, wozu es einer vorgängigen Anfrage und Beobachtung der öffentlichen Auguren bedurfte, ob ein solches Gebet den Göttern angenehm sein würde. Vgl. besonders Preller, Röm. Mythol. S. 601 fg.

[3]) Die Pisidier (schon Kap. I. 2 erwähnt) befleißigten sich besonders der Auspicien.

[4]) Aus Sora, einer kleinen Stadt in Latium am Soralte, die wegen großen Aberglaubens bekannt war.

wohlweislich nach dem Glauben der Unverständigen gebildet. Das verhält sich aber ganz anders. Denn weder konnte sich bei jenen Hirten, über die Romulus gebot, noch bei Romulus selbst diese Schlauheit finden, daß sie zur Täuschung der Menge Schattenbilder der Religion hätten ersinnen sollen; sondern die Schwierigkeit und Mühe des Lernens hat die Nachlässigkeit beredt gemacht ⁵). Denn sie wollen lieber auseinandersetzen, daß an den Auspicien Nichts sei, als was in ihnen liegt erlernen. 106. Was ist göttlicher als jenes Auspicium, das bei dir im Marius ⁶) steht? um dich gerade besonders als Gewährsmann anzuführen.

„Sieh, der beschwingte Trabant des welthindonnernden Jovis,
Plötzlich vom Stamme des Baums durch den Biß der Schlange verwundet,
Zwinget die Natter selbst und durchbohrt sie mit grimmigen Krallen,
Halb schon entseelt erhebt sie den fleckigen Nacken mit Drohung;
Wie sie sich windet, zerfleischt er sie ganz mit dem blutigen Schnabel.
Als er gesättigt den Zorn und die bitteren Schmerzen gerächt hat,
Wirft er die sterbende hin und schleudert zerrissen in's Meer sie,
Schwingt dann vom Abend sich weg zu der Sonne strahlendem Aufgang.
Als mit glücklichem Flug ⁷) und mit eilenden Schwingen ihn gleitend
Marius hatte erblickt, der Augur der himmlischen Gottheit,
Und die erfreulichen Zeichen zum Ruhme bemerkt und zur Heimkehr,
Donnerte Jupiter selbst zur linken Seite des Himmels.
Also bestärkte der Vater des Adlers herrliches Omen."

XLVIII. 107. Und jenes Augurat des Romulus war ein hirtenmäßiges, kein politisches und nicht nach den Meinungen der Unverständigen erdichtet, sondern von Zuverlässigen empfangen und den Nachkommen überliefert. Daher der Augur Romulus, wie es bei Ennius¹) heißt, mit seinem Bruder, der ebenfalls Augur war,

---

⁵) Die Worte werden durch das Folgende erklärt, es heißt: die Schwierigkeit des Erlernens hat diejenigen, welche die Kunst verachteten, zu beredten Gegnern derselben gemacht.

⁶) Marius war ein Gedicht Cicero's, das verloren gegangen ist, in dem er die Thaten seines Landsmannes, des Arpinaten Gajus Marius, des Gegners Sulla's, besingt, vgl. de legg. I. 1. Uebrigens ahmt Cicero den Homer (Ilias XII. 200, VII. 247 und Odyss. XIV. 160) nach.

⁷) „Praepetibus pinnis", praepes ist ein heiliges Wort bei den Römern; es wurde bei den Auspicien von den Vögeln besonders, wie hier vom Adler, gebraucht, die durch ihren Flug ein glückliches Omen erblicken ließen.

¹) In dem ersten Buche der Annalen V. 94 ff. Daß die beiden Brüder

„Sorgend mit großer Sorge, da jeder strebt nach der Herrschaft,
Mühen sich Beide zugleich um günstige Zeichen der Vögel ²),
Hier weiht Remus sich den Auspicien, und er erwartet
Einsam den günstigen Vogel; doch Romulus schauet, der schöne,
Auf hohem Aventin weitfliegende Vögel erspähend.
Streit war, ob sie die Stadt Rom, ob sie sie Remora ³) nennten.
Alle hegen die Sorge, wer Herrscher werde von ihnen.
Und sie harren, wie wenn der Consul das Zeichen will geben,
Und dann Alle mit Gier hinschaun nach der Oeffnung der Schranken.
108. Wo sie aus farbigem Schlund die Wagen möge entsenden ⁴).
Also harrte das Volk, und es malt' sich Furcht im Gesichte,
Wem von Beiden der Sieg des großen Reiches verlieh'n sei.
Und jetzt sank das weiße Gestirn in die nächtlichen Tiefen,
Drauf dann erschien der Tag von den glänzenden Strahlen getroffen ⁵),
Und zugleich aus der Höh' schwang sich mit beglückendem Fluge
Links ein herrlicher Vogel: zugleich steigt golden die Sonn' auf.
Sieh! es schweben vom Himmel dreimal vier heiliger Vögel
Leiber herab und fliegen nach schönen und günstigen Stellen.
Romulus siehet daraus, ihm sei beschieden der Vorrang,
Und durch Auspicien fest begründet der Thron und die Herrschaft.

XLIX. 109. Doch es kehre meine Rede dahin zurück, von wo sie abgeschweift ist. Wenn ich auch nicht auseinandersetzen kann, wes-

---

Romulus und Remus Rom unter Auspicien gegründet haben, wird oft erwähnt. Ueber den Ort der Gründung war gleich Streit entstanden: Romulus wählt den Palatin, Remus den Aventin. Die Auspicien sollen nun entscheiden; daher begeben sich beide auf den Gipfel des Berges und harren mit Gebeten die Nacht hindurch bis zum nächsten Morgen der Zeichen. Beim Aufgang der Sonne erscheinen dem Remus zuerst 6, darauf aber dem Romulus 12 Geier, so daß Remus nachgeben mußte. Ennius erlaubt sich übrigens mehrere Abweichungen von der gewöhnlichen Tradition, indem er den Romulus auf den Aventin stellt. Vgl. zu der ganzen Stelle besonders Preller, Röm. Mythol. 700 fg.

2) Die Worte des Ennius sind dant operam simul auspicio augurioque. Giese liest für das letztere imperioque, da kein rechter Unterschied zwischen auspicium und augurium sei, und letzteres gleich im folgenden Verse wiederkehre.

3) Romoramno haben die Handschriften. Orelli liest Romamno.

4) Diese Worte beziehen sich auf die öffentlichen Spiele im Circus, bei denen der Consul das Zeichen gab die Wagen aus den Schranken (Schoppen, Ständen) herauszulassen, vgl. Cassiodor. Var. Ep. 3, 51. und die Beschreibung bei Liv. I. 25 u. Virg. Aen. 5, 137.

5) Der Untergang der Sonne und der Aufgang derselben ist hierunter zu verstehen.

wegen Jedes geschehe, und nur zeige, daß das, was ich erwähnt habe, wirklich geschieht; antworte ich damit nicht genügend dem Epikur oder dem Karneades[1])? Wie? wenn sogar für die künstliche Weissagung ein leichter Grund vorhanden ist, und für die göttliche ein etwas bunklerer? Denn was aus den Eingeweiden, was aus den Blitzen, aus Wunderzeichen, aus Sternen vorausgeahnt wird, das ist durch langjährige Beobachtung aufgezeichnet. Es erzeugt aber die Länge der Zeit bei allen Dingen durch langwierige Beobachtung eine unglaubliche Wissenschaft, die auch ohne Anregung und Antrieb der Götter stattfinden kann, wenn das, was aus jeder Erscheinung erfolgt und das, was eine jede Sache bedeutet, durch häufige Wahrnehmung durchschaut worden ist. 110. Die zweite Art der Weissagung ist, wie ich gesagt habe, die natürliche; diese muß durch die scharfsinnige physische Forschung auf die Natur der Götter bezogen werden, aus der, wie die gelehrtesten und weisesten Männer[2]) geurtheilt haben, unsere Seelen geschöpft und entnommen sind; und da Alles mit ewigem Sinn und göttlichem Geiste angefüllt und durchdrungen ist, so müssen nothwendiger Weise die menschlichen Seelen durch die Verwandtschaft mit dem göttlichen Geiste angeregt werden. Aber im Wachen dienen die Seelen den Bedürfnissen des Lebens und trennen sich von der göttlichen Gemeinschaft, da sie durch die Bande des Leibes behindert sind. 111. Selten ist eine gewisse Gattung derer, welche sich von dem Körper lossagen und sich zur Erkenntniß der göttlichen Dinge mit aller Sorge und mit Eifer hinziehen lassen. Die Weissagungen dieser sind nicht das Werk göttlichen Dranges, sondern menschlicher Vernunft; denn von Natur sehen sie die Zukunft voraus, wie z. B. Ueberschwemmungen und die dereinstige Verbrennung des Himmels und der Erde[3]).

---

[1]) Ueber Karneades s. Anm. 1 zu Kap. 4.

[2]) D. h. die Philosophen, die Pythagoreer, Platoniker und Stoiker. Ueber die hier ausgesprochene Ansicht vergleiche Tusc. V, 13. 38, de nat. deor. I, 11. 27. und de Senect. 21, 78: Pythagoras Pythagoraeique nunquam dubitarunt, quin ex universa mente divina delibatos animos haberemus. Diog. Laert. 8, 28: εἶναι δὲ τὴν ψυχὴν ἀποσπάσματα αἰθέρος.

[3]) Cicero spielt mit den letzten Worten auf die Ansicht der Stoiker von der Verbrennung der Welt (ἐκπύρωσις κόσμου) an, vgl. hierüber de div. II. 46. 118.

Andere aber, die in dem Staatswesen geübt sind, sehen, so wie wir es von dem Athener Solon⁴) wissen, eine sich erhebende Tyrannei lange voraus, diese können wir Vorsichtige (prudentes), das heißt Vorsehende (providentes) nennen, Weissagende (divinos) aber auf keine Weise, eben so wenig als wir den Thales aus Milet, der, um seine Tadler zu widerlegen und zu zeigen, daß auch der Philosoph, wenn es ihm gelegen sei, Geld erwerben könne, alle Oelbäume auf dem Milesischen Gebiete, ehe sie zu blühen angefangen hatten, zusammengekauft haben soll⁵). Er hatte vielleicht vermittelst irgend einer Wissenschaft bemerkt, daß die Oelbäume ergiebig sein würden. 112. Und derselbe soll auch zuerst die Sonnenfinsterniß, welche unter der Herrschaft des Astyages eintrat, vorhergesagt haben⁶).

L. Vieles ahnen die Aerzte, Vieles die Steuerleute, und auch Vieles die Landleute voraus; aber das Alles nenne ich bei ihnen nicht Weissagung, nicht einmal jene, wodurch die Lacedämonier von dem Physiker Anaximander¹) gewarnt wurden die Stadt und die Häuser

---

⁴) Diog. Laert. I. 48 und Valer. Max. V. 3. 3.
⁵) Thales aus Milet, der Stifter der Jonischen Schule (um 600 v. Chr.), der das Wasser als Urstoff aller Dinge annahm. Dieselbe Erzählung berichtet uns Aristoteles, Polit. I. 11.
⁶) Herod. I. 74 erzählt von dieser Sonnenfinsterniß, die einer Schlacht zwischen dem Alyattes, dem Könige von Lydien, und Cyaxares (633—593), dem Könige von Medien, dem Vater des Astyages (593—558) (30. Sept. 610) ein Ende machte. Neuere Astronomen setzen diese Sonnenfinsterniß in das Jahr 585 (27. Mai), vgl. Zech (Preisausgabe der Jablonowskischen Ges. in Leipzig) Astronomische Untersuchungen der wichtigsten Finsternisse bei den Schriftstellern des classischen Alterth. S. 57. (Schwegler, Griech. Philos. S. 13. 5), und kann fiele sie auch unter die Regierung des Astyages (593—558). [Cicero läßt sich also hier in so fern eine Ungenauigkeit zu Schulden kommen, als diese Sonnenfinsterniß nicht unter der Regierung des Astyages, wie er sagt, stattfand.] Vgl. Clem. Alexandrin. Strom. I. p. 953. und Moser zu unserer Stelle.
¹) Anaximander aus Milet gehört zu den Jonischen Philosophen, 611—547 (615—520) v. Chr.; er ist ein Schüler des Thales und galt für einen bedeutenden Naturforscher, daher physicus genannt. Von diesem Erdbeben erzählt auch Plin. hist. nat. II. 79. 81: Praeclara quaedam esse et immortalis in eo (si credimus) divinitas perhibetur Anaximandro Milesio Physico, quem ferunt Lacedaemoniis praedixisse, ut urbem ac tecta custodirent (fastidirent Davis.); instare enim motum terrae, quum et urbs tota corruit et Taygeti montis magna pars ad formam puppis eminens abrupta. Vgl. K. O. Müller, die Dorier I. S. 69.

zu verlassen und bewaffnet auf dem Felde zu wachen, weil ein Erdbeben bevorstehe, damals, als die ganze Stadt zusammenstürzte und
von dem Berge Taygetus das äußerste Ende, wie das Hintertheil eines
Schiffes, losgerissen wurde. Auch jener Pherekydes, der Lehrer des
Pythagoras ²), wird nicht sowohl für einen Seher gehalten werden,
als für einen Physiker; denn als er das aus einem immerfließenden
Brunnen geschöpfte Wasser gesehen ³) hatte, sagte er, daß ein Erdbeben
bevorstehe. 113. Aber fürwahr niemals weissagt die Seele des
Menschen auf natürliche Weise, außer wenn sie so entfesselt und frei
ist, daß sie durchaus keine Gemeinschaft mit dem Körper hat. Dieß
ist entweder bei den Sehern oder bei den Schlafenden der Fall. Daher
werden auch diese beiden Gattungen ⁴) von Dicäarch und, wie ich gesagt habe, von unserem Kratippus ⁵) angenommen; wenn darum, weil
sie von der Natur ausgehen, so mögen sie die vorzüglichsten sein, nur
nicht die einzigen. Wenn sie aber glauben, daß Nichts an der Beobachtung sei; so heben sie Vieles auf, worin die Regel für das Leben
enthalten ist. Aber weil sie Etwas, und zwar nicht Unbedeutendes
zugeben, nämlich die Weissagungen und Träume; so ist kein Grund
vorhanden mit ihnen lange zu streiten, zumal da es Leute gibt, welche
überhaupt keine Weissagung annehmen. 114. Also diejenigen, deren
Seelen den Körper verschmähen und sich aufschwingen und heraneilen,
sehen, durch eine gewisse Glut entflammt und aufgeregt, in der That
dasjenige, was sie weissagend vorausverkündigen. Und durch viele
Dinge werden solche Seelen, welche an den Körpern nicht haften, entflammt, sowie diejenigen, welche durch den Ton gewisser Stimmen und
durch die Phrygische Musik ⁶) begeistert werden. Viele fühlen sich

---

²) Pherekydes aus Syrien war der Lehrer des Pythagoras, um 450, vgl.
Sturz, Pherecydis fragm. colleg. emend. et illustravit. Ed. II. Lips. 1824.
und Plin. a. a. O. Zeller, Gesch. der Griech. Phil. I. 52.
³) Vgl. Plin. hist. nat. 18, 83: futurae terrae motu est in puteis tur-
bidior aqua.
⁴) Nämlich somniorum et furoris, wie auch aus Kap. 3, 5 erhellt.
⁵) Ueber Dicäarch und Cratippus vgl. Anm. ⁸) und ⁹) zu Kap. 3.
⁶) Bei dem Feste der Göttin Cybele, deren Kultus besonders in Phrygien
zu Hause war, wurden die Feiernden durch die aufregende Musik von Trommeln
und Pfeifen begeistert, vgl. Senec. epp. 108: Quidam ad magnificas voces exci-
tantur et transeunt in affectum dicentium, alacres vultu et animo: nec aliter

durch Haine und Wälder, Viele durch Flüsse oder Meere erregt, und ihr in Raserei versetzter Geist sieht Vieles vorher, was in der Zukunft liegt⁷). Von dieser Art ist Folgendes:

„Ach, sehet!
Das berühmte Urtheil fällte Einer zwischen drei Göttinnen,
Und danach wird das Spartan'sche Weib als Rachegeist erscheinen"⁸).

Auf diese Weise nämlich ist Vieles von den Weissagenden oft vorausgesagt worden, und nicht nur in Prosa, sondern auch in

„Versen, die Faune und Seher vor Zeiten pflegten zu singen"⁹).

115. Auf ähnliche Weise sollen auch die Seher Marcius¹⁰) und Publicius¹¹) gesungen haben. Zu dieser Gattung gehören die enthüllten Geheimsprüche Apollo's¹²). Ich glaube, daß es auch gewisse Ausdünstungen der Erde gegeben hat, durch welche die Geister angeweht Orakel ergossen¹³).

---

concitantur, quam solent Phrygii tibicinis sono semiviri et ex imperio furentes. Catull. 63, 20—29, und Preller, Griech. Myth. S. 502 ff.
7) Vgl. besonders die Stelle bei Senec. opp. 41.
8) Die Verse sind vielleicht aus der Alexandra des Ennius oder aus der Hecuba des Attius, vgl. Anm. 2) zu Kap. 31. Es spricht hier vermuthlich auch Kassandra. Unter dem Richter ist Paris zu verstehen, der den bekannten Streit der drei Göttinnen, Juno, Minerva und Venus, um die Schönheit entschied. Das Spartanische Weib ist die Helena, die von Paris geraubt wurde. M. Haupt Philol. III. 547) hat die Verse, die nach der Ansicht von Davies aus einem Jambus und drei Anapästen bestehen, anders eingetheilt. Er will ohne Grund mit Bergk statt iudicavit: iudicabit lesen.
9) Aus Ennius, Annal. VII. 2.
10) Vgl. Anm. 6) zu Kap. 40.
11) Publicius wird noch einmal II, 55, 113 erwähnt, sonst ist er weiter nicht bekannt; übrigens sind vates, die auch im folgenden Kap. genannt werden, begeisterte Propheten, s. v. a. μάντεις.
12) Hottinger vermuthet, daß unter diesen Geheimsprüchen (operta Apollinis), die auch II. 55, 113 erwähnt werden, eine Sammlung von Orakeln Apollo's zu verstehen sei, vielleicht auch das mit solchen Orakeln angefüllte Werk (volumen), das Chrysippus, von dem II. 56, 115 die Rede ist, hier gemeint sei; vgl. Giese zu dieser Stelle.
13) Nach Hottinger sind diese Worte nicht mit den unmittelbar vorhergehenden zu verbinden, sondern beziehen sich auf die früheren Worte: multisque rebus inflammantur tales animi cett, vgl. Giese.

LI. Und dieß ist nun die Art und Weise der Seher, und nicht davon verschieden ist in der That die der Träume. Denn was den Sehern im Wachen begegnet, das begegnet uns im Schlafe. Denn die Seele ist thätig, wenn wir schlafen, und frei von den Sinnen und jeder Hemmung durch Sorgen, indem der Körper wie todt daliegt. Weil sie von aller Ewigkeit her gelebt und mit unzähligen Seelen verkehrt hat, so sieht sie Alles, was sich in der ganzen Natur befindet, wenn sie nur durch Genuß von mäßigen Speisen und bescheidenem Trunke so gestimmt ist, daß, während der Körper schlummert, sie selbst wacht[1]). Das ist die Weissagung des Träumenden. 116. Hier tritt uns entgegen Antiphon's[2]) bekannte, und zwar nicht natürliche, sondern künstliche Auslegung der Träume, und ebenso die der Orakel und Weissagungen; denn auch sie haben ihre Erklärer, wie die Dichter an den Grammatikern[3]). Denn wie die göttliche Natur Gold und Silber, Erz und Eisen umsonst erzeugt hätte, wenn sie nicht zugleich gelehrt hätte, auf welche Weise man zu ihren Adern gelangen könne, und wie sie die Früchte der Erde und die Beeren der Bäume ohne allen Nutzen dem Menschengeschlechte geschenkt hätte, wenn sie nicht deren Pflege und die Art sie schmackhaft zu machen[4]) uns mitgetheilt hätte; was würde sodann uns das Bauholz nützen, wenn wir nicht die Kunst es zu gewinnen besäßen? So ist mit jedem Vortheile, den die Götter den Menschen verliehen haben, irgend eine Kunst verbunden, durch die jener Vortheil benutzt werden kann. Ebenso sind also auch bei den Träumen, Weissagungen und Orakeln, weil viele dunkel, viele zweideutig waren, die Erklärungen der Ausleger angewendet worden. 117. Wie aber entweder die Seher oder die Träumenden das sehen, was gerade zu der Zeit noch nirgends ist, das ist eine große Frage. Aber wenn das erforscht ist, was vorher untersucht werden muß; so dürfte der Gegenstand der Untersuchung leichter sein. Denn diese ganze Frage ist in der Schlußfolge enthalten, die du in

---

[1]) Vgl. vorher Kap. 29. 60 und 30, 62.
[2]) Ueber Antiphon vgl. Anm. 2) zu Kap. 20.
[3]) Wir folgen der Lesart der Handschriften, die Hottinger hinreichend vertheidigt hat, vgl. Giese und Moser zu dieser Stelle.
[4]) Condītio von condio, einmachen, nicht von condo, aufbewahren.

dem zweiten Buche über das Wesen der Götter⁵) lichtvoll auseinandergesetzt hast. Wenn wir dieses festhalten, so wird der Satz feststehen, der diese Frage umfaßt, von der wir handeln, „daß es Götter gibt, und daß durch ihre Fürsorge die Welt regiert wird, und daß sie für die menschlichen Dinge sorgen, und nicht bloß im Allgemeinen, sondern auch im Einzelnen. Wenn wir das festhalten, was mir wenigstens unerschütterlich erscheint; so ist es fürwahr nothwendig, daß den Menschen von den Göttern die Zukunft angedeutet werde. —

LII. 118. Doch, glaube ich, unterscheiden zu müssen, auf welche Weise. Denn die Stoiker geben nicht zu, daß bei jeder Spaltung der Leber¹) oder bei jeder Stimme der Vögel ein Gott zugegen sei; denn das ist nicht geziemend und der Götter würdig und kann auf keine Weise möglich sein; sondern so sei die Welt von Anbeginn eingerichtet, daß gewissen Dingen gewisse Zeichen vorausgingen, einige in den Eingeweiden, andere in den Vögeln, andere in den Blitzen, andere bei Wunderzeichen, andere bei den Gestirnen, andere bei den Erscheinungen der Träumenden, andere in den Worten der Rasenden. Wer diese Dinge richtig aufgefaßt hat, täuscht sich nicht oft. Was ungeschickt gemuthmaßt und ungeschickt ausgelegt ist, das ist nicht durch die Schuld der Dinge, sondern durch die Unwissenheit der Erklärer falsch. Wenn aber das fest steht und eingeräumt ist, daß es eine göttliche Kraft gebe, die das Leben der Menschen umfaßt²); so ist es nicht schwer zu muthmaßen, auf welche Weise das geschieht, was wir wirklich geschehen sehen. Denn schon zur Auswahl des Opferthieres kann eine gewisse empfindende Kraft, welche über die ganze Welt verbreitet ist, als Führerin dienen, und dann, wenn man es gerade opfern will, kann eine Veränderung mit den Eingeweiden vorgehen, so daß entweder Etwas fehlt, oder Etwas zu viel ist; denn mit geringem Aufwande setzt die Natur Vieles zu, ändert es oder nimmt es weg.

---

⁵) Nach der evidenten Konjektur Hottinger's, der quae hinter deorum und est hinter explicata streicht. In dem zweiten Buche von dem Wesen der Götter 30, 75 läßt Cicero den Balbus die Beweisführung für die Verwaltung der Welt durch die Götter nach der Ansicht der Stoiker vortragen.

¹) Ueber fissum vgl. Anm. ³) zu Kap. 10. und zu der ganzen Stelle vgl. Zeller, Griech. Phil. III. S. 119.

²) Vgl. oben 49. 110.

119. Und daß wir daran nicht zweifeln können, dazu mag als ein sehr wichtiger Beweis das dienen, was sich kurz vor dem Tode Cäsar's ³) ereignete. Als dieser an jenem Tage opferte, an dem er zuerst auf dem goldenen Sessel saß und mit dem Purpurmantel ausging, fand sich in den Eingeweiden eines fetten Stieres kein Herz. Glaubst du nun etwa, daß irgend ein Thier, das Blut hat, ohne Herz sein könne? Als Spurinna ⁴) durch das Ungewöhnliche dieser Erscheinung betroffen sagte, es sei zu fürchten, daß Rath und Leben mangle; denn dieses Beide gehe vom Herzen aus: da fand sich am folgenden Tage auch an der Leber kein Kopf ⁵). Diese Vorbedeutungen gaben ihm die unsterblichen Götter, damit er seinen Untergang voraussähe, nicht um sich vor ihm zu hüten. Wenn also diese Theile in den Eingeweiden nicht gefunden werden, ohne die doch das Opferthier nicht hätte leben können; so muß man annehmen, daß gerade zur Zeit des Opferns die fehlenden Theile verschwunden sind.

LIII. 120. Und dasselbe bewirkt bei den Vögeln der göttliche Geist, daß sie durch ihren Flug ¹) andeutend bald hierher bald dorthin fliegen, bald an dieser bald an jener Stelle sich verbergen, bald durch ihre Stimme bedeutsam ²) von der rechten bald von der linken Seite

---

³) Gajus Julius Cäsar wurde im J. 44, den 15. März, in der Zeit zwischen der Abfassung der Bücher vom Wesen der Götter und der Schrift von der Weißagung ermordet. Vgl. zu dieser Erzählung besonders Suet. vita Caesaris 77. und Plut. vita Caes. 61.

⁴) Spurinna Vestricius ist der Haruspex, der Cäsar vor den Iden des Märzes warnte; vgl. Sueton. a. a. O. cap. 81: Et immolantem haruspex Spurinna monuit, caveret periculum, quod non ultra Martias Idus proferretur.

⁵) Wir haben nach der Vermuthung Hottinger's, der ille (nämlich Cäsar) streicht, übersetzt, wozu die Worte im Sueton. 77 besonders maßgebend sind: Eoque arrogantiae progressus est (Caesar), ut haruspice tristia et sine corde exta quondam nuntiante, futura diceret laetiora, quum vellet, nec pro ostento ducendum, si pecudi cor defuisset. Daraus erhellt, daß sich Cäsar wenig an dergleichen Vorbedeutungen kehrte. Allerdings ist wol anzunehmen, daß vor den Worten: postero die — fuit etwas ausgefallen sein muß. — Was der Kopf an der Leber bedeute, ist nicht recht klar, vielleicht nach Hottinger: „der oberste Theil der Leber." Vgl. K. O. Müller, Etrusker II. S. 183.

¹) Alites sind die Vögel, welche durch ihren Flug bedeutsam sind.

²) Oscines diejenigen, welche durch ihre Stimmen Vorzeichen beim Augurium

her fingen. Denn wenn jedes Thier nach seinem Willen seinen Körper bewegt, vorwärts, zur Seite, rücklings, und seine Glieder, wohin es will, biegt, dreht, ausstreckt und einzieht und dieß fast eher thut, als es daran denkt: wie viel leichter ist dieß für Gott, dessen Willen Alles gehorcht? Derselbe sendet uns Zeichen der Art, wie sie die Geschichte in großer Anzahl berichtet hat, und wie wir jenes geschrieben sehen, daß, wenn der Mond sich kurz vor dem Aufgange der Sonne in dem Zeichen des Löwen verfinstere, dann Darius und die Perser von Alexander und den Macedoniern durch die Waffen in der Schlacht besiegt werden, und Darius sterben würde[3]; und wenn ein zweiköpfiges Mädchen geboren würde, so würde im Volke eine Empörung, zu Hause Verführung und Ehebruch stattfinden; und wenn ein Weib im Traum einen Löwen geboren zu haben glaubte, so würde der Staat, in dem sich dieß zugetragen, von fremden Nationen besiegt werden. Von derselben Art ist auch das, was Herodotus[4] schreibt, der Sohn des Krösus habe, obgleich er stumm war, gesprochen, und nach diesem Wunderzeichen sei die Herrschaft und das Haus des Vaters gänzlich untergegangen. Welche Geschichte hat nicht überliefert, daß dem Servius Tullius im Schlafe das Haupt gebrannt habe[5]? Wie also der, welcher sich mit einem theils durch gute Gedanken theils durch Dinge, die der Ruhe angemessen sind, vorbereiteten Gemüthe zur Ruhe begibt; Zuverlässiges und Wahres in den Träumen erblickt[6]; so ist auch ein keusches und reines Gemüth des Wachenden für die Erkenntniß der

---

geben. Vgl. Festus. p. 197, 11 und Plin. hist. natur. 10, 19, 22 und außerdem noch K. O. Müller, die Etrusker II. S. 189 ff.

[3] Ueber diese Mondfinsterniß, die sich während des Feldzuges Alexander's gegen Darius zutrug, vgl. Arrian. exped. Alex. III. 7. 6. und Curtius IV. 39. (Sumpt.)

[4] Herodot. I. 85, der das Orakel der Pythia in Delphi, zu dem Krösus, der König von Lydien, vor der Einnahme von Sardes durch die Perser unter Kyros geschickt hatte, zuschreibt. Vgl. Gellius V. 9.

[5] Dieß erzählt ausführlich Liv. I. 39, vgl. Flor. I. 6, 1. und Baler. Maxim. I. 6, 1. Servius Tullius war der Sage nach ein in der Knechtschaft geborner Fürstensohn', den Tarquinius Priscus wegen seiner Vorzüge zum Schwiegersohne machte, er wurde durch Tanaquil, die Wittwe des Tarquinius, König von Rom (614—534).

[6] Vgl. Kap. 29 und 30.

Wahrheit in den Gestirnen, den Vögeln, den Eingeweiden und übrigen Zeichen empfänglicher [7]).

LIV. 122. Das ist nämlich eben das, was wir vom Sokrates gehört haben, und was von ihm selbst in den Büchern der Sokratiker oft gesagt wird, daß es etwas Göttliches gebe, was er das Dämonion nennt, dem er immer gehorcht habe, das ihn niemals antreibe, aber häufig zurückrufe[1]). Und Sokrates nun sagte — und was für einen besseren Gewährsmann suchen wir? — zum Xenophon, der ihn um Rath fragte, ob er dem Cyrus folgen solle, nachdem er ihm seine Meinung auseinandergesetzt hatte: „Mein Rath freilich ist ein menschlicher; aber wegen dunkler und ungewisser Dinge, bin ich der Meinung, muß man sich an Apollo wenden[2]). Bei diesem holten auch die Athener in wichtigeren Angelegenheiten des Staates Rath. 123. Es ist ebenfalls geschrieben, als er das Auge seines Freundes Krito[2]) verbunden sah, habe er nach dem Grunde gefragt, und als jener geantwortet, beim Spaziergange auf dem Felde sei ein angezogener kleiner Zweig losgeschnellt und habe ihn in's Auge geschlagen, sagte Sokrates: Du

---

[7]) Die Worte Cicero's lauten: sic castus animus purusque vigilantis et ad astrorum, et ad avium reliquorumque signorum et ad extorum veritatem est paratior, nach Hottinger kurz für: animo ad signa recte animadvertenda vereque interpretanda parato.

[1]) Vgl. Plat. Theag. p. 128 D. ἔστι γάρ τι θείᾳ μοίρᾳ παρεπόμενον ἐμοὶ ἐκ παιδὸς ἀρξάμενον δαιμόνιον. ἔστι δὲ τοῦτο φωνή, ἥ, ὅταν γένηται, ἀεί μοι σημαίνει, ὃ ἂν μέλλω πράττειν, τούτου ἀποτροπήν, προτρέπει δὲ οὐδέποτε, καὶ ἐάν τις μοι τῶν φίλων ἀνακοινῶται καὶ γένηται ἡ φωνή, ταὐτὸν τοῦτο ἀποτρέπει καὶ οὐκ ἐᾷ πράττειν, und Ast zu Plat. Phaed. 20. p. 271. Ueber das Dämonium des Sokrates vgl. Kühner ad Xenoph. Comment. V, de Socratis δαιμονίῳ p. 22, und Breitenbach, über das Dämonium des Sokrates bei Platon und Xenophon in Zeitschr. f. Gymnasialwes. XVII. 7. S. 499 ff.

[2]) Xenophon aus Athen, ein Schüler des Sokrates, wurde von seinem Freunde Proxenos eingeladen, an dem Feldzuge des jüngeren Cyrus gegen seinen Bruder Artaxerxes Theil zu nehmen. Xenophon ergriff diese Einladung und begab sich nach Sardes (401); er erzählt dieß selbst in seiner Anabasis (III, 1, 4 ff.). Vgl. zu den hier angeführten Worten des Sokrates Xenophon's Comment. I, 1, 6: περὶ δὲ τῶν ἀδήλων ὅπως ἀποβήσοιτο μαντευσομένους ἔπεμπεν κτέ.

[2]) Kriton war ein Freund des Sokrates; bekannt ist der gleichnamige Dialog Platon's, vgl. XXV. 52, wo er schon einmal erwähnt wird.

haſt ja meiner Warnung nicht Folge geleiſtet, als ich die gewöhnliche, göttliche Ahnung hatte." Derſelbe Sokrates wollte, als die Schlacht bei Delium ³) unter der Anführung des Laches unglücklich verlief, und er mit Laches ſelbſt floh, und man an einen Scheideweg kam, nicht auf demſelben Wege, wie die übrigen fliehen. Als dieſe fragten, warum er nicht denſelben Weg einſchlüge, ſagte er, der Gott halte ihn davon ab. Darauf fielen die, welche auf dem andern Wege geflohen waren, in die Hände der feindlichen Reiter. Sehr Vieles, was von Sokrates wunderbar geweisſagt iſt, hat Antipater ⁴) geſammelt. Dieß will ich übergehen; denn es iſt dir bekannt und mir zu erwähnen nicht nöthig. 124. Das jedoch iſt von dieſem Philoſophen herrlich und beinahe göttlich, daß, als er durch einen gottloſen Richterſpruch verurtheilt war, er erklärte, er ſterbe mit der größten Gemüthsruhe. Denn weder beim Herausgehen aus dem Hauſe, noch beim Beſteigen jener Bühne, auf der er ſich vertheidigte, ſei ihm irgend ein gewohntes Zeichen von dem Gotte gegeben, als ob ein Unglück bevorſtände ⁵).

LV. Ich wenigſtens bin der Meinung, daß, wenn auch Vieles diejenigen täuſcht, welche entweder durch Kunſt oder durch Muthmaßung zu weisſagen glauben, es dennoch eine Weisſagung gibt; daß die Menſchen aber ſo wie in den übrigen Künſten, ſo auch in dieſer ſich täuſchen können. Es kann vorkommen, daß irgend ein zweifelhaft gegebenes Zeichen für ein gewiſſes angenommen worden iſt; es kann auch eines entweder ſelbſt unbemerkt geblieben ſein, oder ein anderes, das ihm entgegengeſetzt iſt. Mir aber genügt, um das, was ich behaupte, zu beweiſen, nicht nur, daß Vieles, ſondern ſchon, daß Einiges, was göttlich geahnt und vorausgeſagt iſt, ſich finden läßt. 125. Ja, ich möchte ohne Bedenken Folgendes behaupten, daß, wenn nur eine einzige Sache ſo vorausgeſagt und vorgeahnt worden iſt, daß

---

³) In der Schlacht bei Delion in Böotien (424) wurden die Athener von den Böotiern geſchlagen. Alkibiades rettete hierbei dem Sokrates das Leben. Beiden wurde der Preis der Tapferkeit zuerkannt, vgl. Plat. Laches 4. p. 181 A.
⁴) Ueber Antipater vgl. Anm. ¹³) zu Kap. 3.
⁵) Vgl. die Worte des Sokrates bei Plato (Apol. 31. p. 40. B.): ἐμοὶ δὲ οὔτε ἐξιόντι ἔωϑεν οἴκοϑεν ἠναντιώϑη τὸ τοῦ ϑείου σημεῖον, οὔτε ἡνίκα ἀνέβαινον ἐνταυϑοῖ ἐπὶ τὸ δικαστήριον, οὔτ' ἐν τῷ λόγῳ οὐδαμοῦ μέλλοντί τι ἐρεῖν. Vgl. 33 p. 41.

sie, wenn sie erfolgt ist, so eintrifft, wie sie vorausgesagt ist, und dabei offenbar Nichts durch Zufall und von Ungefähr sich zugetragen hat, es gewiß eine Weissagung gibt, und daß dieß Alle zugestehen müssen [1]). Daher scheint mir, muß, wie es Posidonius thut [2]), die ganze Kraft und das Wesen der Weissagung zuerst von Gott, von dem wir genug gesprochen haben, dann von dem Schicksale und zuletzt von der Natur abgeleitet werden. Daß also Alles durch das Fatum oder Schicksal geschehe, das zwingt uns die Vernunft einzugestehen [3]). Fatum [4]) aber nenne ich, was die Griechen εἱμαρμένη nennen, das ist die Ordnung und Reihe von Ursachen, indem die eine Ursache an die andere geknüpft ein Ding aus sich erzeugt. Das ist die von aller Ewigkeit her fließende unvergängliche Wahrheit. Daher ist Nichts geschehen, was nicht geschehen mußte [5]), und auf dieselbe Weise wird Nichts geschehen, wovon nicht in der Natur die Ursachen, die jenes bewirken, enthalten wären.

126. Hieraus sieht man ein, daß das Schicksal nicht das ist, was nach der Weise des Aberglaubens, sondern das, was nach Art der Physiker so benannt wird, die ewige Ursache der Dinge, warum sowol das Vergangene geschehen ist, als auch das, was bevorsteht, geschieht,

---

[1]) Vgl. oben 32, 71 den ähnlichen Schluß des Kratippus.

[2]) Ueber Posidonius vgl. Anm. 14 zu Kap. 3 und II. 11. 27. dazu Plutarch de plac. philos. I. 28. Ποσειδώνιος τρίτην (sc. fatum) ἀπὸ Διός, πρῶτον μὲν γὰρ εἶναι τὸν Δία, δεύτερον τὴν φύσιν, τρίτον δὲ τὴν εἱμαρμένην.

[3]) Vgl. hierzu de fato 16, 38: ratio ipsa cogot et ex aeternitate quaedam esse vera, et ea non esse nexa causis aeternis et a fati necessitate esse libera.

[4]) Vgl. de nat. Deor. I, 20, 55: illa fatalis necessitas, quam εἱμαρμένην dicitis, ut quicquid accidat, id ex aeterna veritate causarumque continuatione fluxisse dicatis. Das Schicksal ist bei den Stoikern nicht eine von der Gottheit getrennte absolute Macht, sondern Zeus selbst, die Weltvernunft, die Vorsehung, die Alles mit absoluter Gesetzmäßigkeit bestimmende, die ganze Welt durchdringende Urkraft, das vernünftig geordnete Verhältniß, nach dem von Ewigkeit in Ewigkeit Alles geschieht, die unabänderliche Wahrheit der zukünftigen Dinge. Vgl. Krische, Forschungen auf dem Gebiete der alten Phil. S. 459 ff. und 476 f., Zeller, Gesch. der Griech. Phil. S. 83 f. und Anm. 6.

[5]) Quod non futurum fuerit; Hottinger erklärt richtig: i. e. quod nostri philosophi dicunt, quod non fuerit hypothetice necessarium, s. quod non fuerit destinatum ante, ac velut praeparatum, et quasi conditum causis illis, a quibus proficiscitur.

und was nachfolgt, geschehen wird [6]). So ist es möglich, daß durch Beobachtung bemerkt werden kann, was meistens, wenn auch nicht immer, die Folge einer jeden Ursache ist. Denn das zu behaupten ist allerdings schwer, und es ist wahrscheinlich, daß [7]) dieselben Ursachen zukünftiger Dinge von denen erblickt werden, welche sie entweder in Begeisterung oder im Schlafe sehen. LVI. 127. Da außerdem Alles durch das Schicksal geschieht, — was an einem anderen Orte gezeigt werden soll [1]), — so würde, wenn es einen Sterblichen gäbe, der die Verkettung aller Ursachen [2]) im Geiste durchschaute, diesem fürwahr Nichts entgehen. Denn wer die Ursachen der zukünftigen Dinge wüßte, der müßte nothwendiger Weise auch Alles wissen, was zukünftig ist. Da dieß Niemand außer Gott kann, so muß dem Menschen übrig bleiben durch gewisse Zeichen, welche die Folge andeuten, die Zukunft vorauszuempfinden. Denn nicht plötzlich entsteht das, was zukünftig ist, sondern wie das Abrollen eines Taues, so ist die Entwickelung der Zeit, die nichts Neues bewirkt, sondern das Erste immer wieder abrollt. Das sehen sowol diejenigen, welchen die natürliche Weissagung verliehen ist, als auch diejenigen, welche den Lauf der Dinge durch Beobachtung angemerkt haben. Obwol diese die Ursachen selbst nicht erkennen, so erkennen sie doch die Zeichen und Merkmale der Ursachen, und indem hierbei Gedächtniß und Fleiß angewandt ist, so geht aus den Denkmälern der früheren Begebenheiten die Weissagung hervor, welche die künstliche heißt, die der Eingeweide, der Blitze, der wunderbaren Erscheinungen und der Himmelszeichen. 128. Es ist also kein Grund sich zu wundern, daß das von den Weissagenden vorausgeahnt wird,

---

[6]) Vgl. Plut. de plac. phil. I, 28. Εἱμαρμένη ἐστὶν ὁ τοῦ κόσμου λόγος, ἢ νόμος τῶν ὄντων ἐν τῷ κόσμῳ προνοίᾳ διοικουμένων, ἢ λόγος καθ' ὃν τὰ μὲν γεγονότα γέγονε· τὰ δὲ γιγνόμενα γίγνεται· τὰ δὲ γενησόμενα γενήσεται.

[7]) Nach der von allen Herausgebern angenommenen Konjektur von Manutius verisimile est, wofür die Handschriften verisimiles haben, das allerdings an Giese einen Vertheidiger gefunden hat.

[1]) Was Cicero in der Schrift de fato freilich nicht thut; denn dort greift er vielmehr das fatum an, vgl. Giese zu unserer Stelle.

[2]) Colligationem causarum omnium, vgl. de fato 14: si omnia antecedentibus causis fiunt, omnia naturali colligatione conserte contexteque fiunt.

was nirgends ift. Denn Alles ift da, es ift nur der Zeit nach abwesend ³). Und wie in dem Samen die Kraft derjenigen Dinge ift, die daraus erzeugt werden; fo find in den Urfachen die zukünftigen Dinge verborgen, und daß diefe fein werden, fieht der begeifterte oder vom Schlafe befreite Geift, oder die Vernunft und Muthmaßung fühlt es voraus. Und wie die, welche den Aufgang, den Untergang und die Bewegung der Sonne, des Mondes und der übrigen Geftirne kennen, lange vorausfagen, zu welcher Zeit ein Jedes hiervon eintreffen wird, fo erkennen auch die, welche den Lauf der Dinge und die Auseinanderfolge der Begebenheiten in der Länge der Zeit durchforfcht und angemerkt haben, entweder immer oder, wenn dieß fchwer ift, meiften Theils, oder, wenn auch dieß nicht zugegeben wird, doch gewiß bisweilen, was gefchehen wird. Diefe und einige andere Beweife für das Vorhandenfein einer Weiffagung werden vom Schickfale abgeleitet.

LVII. 129. Ein anderer Grund aber geht von der Natur aus. Diefe lehrt uns, wie groß die Kraft der von den Sinnen des Körpers getrennten Seele¹) ift, was befonders bei Schlafenden oder bei Begeifterten eintritt. Denn wie die Seelen der Götter ohne Augen, ohne Ohren und ohne Zunge unter einander empfinden, was ein Jeder denkt; daher die Menfchen, auch wenn fie ftillfchweigend Etwas wünfchen oder geloben, nicht zweifeln, daß die Götter dieß anhören; fo fehen die Seelen der Menfchen, wenn fie entweder im Schlafe von dem Körper entfeffelt und frei find oder in der Begeifterung durch fich felbft in freie Bewegung gefetzt werden, dasjenige, was fie in der Vermifchung mit dem Körper nicht erblicken können. 130. Und vielleicht ift es fchwer, diefen Grund der Natur auf diejenige Art der Weisfagung zurückzuführen, welche, wie wir fagen, aus der Kunft hervor-

---

³) v. Meyer fagt in der Ueberfetzung diefer Stelle: Vor Gott ift Alles, der Menfch aber muß es in der Succeffion anfchauen. Die Zeit ift eine Schranke unferes Vorftellungsvermögens, die das, was vor Gott ewig gegenwärtig ift (quae sunt), uns abwefend zeigt, oder vielmehr verbirgt (tempore absunt).

¹) Nach der Konjektur Madvig's seiuncti für seiuncta, wozu in der 2. Ausgabe von Orelli hinzugefügt ift: Sic certe scribere Cicero debuit; nam animus quum seiunxit se a corporis sensibus, magnam vim habet, non animus vim seiunctam.

geht; aber auch dieß durchforscht Posidonius ²) so gut er kann. Er ist der Meinung, daß in der Natur gewisse Zeichen der zukünftigen Dinge liegen. Denn wir hören ja, daß die Einwohner von Ceos ³) den Aufgang des Hundssternes jährlich mit Sorgfalt zu beobachten pflegen und daraus, wie Heraklides aus Pontus ⁴) schreibt, die Vermuthung schöpfen, ob das Jahr gesund oder ungesund sein werde. Denn wenn der Stern trübe und gleichsam dunkel aufgegangen sei, so sei die Luft dick und dumpfig, so daß ihr Einathmen schwer und gefährlich sein werde; sei aber der Stern klar und hell zum Vorschein gekommen, so sei dieß ein Zeichen, daß die Luft dünn und rein und deswegen gesund sei ⁵). 131. Demokritus ⁶) aber meint, die Alten hätten die weise Einrichtung getroffen, daß die Eingeweide der geschlachteten Opferthiere beschaut würden, da man aus ihrer Beschaffenheit und Farbe die Zeichen für Gesundheit sowol als für Ungesundheit ⁷) und zuweilen auch für die zukünftige Unfruchtbarkeit oder Fruchtbarkeit der Aecker entnehmen könne. Wenn diese von der Natur ausgehenden Erscheinungen die Beobachtung und Erfahrung erkannt hat, so konnte die Zeit Vieles herbeiführen, was durch Wahrnehmung aufgezeichnet wurde, so daß jener bei Pacuvius, der im Chryses ⁸) als Physiker eingeführt wird, sehr wenig die Natur der Dinge erkannt zu haben scheint.

---

²) Ueber Posidonius f. Anm. 14 zu Kap. 3.

³) Ceos, eine der Cykladen im Myrtoischen Meere, j. Zea oder Zia.

⁴) Heraklides aus Heraklea in Pontus, ein Schüler des Plato und Speusippus, später auch des Aristoteles, vgl. über seine Lehre: Krische, philof. Forschungen S. 325 ff.

⁵) Ueber den mythischen Ursprung dieses Gebrauches vgl. den Scholiasten zu Apollon. Rhod. I, 500, der sagt, daß die Coer: κατ' ἐνιαυτὸν μεθ' ὅπλων ἐπιτηρεῖν τοῦ Κυνὸς καὶ θύειν αὐτῷ, und Diodor IV, 82.

⁶) Ueber Demokritus vgl. Anm. 1 zu Kap. 37.

⁷) Nämlich der Luft; v. Meyer fügt in seiner Uebersetzung hinzu: Dieß ist noch die erträglichste Anwendung der Eingeweideschau und vielleicht der vernünftige Grund der damit nachher getriebenen Unvernunft. Aus den inneren Theilen eines auserlesenen, äußerlich gesunden Thieres ließ sich einigermaßen berechnen, ob Luft und Erde gesund seien. Vgl. jedoch, was II, 13 dagegen behauptet wird.

⁸) Chryses, eine Tragödie des Pacuvius; dieser, aus Brundusium gebürtig, war ein Verwandter des Ennius, geb. 219 v. Chr.; er übersetzte Griechische Tragödien in's Lateinische oder arbeitete sie um; über den Inhalt des Chryses vgl. Ribbeck, tragg. latt. reliqu. p. 284 sq. Diese und die folgende Stelle p. 71.

„Denn jene, die der Vögel Sprach' verstehn und doch
Aus fremder Leber mehr als aus der eignen sehn,
Man mag sie hören, mein' ich, doch befolgen nicht."

Warum denn nicht? Da du doch selbst wenige Verse weiter hinreichend deutlich sagst:

„Was auch nur das All belebet, bildet, nährt, belebt und schafft,
Und begräbt und in sich aufnimmt, ist des Weltalls Vater auch;
Was von daher neu entstanden, das verschwindet auch dorthin" ⁹).

Warum sollen also nicht, da Alles ein und dasselbe und zwar gemeinsames Haus hat, und da die Seelen der Menschen immer gewesen sind und sein werden, diese erkennen können, was aus einem Jeden hervorgehe, und wodurch ein jedes Ding vorbedeutet werde? Dieß ist, sprach er ¹⁰), was ich über die Weissagung zu sagen habe.

LVIII. 132. Jetzt will ich noch das bezeugen, daß ich nicht die Looswahrsager ¹), noch diejenigen, welche des Gewinnes halber weissagen, und auch nicht die Geisterweissagungen ($\psi\upsilon\chi o\mu\alpha\nu\tau\epsilon\tilde{\iota}\alpha$) ²), deren dein Freund Appius ³) sich zu bedienen pflegte, anerkenne. „Nicht einer tauben Nuß werth endlich halte ich den Marsischen ⁴)

---

⁹) Wir haben nach der Lesart indidemque eadem quuo (für eademque) oriuntur und der Konjektur Scaliger's aequo statt atquo übersetzt.

¹⁰) Nämlich Quintus, der Bruder Cicero's, vgl. die Einleitung.

¹) Sortilegi sind Wahrsager, die dem gemeinen Volke auf den Straßen und besonders im Circus durch das Loos weissagten und es zu täuschen suchten, vgl. Anm. 5).

²) Jacobs bemerkt in seiner Uebersetzung zu dieser Stelle Folgendes: Die Psychomantie, Befragung der Todten, auch Nekromantie, von welcher Odysseus im XI. Buche der Odyssee das erste Beispiel gibt. Ein anderes gab Periander, der Tyrann von Korinth, nach Herodot V, 92. Eine Befragung dieser Art beschreibt Heliodor in den Aethiop. Gesch. VI. 14. p. 248 f. Cor. Von Priestern beaufsichtigte Nekromantien waren in Epirus im Lande der Molosser (s. Herod. a. a. O.), in Heraklea (?) (S. Plutarch, Leben des Cimon c. 6) und in Groß-Griechenland am Avernus (S. Maxim. Tyr. Diss. XIV. 2).

³) Appius Claudius Pulcher, der College Cicero's im Augurat, vgl. zu Kap. 47, §. 105. Anm. ¹).

⁴) Die Marser, eine Völkerschaft Italiens, galten für besonders abergläubisch und waren als Zauberer bekannt; sie leiteten sich von Marsus, dem Sohne der Kirke, her. Vgl. Gellius u. Att. 16, 11.

Augur, nicht die Dorfpropheten, nicht die Sterndeuter vom Circus [5] nicht die Isischen Wahrsager [6] und die Traumdeuter" [7]. Denn das, sind nicht Weissager von Wissenschaft oder Kunst.

> „Sondern Schwärmer sind sie, abergläubisch, und weissagen frech,
> Träge oder gar verrückte, oder wie die Armuth drängt.
> Die für sich den Pfad nicht kennen, zeigen Andern noch den Weg.
> Welchen Schätze sie versprechen, betteln sie die Drachme [8] ab.
> Nehmt die Drachme von dem Gelde und das Andre gebt heraus!"

Und das sagt Ennius, der wenige Verse vorher Götter annimmt, aber meint, daß sie sich nicht darum kümmern, was das Menschengeschlecht treibe. Ich aber, der ich glaube, daß sie sich darum bekümmern und sogar warnen und Vieles voraussagen, nehme mit Ausschluß der Leichtfertigkeit, der Eitelkeit und Boshaftigkeit eine Weissagung an. Als dieß Quintus gesagt hatte, antwortete ich: Fürwahr vortrefflich gerüstet * * *

Der Schluß des Buches fehlt.

---

[5] Auf dem Circus maximus trieben sich diese betrügerischen Wahrsager umher, um das Volk in ihre Schlingen zu ziehen, vgl. den Schol. Cruq. zu Horat. Sat. I. 6. 113 zu den Worten fallacem circum: Fallacem dixit propter samardacos (impostores) et sortilegos et mathematicos, qui ad motus spectatores circumstabant et imperitos sortibus et nugis fallebant.

[6] Die Priester der Isis, der Aegyptischen Hauptgottheit, der Gemahlin des Osiris, die besonders in Rom Urheber des Aberglaubens waren.

[7] Die vorhergehenden Worte von Non habeo bis somnium und die folgenden von Sed superstitiosi bis cetera sind wahrscheinlich aus der Tragödie Telamon von Ennius, und zwar sind die ersten Verse in Prosa aufgelöst, vgl. Ribbeck, tragg. latt. reliqu. p. 44 sq.

[8] Ungefähr $7^{1}/_{2}$ Sgr. nach unserem Gelde.

Zweites Buch.

I. 1. Wenn ich untersuchte und oftmals und lange darüber nachdachte, wodurch ich recht Vielen nützlich werden könnte, um nie das Wohl des Staates aus den Augen zu lassen, bot sich mir nichts Wichtigeres dar, als wenn ich meinen Mitbürgern die Wege für die besten Wissenschaften zeigte, und dieß glaube ich durch mehrere Schriften erreicht zu haben. Denn, so viel in unseren Kräften stand, haben wir in dem Buche, das Hortensius[1]) betitelt ist, zum Studium der Philosophie aufgemuntert; und welche Art zu philosophiren wir für am Wenigsten anmaßend und am Meisten sich gleichbleibend und geschmackvoll hielten, haben wir in den vier Akademischen Büchern[2]) gezeigt. 2. Und da die Grundlage der Philosophie auf dem höchsten Gute und höchsten Uebel beruht, so ist dieser Gegenstand von uns in fünf Büchern in's Reine gebracht[3]), so daß man einsehen kann, was

---

[1]) Hortensius oder de philosophia, eine Schrift, die Cicero im Jahre 45 im 62sten Lebensjahre herausgab, die aber bis auf wenige Bruchstücke verloren gegangen ist. Cicero vertheidigte in dieser die Philosophie gegen die Angriffe des Hortensius, den er als Tadler der Philosophie redend einführte, und suchte die Römer zu dem Studium derselben aufzufordern. Hortensius selbst war nach Cicero der größte Redner der Römer; er war 114 geboren, also 8 Jahre älter als Cicero. Vgl. über diese Schrift Cicero's: Kühner, Cic. in phil. eiusquo partes merita. Hamb. Perth. 1825. p. 50.

[2]) In den vier Akademischen Büchern, die Cicero in demselben Jahre abfaßte, behandelte er die Philosophie der neueren Akademie, die sich durch ihre correcte, äußere Darstellung (elegans) vor der Philosophie der Stoiker und Epikureer auszeichnete, vgl. Tusc. II. 3. Vgl. Cic. in phil. mer. p. 51.

[3]) In den fünf Büchern de finibus bonorum et malorum, deren Abfassung in dasselbe Jahr fällt (vgl. die Einleitung zur Uebersetzung S. 2).

von jedem, und was gegen jeden Philosophen gesagt werde. Eben so viel Bücher Tusculanischer Untersuchungen⁴) folgten gleich hierauf und haben die zum glückseligen Leben nothwendigen Dinge offenbart. Denn das erste handelt von der Verachtung des Todes, das zweite von der Ertragung des Schmerzes, das dritte von der Linderung des Kummers, das vierte von den übrigen Leidenschaften der Seele; das fünfte umfaßt den Gegenstand, der auf die ganze Philosophie das meiste Licht wirft; denn es zeigt, daß zum glückseligen Leben die Tugend sich selbst genug sei. 3. Nach der Herausgabe dieser Schriften wurden drei Bücher von dem Wesen der Götter vollendet, in denen die ganze Frage über diesen Gegenstand enthalten ist⁵). Um sie aber vollständig und umfassend auszuführen, haben wir in diesen Büchern über die Weissagung zu schreiben begonnen. Wenn wir — wie wir beabsichtigen — noch eines von dem Schicksal⁶) hinzugefügt haben, so wird dieser ganzen Frage Genüge geleistet sein. Auch sind diesen Büchern die sechs vom Staate beizuzählen, die wir damals schrieben, als wir das Ruder des Staats lenkten⁷): ein wichtiger und der Philosophie ganz eigentümlicher Gegenstand, der von Plato, Aristoteles, Theophrastus⁸) und der ganzen Schule der Peripatiker sehr ausführlich behandelt worden ist. Was soll ich nun von der Schrift: „über den Trost"⁹) reden? sie ist mir wenigstens selbst außerordentlich heilsam, und ich glaube, daß sie auch Anderen sehr nützlich sein wird.

---

⁴) Vgl. über die Tusculanen die Einleitung dazu.
⁵) Vgl. über ihren Inhalt die Einleitung zu der Uebersetzung S. 18 ff.
⁶) Die Schrift de fato ist uns nur fragmentarisch überliefert; sie wurde auch, wie die drei Bücher von dem Wesen der Götter und unsere Schrift (von der Weissagung), im J. 44 abgefaßt, vgl. die Einleitung dazu.
⁷) Die Bücher über den Staat, die zum größten Theile verloren gegangen sind, gab Cic. im J. 54 heraus, als er durch das Ansehn seiner Freunde aus der Verbannung zurückgerufen, nach Rom zurückgekehrt war und wieder mehrere Staatsämter nach einander verwaltete.
⁸) Theophrastus aus Eresos auf der Insel Lesbos, geb. 392 v. Chr., war ein Schüler des Platon und Aristoteles und gehörte zu den Peripatetikern. Vgl. Zeller, Gesch. der griech. Phil. Th. II. S. 666 ff. und Krische, Forschungen auf dem Gebiete der Phil. Th. I. S. 339 ff.
⁹) Die Schrift de consolatione verfaßte Cicero im J. 45, als er von den Staatsgeschäften sich zurückgezogen hatte und in dem eifrigen Studium der Philosophie für sich Trost über den Tod seiner geliebten Tochter Tullia suchte.

Dazwischen haben wir auch neulich das Buch „vom Greisenalter"[10] eingeschoben, das wir unserem Atticus[11] gewidmet haben. Besonders aber muß, weil die Philosophie rechtschaffene und tapfere Männer bildet, unser „Cato"[12] zur Zahl dieser Bücher gerechnet werden. 4. Und da Aristoteles und ebenso Theophrastus durch Scharfsinn und Fülle der Rede ausgezeichnet, mit der Philosophie auch die Vorschriften in der Redekunst verbunden haben; so müssen auch, wie mir scheint, unsere rhetorischen Schriften dazu gezählt werden. Das sind die drei Bücher vom Redner, das vierte: Brutus, und das fünfte: der Redner[13].

II. Das waren unsere bisherigen Schriften. Zu den übrigen schritten wir mit frischem Muthe und mit dem Vorsatze, wenn nicht irgend ein bedeutenderes Hinderniß in den Weg träte, kein Feld der Philosophie übrig zu lassen, das nicht in lateinischer Sprache aufgeklärt und zugänglich gemacht würde. Denn welchen größeren oder besseren Dienst können wir dem Staate erweisen, als wenn wir die Jugend belehren und bilden? zumal bei diesen Sitten und zu diesen Zeiten, in denen sie so gesunken ist, daß sie nur durch gemeinsame Anstrengung gezügelt und in Schranken gehalten werden kann. 5. Nicht aber glaube ich erreichen zu können — und das kann man nicht einmal verlangen, — daß alle Jünglinge sich zu diesen Studien wenden. O daß es nur wenige thäten! und die Thätigkeit dieser wird sich im

---

[10] Auch Cato major betitelt, nach der Hauptperson des Gespräches, Marcus Porcius Cato, dem Älteren, mit dem Beinamen Censorius; Cicero faßte die Schrift zwischen der Herausgabe der drei Bücher von dem Wesen der Götter und der Herausgabe der zwei Bücher von der Weissagung ab, im J. 44.

[11] Titus Pomponius Atticus, ein Römischer Ritter und der intimste Freund des Cicero, durch die Verheiratung seines Bruders Quintus mit der Schwester des Atticus auch mit Cicero verwandt. Seinen Beinamen (Atticus) erhielt er von seinem langjährigen Aufenthalte in Athen.

[12] Cicero schrieb auch eine Lobschrift auf Marcus Cato Uticensis (nicht zu verwechseln mit der gleichnamigen Schrift de senectute), der sich in dem Bürgerkriege zwischen Cäsar und Pompejus zu Utica, einer Stadt in Afrika (46 v. Chr.) das Leben nahm. Vgl. Fragm. bei Orelli p. 466. Julius Cäsar verfaßte eine Gegenschrift, vgl. Plut. Caes. vita c. 54 u. opp. ad Attic. 12, 40. 1, 44. 1, 45. 3. Topic. 25, 94, Orat. 10. 35.

[13] Die drei Bücher de oratore, Brutus oder de claris oratoribus und Orator, oder de optimo genere dicendi gehören zu den bedeutenderen rhetorischen Schriften Cicero's.

Staate weit genug ausdehnen können. Ich meinerseits werde auch durch diejenigen für meine Arbeit belohnt, die schon im vorgerückteren Alter in meinen Schriften Beruhigung finden; durch ihre Lust zum Lesen wird mein Eifer zu schreiben von Tage zu Tage lebhafter angeregt, und ich habe ihrer mehr, als ich glaubte, kennen gelernt. Auch das ist herrlich und für die Römer ruhmvoll, daß sie in Betreff der Philosophie die Griechischen Schriften nicht nöthig haben. 6. Dieß werde ich sicherlich erlangen, wenn ich meine Pläne ausführe. Und zur Entwicklung der Philosophie hat mir das schwere Unglück des Staates[1]) Anlaß gegeben, da ich weder während des Bürgerkrieges nach meiner Weise den Staat vertheidigen, noch auch unthätig sein konnte, und auch Nichts, was meiner mehr würdig gewesen wäre, zu thun fand. Es werden mir daher meine Mitbürger verzeihen oder vielmehr Dank wissen, daß, als der Staat in der Gewalt eines Einzigen[2]) war, ich mich weder verbarg, noch mich aufgab, noch an mir verzweifelte, noch mich so benahm, als ob ich dem Manne oder den Zeiten zürnte, noch ferner so schmeichelte oder das Schicksal des Anderen bewunderte, als ob ich mit meinem eigenen unzufrieden wäre. Denn das gerade hatte ich von Platon und der Philosophie gelernt, daß es in den Staaten gewisse natürliche Umwälzungen gebe, so daß sie bald von den Vornehmen bald von dem Volke und bald von einem Einzelnen regiert werden[3]). 7. Da dieß unserem Staate widerfahren war, so begann ich damals, als ich meiner früheren Aemter beraubt war, diese Studien zu erneuern, theils um hiedurch hauptsächlich mein Gemüth von den Beschwerden zu erleichtern[4]), theils um meinen Mitbürgern auf jede mögliche Weise nützlich sein zu können. Denn in

---

[1]) Mit diesen Worten will Cicero die Unterdrückung der Römischen Freiheit und die Umstürzung der alten Verfassung durch Cäsar bezeichnen, wodurch er veranlaßt wurde, sich von dem Staatsdienste gänzlich zurückzuziehen und sich dem Studium der Philosophie ausschließlich zu widmen.
[2]) Nämlich des Julius Cäsar, vgl. die ähnliche Stelle do nat. Deor. I. 4. 7.
[3]) Plat. Republ. VIII. 2. p. 545: πᾶσα πολιτεία μεταβάλλει ἐξ αὐτοῦ τοῦ ἔχοντος τὰς ἀρχάς, ὅταν ἐν αὐτῷ τούτῳ στάσις ἐγγένηται· ὁμονοοῦντος δέ, κἂν πάνυ ὀλίγον ᾖ, ἀδύνατον νικηθῆναι. — ἐπεὶ γενομένῳ παντὶ φθορά ἐστιν, οὐδ' ἡ τοιαύτη ξύστασις τὸν ἅπαντα μενεῖ χρόνον, ἀλλὰ λυθήσεται. Vgl. Aristot. Polit. V, 10.
[4]) Vgl. Tusc. II. 4, 11, do senect. 1, 2. do nat. Deor. I. 4,

Schriften sprach ich mein Urtheil aus; in ihnen sprach ich zur Volks-
versammlung ⁵); die Philosophie, glaubte ich, sei mir an die Stelle
der Staatsverwaltung gerückt. Jetzt, da man angefangen hat mich
in Betreff des Staates zu befragen ⁶), muß ich diesem meine Thätigkeit widmen oder vielmehr alle Gedanken und Sorgen ihm zuwenden,
und nur so viel darf ich diesem Studium erübrigen, als das öffentliche
Amt und die Pflicht mir erlaubt. Doch hiervon ein andermal mehr;
jetzt laßt uns zu der begonnenen Untersuchung zurückkehren! —
III. 8. Als nämlich mein Bruder Quintus über die Weissagung
das, was in dem vorigen Buche geschrieben ist, auseinandergesetzt hatte,
und wir lange genug gelustwandelt waren; da setzten wir uns in der
Bibliothek, welche im Lyceum ¹) ist, nieder. Und ich sprach: Du hast,
Quintus, mit Sorgfalt und nach stoischer Weise die Ansicht der Stoiker
vertheidigt, und was mich am Meisten erfreut, du hast meistens einheimische Beispiele, und zwar berühmte und hervorleuchtende, angeführt. Ich muß daher auf das, was du gesagt hast, antworten; aber
so, daß ich Nichts behaupte, Alles untersuche, meistens zweifelnd und
mir selbst mißtrauend. Denn wenn ich etwas Gewisses zu sagen hätte,
so würde ich selbst weissagen, der ich behaupte, daß es keine Weissagung
gibt. 9. Denn mich bewegt hierzu das, was vorzüglich Karneades ²)
zu untersuchen pflegte, auf welche Dinge sich denn die Weissagung beziehe, ob auf die, welche mit den Sinnen aufgefaßt werden. Aber diese
sehen, hören, schmecken, riechen und berühren wir. Ist also wol in
diesen Dingen Etwas, was wir durch Voraussehen oder durch geistige
Aufregung eher, als durch die Natur selbst wahrnehmen könnten?
Oder sollte etwa irgend ein beliebiger Wahrsager, wenn er der Augen
beraubt wäre, wie Tiresias es war ³), sagen können, was weiß, was

---

⁵) Hottinger erklärt diese Worte so: ut antea in sonata et in concione
populi de singulis rebus sententiam dicere solebamus, ita nunc idem facimus
in libris.

⁶) Was nach der Ermordung des Julius Cäsar im J. 44 geschah, wo Cicero
hoffte die Freiheit des Römischen Staates werde auf's Neue wieder aufblühen, und
er selbst werde wieder eine einflußreiche Stellung in der Staatsverwaltung ein-
nehmen.

¹) Ueber das Lyceum auf dem Landgute Cicero's vgl. Anm. 3) zu Kap. 5.
²) Ueber Karneades vgl. Anm. ¹) zu Kap. 4 und die Einleitung.
³) Ueber Tiresias vgl. Anm. ³) zu I. 40, 88.

schwarz sei? ober wenn er taub wäre, die Verschiedenheit der Stimmen oder die Töne erkennen? Auf keines von diesen Dingen also, welche mit dem Sinne wahrgenommen werden, wird die Weissagung angewandt. Aber auch nicht einmal zu den Dingen, welche durch Kunst behandelt werden, ist die Weissagung nöthig. Denn zu Kranken pflegen wir nicht Seher oder Wahrsager, sondern Aerzte herbeizurufen. Und diejenigen, welche ein Saitenspiel oder Flöte lernen wollen, erlernen deren Behandlung nicht von den Opferschauern, sondern von den Musikern. 10. Dasselbe Verhältniß findet bei den Wissenschaften statt und bei den übrigen Gegenständen, für die es einen Unterricht gibt. Du glaubst doch nicht etwa, daß die sogenannten Weissager darauf antworten können, ob die Sonne größer als die Erde sei, ob sie so groß sei, wie sie erscheint, und ob der Mond sein eigenes Licht oder das der Sonne habe, welche Bewegung die Sonne und der Mond haben, und welche die fünf Sterne, welche man irrende [4]) nennt. Und nicht behaupten diejenigen, welche für Wahrsager gelten, dieß sagen zu können, noch was in den geometrischen Figuren wahr oder falsch sei; denn das ist die Sache der Mathematiker und nicht die der Wahrsager.

IV. Von den Gegenständen der Philosophie aber gibt es da wol Etwas, worauf irgend ein Wahrsager zu antworten pflegte, oder worüber er befragt würde, was gut sei, was böse, was keins von beiden. Denn dieß ist das den Philosophen Eigentümliche. 11. Wie? fragt wol Jemand einen Opferschauer in Betreff seiner Pflicht um Rath? wie man mit den Aeltern, mit den Brüdern, mit den Freunden leben müsse, wie man sein Geld anzuwenden habe, wie die Ehre, wie die Herrschaft? Hierbei pflegt man sich an die Weisen und nicht an die Wahrsager zu wenden. Wie? — Was von den Dialektikern oder Physikern betrieben wird —, kann Einer von denen weissagen, ob es Eine Welt gibt oder mehrere; was die Urstoffe der Dinge sind, aus denen Alles entsteht. Das ist die Weisheit der Physiker. Wie willst du aber den Lügenschluß, den sie $\psi\varepsilon\upsilon\delta\acute{o}\mu\varepsilon\nu o\varsigma$ [1]) nennen, auf-

---

[4]) Quae „errare" dicuntur, das Griechische $\pi\lambda\alpha\nu\tilde{\alpha}\sigma\vartheta\alpha\iota$; es sind also darunter die Planeten zu verstehen.

[1]) Den Lügenschluß (mentiens, Griech. $\psi\varepsilon\upsilon\delta\acute{o}\mu\varepsilon\nu o\varsigma$) hat Cubulides aus Milet, der zur Megarischen Schule gehörte und ein Gegner des Aristoteles war,

lösen? ober wie sollst du dem Sorites ²) entgegnen? den man, wenn es nöthig wäre, Lateinisch acervalis nennen könnte; doch bedarf es dessen nicht; denn wie Philosophie selbst und andere Griechische Wörter, so ist auch Sorites in der Lateinischen Sprache hinreichend gebräuchlich. Also auch dieß werden die Dialektiker sagen, nicht die Wahrsager. Wie? wenn es sich frägt, was die beste Staatsverfassung sei, welche Gesetze, welche Sitten nützlich oder untauglich seien, soll man dazu die Opferschauer aus Etrurien kommen lassen, oder werden darüber die ersten und auserwählte und des Staatswesens kundige Männer entscheiden? 12. Wenn nun weder den Dingen, die den Sinnen unterworfen sind, irgend welche Weissagung zukommt, noch denen, die in den Künsten begriffen sind, noch denen, die in der Philosophie besprochen werden, noch endlich denen, die sich mit der Staatsverwaltung beschäftigen, so sehe ich durchaus nicht, auf welche Dinge sie sich erstrecken soll. Denn entweder muß sie sich auf alle beziehen, oder es muß ihr irgend ein bestimmter Stoff angewiesen werden, mit dem sie sich beschäftigen kann. Aber die Weissagung ist weder für alle Gegenstände, wie die Untersuchung gelehrt hat, noch findet sich ein Platz oder ein Stoff, dem wir die Weissagung zuweisen könnten. Sieh also, ob es nicht vielleicht gar keine Weissagung gibt.

V. Es gibt einen bekannten Griechischen Vers in diesem Sinne:

"Wer glücklich räth, der sei der beste Seher mir" ¹).

Wird also wol ein Seher besser errathen, was für ein Wetter bevorsteht, als der Steuermann; oder wird er die Natur einer Krankheit

erfunden oder wenigstens häufiger angewendet. Nach Cicero (Academ. II, 29, 96) lautet er: Si dicis te mentiri, verumque dicis, mentiris. Dicis autem te mentiri, verumque dicis: mentiris igitur. Vgl. Ritter et Preller, hist. phil. graec. et rom. p. 209, Ed. II.

²) Der Sorites benannt, von σωρός (acervus), Haufen oder Häufelschluß, ein bekannter Trugschluß: "Ein Korn macht keinen Haufen (σωρός), und doch entsteht ein Haufen dadurch, daß du immer ein Korn zum anderen thust. Es war also ein Versuch, das Relative mit dem Maßstabe des Absoluten zu messen. Vgl. Diog. Laert. VII. 82, Cic. Acad. II, 16 u. 20. u. Horat. epist. II. 1, 45—47.

¹) Der Vers ist aus Euripides und steht bei Plutarch. de defect. orac. p. 432 C.: μάντις γ' ἄριστος ὅστις εἰκάζει καλῶς, vgl. noch Plutarch. de Pyth. Orac. p. 399 A. u. Menander in Theophor. fragm. I.

scharfsinniger als der Arzt, oder die Kriegsführung verständiger als der Feldherr durch Muthmaßung treffen? 13. Doch ich habe bemerkt, Quintus, daß du die Weissagung mit Vorsicht sowol von den Muthmaßungen, welche Kunst und Klugheit in sich schließen, als auch von den Dingen, welche mit den Sinnen oder durch Kunstgeschicklichkeit ²) aufgefaßt werden, trennst und sie so bestimmst, die Weissagung sei das Vorhersagen und die Vorempfindung von den Dingen, welche zufällig seien. Erstens kommst du auf denselben Punkt zurück. Denn auch die Vorempfindung des Arztes, des Steuermannes und des Feldherrn betrifft zufällige Dinge. Wird also nun etwa ein Opferschauer oder ein Augur oder ein Seher oder ein Träumender besser errathen, ob entweder der Kranke der Krankheit, oder das Schiff der Gefahr, oder das Heer dem Hinterhalte entgehen werde, als der Arzt, der Steuermann und der Feldherr? 14. Nun aber sagtest du, daß nicht einmal dieß dem Weissagenden zukomme: Bevorstehende Winde oder Regengüsse aus gewissen Zeichen vorauszuahnen. — Hierbei trugst du einige Verse aus Aratus ³) aus dem Kopfe vor — obgleich gerade dieß zufällig ist; denn es trifft meistentheils, nicht aber immer ein. Was ist denn also, oder womit beschäftigt sich die Vorahnung zufälliger Dinge, welche du Weissagung nennst? Denn was entweder durch Kunst oder durch Schlüsse oder durch Erfahrung oder durch Muthmaßung vorausgeahnt werden kann, das glaubst du nicht den Weissagenden, sondern den Sachverständigen zuertheilen zu müssen. So bleibt übrig, daß nur diejenigen zufälligen Ereignisse geweissagt werden können, welche weder durch irgend eine Kunst noch durch irgend welche Weisheit vorhergesehen werden können, wie, wenn Einer viele Jahre vorher jenem Marcus Marcellus ⁴), der dreimal Consul war, gesagt hätte, er werde

---

²) Wir haben nach der Lesart der Handschriften übersetzt, die: quae sensibus aut artificiis porciperentur lesen, wofür unnöthiger Weise Schütz und Moser nach der Konjektur von Hercilus: sensibus ab arte vacuis lesen. Unter artificia sind die praktischen Kunstgriffe zu verstehen im Gegensatz zu der Theorie (ars), vgl. Giese zu dieser Stelle.

³) Nämlich nach der Uebersetzung Cicero's vom Aratus, vgl. oben I, 7 u. 8. und die Anmerkung dazu.

⁴) Marcus Claudius Marcellus, der Enkel des Marcellus, der im zweiten Punischen Kriege Syrakus (212) eroberte, war dreimal Consul im J. 166, 155. und 152; er kam kurz vor Beginn des dritten Punischen Krieges, als er mit noch

im Schiffbruche umkommen, er dann in der That geweissagt hätte. Denn er hätte dieß durch keine andere Kunst oder Weisheit wissen können. Also die Vorempfindung solcher Dinge, die von Zufälligkeiten abhängen, ist Weissagung.

VI. 15. Kann es nun bei den Dingen, bei denen kein Grund vorhanden ist, weshalb sie geschehen werden, irgend eine Vorempfindung geben? Denn was anders ist Ungefähr, Schicksal, Zufall, Ereigniß, als wenn Etwas sich so zuträgt, so ereignet, daß es sich entweder gar nicht zutragen und ereignen oder sich anders hätte zutragen und ereignen können? Wie kann also das, was ohne Grund, durch den blinden Zufall und durch die Wandelbarkeit des Glückes geschieht, vorausgefühlt und vorausgesagt werden? 16. Der Arzt sieht die zunehmende Krankheit nach Gründen voraus, der Feldherr den Hinterhalt, die Stürme der Steuermann; und dennoch täuschen sich diese selbst oft, die Nichts ohne sicheren Grund vermuthen, sowie der Landmann, wenn er die Blüte des Oelbaums sieht, auch die Frucht zu sehen erwartet, und zwar sicherlich nicht ohne Grund; aber bisweilen täuscht er sich dennoch. Wenn sich also diejenigen täuschen, die Nichts ohne irgend eine wahrscheinliche Muthmaßung und ohne Grund behaupten; was muß man von der Muthmaßung derer halten, die aus den Eingeweiden oder Vögeln oder Wunderzeichen oder Orakeln oder Träumen die Zukunft voraussahnen? Ich sage noch nicht, wie nichtig diese Zeichen sind, der Spalt der Leber[1]), das Geschrei des Raben, der Flug des Adlers, das Fallen eines Sternes[2]), die Stimmen der Rasenden, die Loose, die Träume, worüber ich im Einzelnen an seinem Orte reden werde, jetzt nur im Allgemeinen. 17. Wie kann man vorhersehen, daß irgend Etwas geschehen werde, was weder irgend einen Grund oder ein Zeichen hat, weswegen es geschehen wird. Sonnen- und ebenso Mondfinsternisse werden auf viele Jahre von denen vorausgesagt, welche die Bewegungen der Gestirne nach Berechnungen verfolgen. Denn sie sagen nur das voraus, was das nothwendige Natur-

---

zwei Gesandten nach Afrika zum Massinissa geschickt war, bei einem Sturme um (im J. 148). Vgl. de fato 14, 33, wo Cicero dasselbe erwähnt.

[1]) Ueber den Spalt in der Leber vgl. I. 10. 16 und die Anmerkung dazu.
[2]) Ueber trajectio vgl. Anm. 3) zu I, 1, 2.

gesetz in Erfüllung bringen wird. Sie sehen aus der höchst regelmäßigen Bewegung des Mondes, daß, wenn er der Sonne gegenüber steht und in den Schatten der Erde tritt, welcher die Kegelspitze der Nacht ist, er nothwendig verfinstert werden muß; und wenn der Mond wiederum unter die Sonne und ihr gegenüber tritt, er ihr Licht unseren Augen verdunkelt [3]); in welchem Zeichen und zu welcher Zeit jeder der Irrsterne darin stehen wird, wie der Aufgang eines jeden Sternbildes an jedem Tage, oder wie sein Untergang erfolgen wird. Welchen Gründen aber diejenigen, die dieß voraussagen, folgen, siehst du ein.

VII. 18. Wer da sagt, er werde einen Schatz finden, oder eine Erbschaft werde ihm zufallen, worauf begründet er dieß? oder in welchen natürlichen Gründen liegt es, daß es geschehen werde? Wenn nun dieß und Aehnliches der Art auf irgend einer solchen Nothwendigkeit beruht, was gibt es denn wohl, von dem wir glauben könnten, es geschehe durch Zufall oder von Ungefähr? Denn Nichts ist der Vernunft und der Folgerichtigkeit so entgegengesetzt als der Zufall, so daß es mir nicht einmal für einen Gott passend erscheint, zu wissen, was durch Zufall und von Ungefähr geschehen werde [1]). Denn wenn er es weiß, so wird es auch sicherlich eintreffen; wenn es aber eintreffen wird, so ist kein Zufall da. Es gibt aber keinen Zufall; folglich gibt es auch kein Vorausahnen zufälliger Dinge. 19. Oder wenn du behauptest, es gebe keinen Zufall und Alles, was geschieht und geschehen wird, sei von aller Ewigkeit her durch das Schicksal bestimmt, so ändere deine Erklärung der Weissagung, die du ein Vorausahnen von zufälligen Dingen nanntest. Denn wenn Nichts geschehen, Nichts vorfallen, Nichts sich ereignen kann, außer was von aller Ewigkeit her bestimmt war, daß es in einer bestimmten Zeit geschehen sollte, was kann es dann für einen Zufall geben? Und wenn dieser aufgehoben ist, was hat dann die Weissagung für einen Platz, die du ein Vorausahnen von zufälligen Dingen nanntest? Doch sagtest du, daß Alles, was geschehe und geschehen werde, in dem Verhängnisse enthalten sei. Fürwahr selbst

---

[3]) Vgl. zu dieser Stelle besonders do nat. Deor. II, 40. 103 u. 19, 40, wo die Sache ausführlicher besprochen wird; und außerdem die ähnliche Stelle bei Plin. hist. nat. II, 7.
[1]) Diese Ansicht hat Augustin (de civ. Doi 5, 9) heftig bestritten.

der Name Verhängniß ist altweibermäßig und voll von Aberglauben. Aber dennoch wird bei den Stoikern Viel von diesem Verhängnisse geredet; hierüber ein andermal; jetzt von dem, was nothwendig ist.

VIII. 20. Wenn Alles durch das Verhängniß geschieht, was nützt mir da die Weissagung? Denn was derjenige, welcher weissagt, voraussagt, das wird auch geschehen, so daß ich nicht einmal weiß, wie das aufzufassen ist, daß unseren guten Freund Dejotarus[1]) von der Reise ein Adler zurückrief. Wenn er nicht umgekehrt wäre, so hätte er in dem Zimmer schlafen müssen, das in der nächsten Nacht einstürzte. Er wäre also durch den Einsturz verschüttet worden. Aber dem wäre er, wenn es sein Schicksal war, auch nicht entgangen, und wenn es sein Schicksal nicht war, so hätte ihn dieses Unglück nicht betroffen. Was hilft also die Weissagung? oder was können die Loose, oder die Eingeweide, oder irgend eine Voraussagung warnen? Denn wenn es Verhängniß war, daß die Flotten des Römischen Volkes im ersten Punischen Kriege[2]), die eine durch Schiffbruch, die andere von den Puniern versenkt werden und zu Grunde gehen sollten; so wären, auch wenn die Hühner unter dem Consulate des Lucius Junius und Publius Clodius ein tripudium solistimum[3]) gemacht hätten, die Flotten doch untergegangen. Wenn aber, falls man den Auspicien gehorcht hätte, die Flotten nicht untergehen sollten; so sind sie nicht durch das Schicksal untergegangen. Ihr wollt aber, daß Alles durch das Schicksal geschehe. Folglich gibt es keine Weissagung. 21. Wenn es Schicksalsbeschluß war, daß im zweiten Punischen Kriege das Heer des Römischen Volkes beim Trasimenischen See zu Grunde ging[4]); konnte dies etwa vermieden werden, wenn der Consul Flaminius den Zeichen und den Auspicien, die ihn von der Schlacht zurückhielten, Folge geleistet hätte? [Gewiß konnte es.][5]) Also kam entweder das Heer nicht

---

[1]) Ueber Dejotarus, der dem Cicero innig befreundet war, vgl. (die Anm. 3) zu I. 15, 26.

[2]) Ueber diese Niederlage der beiden Consuln Lucius Junius Pullus und Publius Clodius (oder Claudius) Pulcher im J. 249 f. zu I. 16, 29.

[3]) Ueber die Bedeutung des tripudium solistimum vgl. Kap. 34 Anm. 3.

[4]) Vgl. Anm. 1 zu I. Kap. 35.

[5]) Die eingeklammerten Worte sind jedenfalls unächt; denn man erwartet gerade das Gegentheil. Orelli, Moser u. a. Herausgeber haben non vor potuit setzen wollen.

durch das Schicksal um; denn die Schicksalsbeschlüsse können nicht geändert werden, oder wenn durch das Schicksal (wie ihr wenigstens behaupten müßt), so würde eben dieß auch dann eingetroffen sein, wenn er den Auspicien Folge geleistet hätte. Wo ist also diese Weissagung der Stoiker? die, wenn Alles in Folge des Schicksals geschieht, uns durchaus nicht ermahnen kann vorsichtiger zu sein; denn wie wir uns auch benehmen mögen, es wird doch das geschehen, was geschehen soll. Kann dieß aber abgeändert werden, so gibt es auch kein Schicksal und auch keine Weissagung, weil diese sich auf die zukünftigen Dinge bezieht. Nichts aber ist mit Gewißheit zukünftig, wobei es durch irgend eine Vorkehrung möglich ist, daß es sich nicht ereigne.

IX. 22. Und ich glaube, daß uns die Kenntniß der zukünftigen Dinge nicht einmal nützlich sei. Denn was hätte Priamus für ein Leben gehabt, wenn er von Jugend auf gewußt hätte, was er im Alter erleben würde? Gehen wir ab von den Fabeln und betrachten wir näher Liegendes! In der Schrift über den Trost[1]) habe ich das traurige Ende der berühmtesten Männer unseres Staates zusammengestellt. Wie also — um die Früheren zu übergehen — glaubst du, daß es dem Marcus Crassus[2]) nützlich gewesen sein würde damals, als er sich im größten Glücke und Reichthume befand, zu wissen, daß er nach dem Tode seines Sohnes, Publius, und nach Vernichtung seines Heeres jenseit des Euphrat mit Schimpf und Schande umkommen müsse? Oder glaubst du, daß Gnäus Pompejus[3]) über sein dreimaliges Consulat, über seine drei Triumphe und über den Ruhm seiner so großen Thaten sich gefreut haben würde, wenn er gewußt hätte, daß er nach Verlust seines Heeres verlassen in Aegypten[4]) würde ermordet werden,

---

[1]) Vgl. Kap. I. 3, Anm. 9.
[2]) Ueber Marcus Licinius Crassus, der bald nach der Schlacht bei Karrhä 53 v. Chr. sein Leben verlor, vgl. zu I. 16. 30 Anm. 6. Sein Sohn Publius kam ebenfalls kurz vorher in der Schlacht selbst um, oder ließ sich nach Anderen von seinem Schildträger durchbohren, als er sich verloren sah. Vgl. Plutarch. Crassus, Cap. 25, 31.
[3]) Gnäus Pompejus, mit dem Beinamen der Große, wurde von Julius Cäsar bei Pharsalus besiegt und in Aegypten durch die Treulosigkeit des dortigen Königs 49 v. Chr. auf dem Meere bei Pelusium ermordet.
[4]) in solitudine Aegyptiorum steht bei Cicero. Die solitudo wird hier den vorher erwähnten Triumphen und der großen Begleitung des Pompejus, die er um

daß nach seinem Tode aber das erfolgen würde, was wir nicht ohne
Thränen aussprechen können?⁵) 23. Was aber glauben wir von
Cäsar? wenn er sich hätte weissagen können, daß er in dem Senate,
den er zum größeren Theile selbst gewählt hatte, in der Pompejischen
Curie vor dem Bilde des Pompejus selbst, im Angesichte so vieler seiner Centurionen, von den vornehmsten Mitbürgern, die zum Theil
von ihm auf alle Weise ausgezeichnet waren, ermordet so daliegen
würde, daß nicht nur Keiner von seinen Freunden, sondern nicht einmal Einer von den Sklaven sich seiner Leiche näherte⁶): in welcher See-
lenqual würde er sein Leben zugebracht haben? Gewiß ist also die Unkenntniß des zukünftigen Unglücks nützlicher als die Kenntniß davon⁷).
24. Denn das kann zumal von den Stoikern auf keine Weise behauptet werden: „Pompejus würde dann nicht zu den Waffen gegriffen,
Crassus nicht den Euphrat überschritten, und Cäsar nicht den Bürgerkrieg unternommen haben." Sie erlitten also nicht einen vom Schicksale
bestimmten Tod. Ihr wollt aber, daß Alles durch das Schicksal geschehe. Also hätte ihnen das Weissagen nichts genützt, und den ganzen
Genuß ihres früheren Lebens hätten sie verloren. Denn was hätte
ihnen erfreulich sein können, wenn sie an ihr Ende dachten? So muß,
wohin sich auch die Stoiker wenden mögen, ihr ganzer Scharfsinn zu
Boden sinken. Denn wenn das, was geschehen wird, auf diese oder
auf jene Weise geschehen kann, so vermag der Zufall außerordentlich
viel. Was aber zufällig ist, das kann nicht gewiß sein. Wenn aber
das, was bei jeder Sache zu jeder Zeit zukünftig ist, bestimmt ist: was
helfen mir da die Opferschauer, wenn sie sagen, daß die traurigsten
Dinge verkündigt würden.

---

sich zu haben pflegte, entgegengesetzt. Klotz erklärt die Worte (in der Anmerkung
zu der Uebersetzung von Jacobs): „unter einer Handvoll Aegyptier" oder „unter
einer geringen Anzahl Aegyptier." Die verschiedenen Konjekturen also, die statt
solitudine gemacht sind, scheinen daher überflüssig zu sein.

⁵) Cicero versteht darunter den gänzlichen Untergang der Freiheit durch die
Alleinherrschaft Cäsar's.

⁶) Vgl. über den Tod Cäsar's besonders Plutarch, Caes. vita. 66.

⁷) Derselbe Gedanke, der auch im Anfange dieses Kapitels bereits ausgesprochen ist, findet sich in de nat. Deor. II, 6, 14.

X. 25. Sie fügen zuletzt hinzu, Alles würde leichter ausfallen, wenn religiöse Vorkehrungen getroffen würden. Wenn Nichts außer dem Bereiche des Schicksals geschieht, so kann auch Nichts durch religiöse Mittel erleichtert werden. Dieß fühlt Homer, wenn er den Jupiter darüber klagen läßt, daß er seinen Sohn Sarpedon gegen den Willen des Schicksales nicht dem Tode entreißen könne ¹). Eben dasselbe bedeutet auch jener Griechische Vers folgenden Inhalts:

"Das, was geschehen soll, besiegt den höchsten Zeus." ²)

Ueberhaupt scheint mir das ganze Schicksal mit Recht auch in einem Atellanischen Verse ³) verspottet zu sein; aber bei so ernsten Dingen ist der Scherz nicht an seinem Orte. Laßt uns also den Schluß ziehen! Denn wenn Nichts von dem, was durch Zufall geschieht, als zukünftig vorhergesehen werden kann, weil es nicht gewiß sein kann; so gibt es keine Weissagung. Wenn es aber deswegen vorausgesehen werden kann, weil es gewiß und vom Schicksale bestimmt ist, so gibt es wiederum keine Weissagung; denn du sagtest, daß sich diese auf zufällige Dinge beziehe. 26. Aber dieß mag mir gleichsam das erste Vorpostengefecht von leichten Truppen in unserer Rede gewesen sein; jetzt soll es zum Handgemenge kommen, und wir wollen versuchen, ob wir die Flügel deiner Beweisführung zum Weichen bringen können. —

---

¹) Vgl. Homeri Il. XVI. 433 ff., wo allerdings Zeus nicht darüber klagt, daß er Sarpedon dem Tode durch die Hand des Patroklos nicht entreißen könne, sondern überlegt, ob er den Sarpedon gegen den Willen des Schicksales aus dem Kampfe entfernen und so vom Tode erretten oder ihn durch Patroklos tödten lassen solle; denn für den Fall, daß Sarpedon mit jenem kämpfte, war ihm durch das Verhängniß ($\mu o\tilde{\iota}\rho a$) bestimmt zu fallen ($\dot{\upsilon}\pi\dot{o}$ $\Pi\alpha\tau\rho\acute{o}\kappa\lambda o\iota o$ $M\epsilon\nu o\iota\tau\iota\acute{a}\delta a o$ $\delta a\mu\tilde{\eta}\nu a\iota$).

²) Der bestimmte Griechische Vers, den Cicero hier meint, ist nicht bekannt; aber derselbe Gedanke kehrt sehr häufig wieder; so bei Aesch. Prom. 527: $o\dot{\upsilon}\kappa$ $o\tilde{\upsilon}\nu$ $\check{a}\nu$ $\dot{\epsilon}\kappa\varphi\acute{\upsilon}\gamma o\iota$ $\gamma\epsilon$ $\tau\grave{\eta}\nu$ $\pi\epsilon\pi\rho\omega\mu\acute{\epsilon}\nu\eta\nu$ sc. $Z\epsilon\acute{\upsilon}\varsigma$ und Herod. I. 91: $\tau\grave{\eta}\nu$ $\Pi\upsilon\vartheta\acute{\iota}\eta\nu$ $\lambda\acute{\epsilon}\gamma\epsilon\tau a\iota$ $\epsilon\dot{\iota}\pi\epsilon\tilde{\iota}\nu$ $\tau\acute{a}\delta\epsilon$. $\tau\grave{\eta}\nu$ $\pi\epsilon\pi\rho\omega\mu\acute{\epsilon}\nu\eta\nu$ $\mu o\tilde{\iota}\rho a\nu$ $\dot{a}\delta\acute{\upsilon}\nu a\tau\acute{a}$ $\dot{\epsilon}\sigma\tau\iota$ $\dot{a}\pi o\varphi\upsilon\gamma\epsilon\tilde{\iota}\nu$ $\kappa a\grave{\iota}$ $\vartheta\epsilon\tilde{\omega}$.

³ D. h. in dem Verse eines Atellanischen Lustspieles, die ihren Namen von der oskischen Stadt Atella in Campanien hatten, und in Possenspielen voll Satire und niedrig-komischen Scherzen bestanden.

XI. Du sagtest nämlich, es gebe zwei Gattungen der Weissagung, eine künstliche und eine natürliche [1]); die künstliche beruhe theils auf Muthmaßung theils auf langjähriger Beobachtung; die natürliche sei die, welche der Geist von außenher, aus der Gottheit erfasse oder empfange, woher unsere Seelen geschöpft oder empfangen oder entnommen seien [2]). Zu den Arten der künstlichen Weissagung rechnetest du folgende: die der Eingeweideschauer und derer, die aus den Blitzen und Erscheinungen weissagten, dann die der Auguren und derer, die Anzeichen und Vorbedeutungen auslegen, und du setztest Alles, was auf Muthmaßung beruht, in diese Gattung. 27. Jene natürliche Gattung aber, meintest du, gehe entweder aus einer Aufregung des Geistes hervor und ergieße sich gleichsam daraus, oder sie werde von dem während des Schlafes der Sinne und Sorge entbundenen Geiste vorausgesehen. Du leitetest aber alle Weissagung von den drei Quellen ab: von Gott, von dem Schicksale und von der Natur. Da du jedoch Nichts erklären konntest, so kämpftest du mit einer wunderbaren Fülle von erdichteten Beispielen. Hierüber will ich zuerst das sagen: Ich halte es nicht für die Sache eines Philosophen Zeugen anzuführen, die entweder aus Zufall wahrhaftig oder aus Bosheit falsch und erdichtet sein können; durch Beweise und Schlüsse muß man zeigen, weshalb ein Jedes so ist, nicht durch Ereignisse, zumal durch solche, denen ich nicht Glauben zu schenken brauche.

XII. Um mit der Opferschau zu beginnen, die ich um des Staates und der gemeinsamen Religion willen zu ehren für nöthig erachte, — aber wir sind allein, und wir dürfen die Wahrheit ohne Gehässigkeit erforschen, zumal ich, der ich über das Meiste zweifle [1]) — laßt uns also, wenn es gefällig ist, zuerst die Eingeweide betrachten! Kann also wol irgend Einer überzeugt werden, daß das, was durch die Eingeweide vorhergesagt werden soll, die Opferschauer durch langjährige Beobachtung erkannt haben? Wie alt war diese? oder seit wie langer Zeit konnte sie beobachtet werden? oder wie ist sie unter ihnen

---

[1]) Vgl. I, 6. 11 u. 18. 34.
[2]) S. I, 49. 110.
[1]) Nämlich nach der Weise der neueren Akademiker, welche die Erkenntniß der Wahrheit leugneten und nur die Wahrscheinlichkeit gelten ließen, vgl. 1. 3, 6 und II, 72. 150.

selbst verglichen worden, welcher Theil der feindliche, welcher der freundliche sei, welcher Spalt Gefahr, welcher einen Vortheil verkündige. Oder haben sich hierüber die Etruskischen, Elischen, Aegyptischen und Punischen Opferschauer [2]) unter einander verständigt? Aber das kann, abgesehen davon, daß es nicht geschehen konnte, nicht einmal ersonnen werden. Denn wir sehen, daß die Eingeweide von den Einen so, von den Anderen so gedeutet werden, und daß nicht Alle eine und dieselbe Lehre haben. 29. Und gewiß, wenn in den Eingeweiden irgend eine Kraft liegt, welche das Zukünftige anzeigt; so muß diese nothwendig entweder mit der Natur der Dinge in Verbindung stehen, oder durch den göttlichen Willen und Einfluß ihr gewisser Maßen angepaßt werden. Was kann nun mit der so großen, so herrlichen und nach allen Seiten und Richtungen hin verbreiteten Natur der Dinge, ich will nicht sagen, eine Hühnergalle, (denn Einige halten diese Eingeweide für die allerbedeutsamsten [3]), sondern die Leber [4]), oder das Herz, oder die Lunge eines fetten Stieres Gemeinsames haben? was liegt darin Natürliches, wodurch die Zukunft verkündigt werden könne?

XIII. 30. Demokritus [1]) schwatzt nicht ungeschickt als Physiker, die anmaßendste Klasse von Menschen.

„Was vor den Füßen liegt, schaut keiner; nur am Himmel forschen sie." [2])

---

[2]) Vgl. I, 41. 91, wo nur die Aegyptischen und Punischen Opferschauer nicht besonders erwähnt werden.

[3]) argutissima bei Cicero, die exta heißen arguta, wenn durch sie Vieles angedeutet (arguo) wird.

[4]) Die Leber galt im Alterthum für den vorzüglichsten Sitz für die Weissagung, daher auch die sog. $\dot{\eta}\pi\alpha\tau o\sigma\kappa o\pi\iota\alpha$ (Leberbeschauung). Vgl. K. O. Müller, Etrusker, II, s. 180 ff.

[5]) Ueber das Herz, das man erst seit der Zeit des Pyrrhus unter den Eingeweiden zu beschauen anfing, vgl. Plin. hist. natur. XI. 37.

[1]) Ueber Demokritus vgl. zu I, 3, 5 Anm. 7.

[2]) Aus der Iphigenia des Ennius. Derselbe Vers steht auch bei Cicero de republ. I, 18, 30, man vgl. damit auch die Scene bei Euripides Iph. Aul. 955 ff. Diogenes Laert. I, 34 sagt vom Thales: $\Sigma\grave{v}\ \gamma\grave{\alpha}\varrho\ \check{\omega}\ \Theta\alpha\lambda\tilde{\eta},\ \check{\omega}\ \Theta\alpha\lambda\tilde{\eta},\ \tau\grave{\alpha}\ \acute{\epsilon}\nu\ \pi o\sigma\grave{\iota}\nu\ o\dot{v}\ \delta v\nu\acute{\alpha}\mu\epsilon\nu o\varsigma\ \grave{\iota}\delta\epsilon\tilde{\iota}\nu,\ \tau\grave{\alpha}\ \acute{\epsilon}\pi\grave{\iota}\ \tau o\tilde{v}\ o\dot{v}\varrho\alpha\nu o\tilde{v}\ o\check{\iota}\epsilon\iota\ \gamma\nu\acute{\omega}\sigma\epsilon\sigma\vartheta\alpha\iota.$ Thales soll nämlich beim Herausgehen aus dem Hause, indem er als Astronom die Gestirne betrachtete, in eine Grube vor seinen Füßen gefallen sein. Vgl. I, 58, 132.

Jedoch meint dieser, daß aus der Beschaffenheit und der Farbe der Eingeweide sich nur die Art des Futters und die Fülle und die Magerkeit der Erderzeugnisse erklären lasse, und er glaubt, daß auch gesunde und ungesunde Witterung durch die Eingeweide angezeigt werde. O über den glücklichen Sterblichen! dem, wie ich gewiß weiß, es nie an Scherz ³) gefehlt hat. Wie konnte dieser Mann an solchen Tändeleien sich ergötzen, daß er nicht einsah, daß dieß erst dann wahrscheinlich sein würde, wenn die Eingeweide aller Thiere zu einer und derselben Zeit dieselbe Beschaffenheit und Farbe annähmen? Aber wenn zu derselben Stunde die Leber eines Thieres glänzend und voll ist, die eines anderen rauh und mager; was kann dann aus der Beschaffenheit und der Farbe der Eingeweide erklärt werden? 31. Oder ist das nicht von derselben Art, wie jenes, was du von Pherekydes ⁴) anführtest? Als dieser das aus einem Brunnen geschöpfte Wasser gesehen, sagte er, daß ein Erdbeben kommen werde. Das ist, dünkt mich, gerad nicht so unverschämt, wenn sie, nachdem das Erdbeben gewesen ist, es anzugeben wagen, welche Kraft das hervorgebracht habe; ahnen sie auch aus der Farbe des fließenden Wassers voraus, daß es bevorstehe? Vieles dieser Art wird in den Schulen vorgetragen; aber Alles zu glauben, möchte vielleicht nicht nothwendig sein. 32. Doch es mag jene Behauptung des Demokritus wahr sein. Wann forschen wir hiernach in den Eingeweiden? oder wann haben wir Etwas der Art von einem Opferschauer nach Prüfung der Eingeweide vernommen? Sie warnen vor Wasser- oder Feuersgefahr, verkündigen bald Erbschaften, bald Verluste; behandeln den befreundeten und den Lebensspalt ⁵), betrachten den Kopf der Leber ⁶) auf's Sorgfältigste nach allen Seiten

---

³) Nach der Lesart der meisten Handschriften ludum, wofür einige iudicium lesen, das dann ironisch aufgefaßt werden müßte.

⁴) Ueber Pherekydes und seine Weissagung vgl. I, 50, 112.

⁵) fissum familiare et „vitale". Was der Lebensspalt für eine besondere Bedeutung habe, ist nicht bekannt. Hottinger meint, daß es vielleicht eine Linie in der Leber war, die dem Befragenden andeutete, ob für sein Leben zu fürchten sei; doch vermuthet er mit großer Wahrscheinlichkeit, daß statt vitale: „hostile" zu lesen sei, was dem vorausgehenden familiare vortrefflich entspräche, vgl. 12, 28: quae pars inimica, quae familiaris esset.

⁶) Ueber den Leberkopf vgl. I, 52. 119 Anm. 5, am Ende.

und glauben, wenn derselbe nicht aufgefunden ist, daß nichts Traurigeres sich habe ereignen können.

XIV. 33. Dieß konnte gewiß sich nicht beobachten lassen, wie
ich oben gezeigt habe. Es sind also Erfindungen der Kunst, nicht des
Alters, wenn es anders irgend eine Kunst bei unbekannten Dingen
gibt. Welche Verwandtschaft haben sie aber mit der Natur der Dinge?
Ist diese durch eine allgemeine Uebereinstimmung in sich verbunden
und zusammenhängend, was, wie ich sehe, die Physiker meinen, und
besonders die, welche behaupten, daß Alles, was sei, ein Ganzes sei[1]):
was kann die Welt mit der Auffindung eines Schatzes für eine Verbindung haben? Denn wenn durch die Eingeweide mir die Vergröße-
rung meines Vermögens angezeigt wird, und dieß auf natürlichem
Wege geschieht, so stehen erstens die Eingeweide mit der Welt in Verbindung, und dann hängt mein Gewinn mit der Natur der Dinge zusammen. Schämen sich die Physiker nicht, dieß zu behaupten? Denn
mag auch eine gewisse Verwandtschaft in der Natur der Dinge sein,
die ich zugebe; (die Stoiker sammeln ja viele Beispiele, sie sagen z. B.
die Lebern der Mäuschen nehmen am kürzesten Tage zu[2]), der trockne
Polei blühe grade auch am kürzesten Tage[3]), die angeschwollenen Bla-
sen zerplatzen, und die Samenkörner der Aepfel, die in ihrer Mitte
eingeschlossen sind, wenden sich auf die entgegengesetzte Seite; daß ferner bei den Saiten von Instrumenten, wenn die einen angeschlagen
sind, die anderen mittönen; bei den Austern und allen Muscheln träfe
es sich, daß sie mit dem Monde zugleich zu- und abnehmen[4]); und die

---

[1]) Diese Lehre, daß All sei Eins (ἓν εἶναι τὸ πᾶν) war die des Xenophanes aus Kolophon (um 550 v. Chr.), er nahm als das Urwesen das Eine (τὸ
ἕν) an, dieses ist Gott und das Seiende. Vgl. Cic. in Academ. II. 37, 118.
und Krische, Forschungen auf dem Gebiete der Philosophie S. 95 ff.

[2]) Vgl. Plin. hist. nat. IX, 76 und Aelian. hist. nat. II. 56. Jacobs
bemerkt in der Uebersetzung zu dieser Stelle: Meist wird diese Erscheinung vom
Monde abhängig gemacht. S. Beckmann zum Antigon. Caryst. hist. mirac.
c. 136.

[3]) Vgl. Plin. II, 41: floret ipso brumali de suspensa in tectis arentis
herba pulegii, rumpuntur intentae spiritu membranae u. XVIII. 60. Nach Aristotel. problem. XXI. blüht der Polei nicht am kürzesten Tage, sondern um die
Zeit der Sonnenwende.

[4]) Vgl. Plin. hist. nat. II. 41, Gellius, noct. att. XX. 8. Aelian. hist.
anim. IX, 6.

Fünfzehntes Kapitel.

Bäume, glaubt man, würden zur Winterszeit, in[
dem Monde alterten, weil sie dann ausgetrocknet w
sten gefällt⁵). 34. Was soll ich noch weiter von b
den Meeresfluten sprechen, deren Andrang und ?
Bewegung des Mondes beherrscht wird⁶)? Dergl
sich zu Hunderten anführen, um die natürliche V
entfernt liegenden Dingen zu offenbaren.) — Wir w
denn es widerspricht dieser Behauptung nicht; wird
sich ein Spalt von gewisser Art in der Leber zeigt,
angezeigt? Aus welcher Vereinigung der Natur,
klänge und welchem Zusammenhange — was die G
($συμπάθεια$) nennen, — kann der Spalt der Leb
nen Gewinn, oder mein elender Erwerb mit Him
der Natur der Dinge zusammenhängen?

XV. Das selbst will ich zugeben, wenn du
einen großen Schaden meiner Sache zufüge, wenn ich
einstimmung der Natur mit den Eingeweiden ein
dennoch, dieß zugestanden: wie kommt es, daß der j
Anzeichen zu erhalten wünscht, ein für seine Zwed
thier auswählt? Das ist, was, wie ich meinte, si
Aber wie fein löst es sich! Ich schäme mich zwar ni
ich bewundere sogar dein Gedächtniß¹) — sondern
Antipater, Posidonius²), die eben dasselbe sagen, n
bei der Auswahl des Opferthieres sei eine gewisse
liche Kraft, die in der ganzen Welt verbreitet sei

---

⁵) Vgl. Plin. hist. nat. XVI, 74 und Macrob. Satur
⁶) Vgl. Cic. de nat. Deor. II. 7. 19, wo dieselbe An
¹) Hottinger bemerkt hierzu in seiner Uebersetzung:
welche Cicero nimmt, um seinen Bruder vor den Pfeilen
welche er auf die von demselben verfochtene Sache losbrüllt.
zu verstehen gibt, der Vollständigkeit wegen manches, was er
anerkannte, gesagt und oft die von Andern vorgebrachten
wiederholt haben.
²) Zu Chrysippus, Antipater, Posidonius vgl. I, 3, 6.
³) Vgl. über diese Ansicht der Stoiker Zeller, Gesch.
S. 121 der auch Anm. 4 unsre Stelle anführt, und in v
118; Nam et ad hostiam deligendam ff.

Das ist aber noch weit besser, was sowol du benutzt haſt, als auch jene behaupten, wenn Jemand opfern wolle, so gehe dann eine Umwandelung in den Eingeweiden vor, so daß entweder Etwas fehle oder zu viel sei; denn dem Willen der Götter gehorche Alles. 36. Das glaube mir, nehmen selbſt alte Weiber nicht mehr an. Oder meinſt du, wenn daſſelbe Kalb Einer ausſucht, so werde er die Leber ohne Kopf, und wenn ein Anderer, so werde er sie mit dem Kopf finden? Kann dieses Verſchwinden des Kopfes oder sein Hinzukommen plötzlich eintreten, so daß ſich die Eingeweide nach dem Schickſale des Opfernden bequemen? Seht ihr nicht ein, daß eine Art Würfelspiel bei der Auswahl der Opferthiere ſtatt findet, zumal da die Sache selbſt es lehrt? Denn nachdem Eingeweide ohne Kopf, was für das Unheilvollſte gilt, sehr ungünſtig [4]) waren, wurde oft das nächſte Opferthier mit den schönſten Zeichen geschlachtet. Wo sind also jene Drohungen [5]) der vorigen Eingeweide? oder wie iſt so plötzlich solch eine Versöhnung der Götter eingetreten?

XVI. Aber du führſt an, daß, als Cäsar opferte, in den Eingeweiden eines fetten Stieres kein Herz gewesen sei [1]). Da nun jenes Thier nicht ohne Herz habe leben können, so müsse man schließen, daß das Herz gerade beim Opfern verloren gegangen sei. 37. Wie kommt es, daß du das Eine einſiehſt, daß ohne Herz der Stier nicht habe leben können; das Andere aber nicht ſiehſt, daß das Herz nicht plötzlich, ich weiß nicht, wohin, habe entfliegen können? Denn ich kann entweder nicht wissen, welche Bedeutung das Herz zum Leben habe, oder vermuthen, daß das Herz des Stieres durch irgend eine Krankheit mager, klein, welk und einem Herzen unähnlich geworden sei. Was haſt du aber für einen Grund zu glauben, daß, wenn kurz vorher in dem fetten Stiere ein Herz gewesen iſt, dieses plötzlich während des Opferns selbſt verschwunden sei? Oder hat er etwa, weil er den herzlosen [2]) Cäsar im Purpurgewande erblickte, selbſt das Herz ver-

---

[4]) exta — tristissima; tristis iſt das eigentliche Wort für die unheilverkündenden Eingeweide, vgl. Kap. 13, §. 32 am Ende, und Kap. 32, §. 69.

[5]) Die Ausdrücke minao und minari wurden von den Eingeweiden gebraucht, die ein Unglück anzeigten.

[1]) S. oben I, 52. 119.

[2]) excordem Caesarem. Cicero gebraucht abſichtlich das Wort excors, das zu-

loren? Glaube mir, ihr gebt die Stadt ³) der Philosophie Preis, während ihr die Kastelle vertheidigt. Denn während ihr behauptet, daß die Opferschau wahrhaftig sei, stürzt ihr die ganze Physiologie um. Die Leber hat einen Kopf, die Eingeweide haben ein Herz; nun sofort wird es verschwinden, sobald man Opfermehl ⁴) und Wein darauf sprengt. Ein Gott wird es entreißen, irgend eine Kraft wird es vernichten oder verzehren. Nicht wird also die Natur das Untergehen und Entstehen ⁵) aller Dinge bewirken, sondern es wird Etwas geben, was aus dem Nichts entsteht und plötzlich in das Nichts verfällt. Welcher Physiker hat dieß jemals behauptet? Die Opferschauer behaupten es. Diesen also, glaubst du, muß man mehr Glauben schenken, als den Physikern.

XVII. 38. Wie? Wenn mehreren Göttern geopfert wird, wie kommt es denn, daß bei den Einen ein glücklicher Ausgang versprochen wird, bei den Anderen nicht? Was für einen Wankelmuth aber besitzen die Götter, daß sie bei den ersten Eingeweiden drohen, bei den zweiten Gutes verheißen ¹)? oder herrscht unter ihnen eine so große Zwietracht, oft sogar unter den Nächstverwandten, daß die Eingeweide für Apollo ²) günstig sind, die für Diana ungünstig? Was ist so ein-

---

gleich „verstandlos" bedeuten konnte, und Cäsar nennt er so, weil er durch seinen Hochmuth nicht einsah, wie er seine Mitbürger durch sein Auftreten vor den Kopf stieß, vgl. die schon oben (I, 52, 119) angeführte Stelle aus Sueton (Caesar. 77): haruspice tristia et sine corde exta sacro quodam nunciante — si pocori cor defuisset, wo cor auch im doppelten Sinne gebraucht ist. Vgl. noch die Schilderung bei Polyaen. strateg. VIII. 23, 32.

³) Die Konjektur Hottinger's Arcem statt Urbem ist überflüssig; der Sinn der Stelle ist: während ihr die einzelnen Kastelle (Außenwerke) vertheidigt, verliert ihr die Stadt selbst.

⁴) mola oder mola salsa ist das gesalzene Opfermehl, das zwischen die Hörner der Opferthiere gestreut und mit Wein befeuchtet wurde, vgl. Hartung, Rel. der Röm. I, S. 75. 162, II. S. 118 f.

⁵) Wir sind der höchst wahrscheinlichen Konjektur von Davies: ortus statt des handschriftlichen obitus gefolgt, die auch durch den folgenden Gegensatz von oriatur und occidat bestärkt wird.

¹) Wenn man nämlich bei den ersten Opferthieren keine günstigen Anzeichen erlangt hatte, so wurden andere an deren Stelle gebracht. Vgl. Gellius IV. 6.

²) Lateinisch Apollinis exta, was Kayser richtig erklärt: exta hostiae Apollini immolandae, sowie gleich darauf hostiarum casum für casus, qui in hostiis immolandis evenire solet gesetzt ist.

leuchtenb, als baß, wenn bie Opferthiere nach bem Zufalle herbeigeführt werben, bei Jebem bie Eingeweide so sein müssen, wie Jebem gerabe das Opferthier zugefallen ist? Aber freilich eben barin liegt etwas Göttliches, was für ein Opferthier Jebem zu Theil wirb, gerabe wie bei ben Loosen, was für Jeben gezogen wirb. Hernach von ben Loosen! Wiewol bu eben burch bie Vergleichung mit ben Loosen nicht ben bei ben Opferthieren herrschenben Zufall bekräftigst, wohl aber bie Loose burch bie Zusammenstellung mit ben Opferthieren schwächst. 39. Wirb mir etwa, wenn ich Einen nach bem Aequimälium [3]) geschickt habe, um ein Lamm zu holen, bas ich schlachten will, gerabe bas Lamm gebracht, bas für bie Sache paffenbe Eingeweide hat, unb wirb ber Sklav nach jenem Lamme nicht burch Zufall, sondern unter ber Leitung eines Gottes geführt? Denn wenn bu auch hierbei ben Zufall annimmst, gleichsam wie ein mit bem Willen ber Götter verbunbenes Loos; so thut es mir leib, baß unsere Stoiker ben Epikureern so reichen Stoff sie zu verspotten gegeben haben. Denn bu weißt sehr wohl, wie sehr sie bieß verlachen. 40. Unb zwar können sie es auch recht leicht thun. Denn bie Götter selbst hat Epikurus Scherzes halber als burchsichtig unb burchwehbar [4]) bargestellt unb als solche, welche wie zwischen ben zwei Hainen, so aus Furcht vor bem Einsturz zwischen zwei Welten [5]) wohnen, unb er glaubt, baß sie bieselben Glieber wie

---

[3]) Aequimaelium war ein Platz in Rom, in ber Nähe bes forum Boarium, an ber Stelle, wo bas Haus bes Spurius Mälius gestanben hatte, ber als Feinb ber Freiheit von Ahala Servilius getöbtet, unb beffen Haus bem Erbboben gleich gemacht wurbe. Vgl. Liv. IV, 13—16. Aus unserer Stelle ist zu schließen, baß bort ein Viehmarkt gewesen sein muß.

[4]) perlucidos atque perflabiles bei Cicero, b. h. von Licht unb Luft burchbrungen. Epikur nahm Göttergestalten an, bie keinen Körper, sonbern nur eine ätherische Körperähnlichkeit besäßen unb aus ben feinsten Atomen bestänben. Vgl. de nat. Deor. I, 25. 71 u. 18. 49.

[5]) Jacobs bemerkt hierzu Folgenbes: Mit boppelter Beziehung auf bie Gegenb bes Kapitols, wo bas Asyl (bes Romulus) gewesen war, später inter duos lucos genannt (Liv. I. 8, $\mu\varepsilon\vartheta\acute{o}\varrho\iota o\nu$ $\delta\upsilon o\widetilde{\iota}\nu$ $\delta\varrho\upsilon\mu\widetilde{\omega}\nu$. Dion. Hal. Antiqq. II, 15, Donat. II. 10. p. 139), unb auf bie Zwischenwelten (intermundia, $\mu\varepsilon\tau\alpha\varkappa\acute{o}\sigma\mu\iota\alpha$), welche Epikur seinen Göttern zum Aufenthalte angewiesen hatte. Die Worte enblich: „aus Furcht vor bem Einsturze" scheinen sich auf bie Lehre von ben Atomen zu beziehen, bie in ewiger Bewegung eine unenbliche Menge neuer Welten hervorbringen unb bie vorhanbenen auflösen können.

wir haben, aber keinen Gebrauch von den Gliedern machen⁶). Indem er also auf einem gewissen Umwege die Götter aufhebt, trägt er mit Recht kein Bedenken, die Weissagung aufzuheben. Aber so gleich er sich hierin bleibt, bleiben die Stoiker es nicht. Denn sein Gott, der weder für sich, noch für Andere ein Geschäft hat⁷), kann den Menschen auch nicht die Weissagung mittheilen. Euer Gott aber kann diese Mittheilung unterlassen und nichts desto weniger die Welt regieren und für die Menschen sorgen. 41. Warum verwickelt ihr euch also in solche Schlingen, die ihr niemals auflösen könnt? Denn, wenn sie sich noch kürzer fassen, pflegen sie so zu schließen: Wenn es Götter gibt, so gibt es eine Weissagung. Nun aber gibt es Götter; also gibt es eine Weissagung. Viel wahrscheinlicher ist dieß: Es gibt aber keine Weissagung, also auch keine Götter. Siehe, wie unbesonnen sie das Dasein der Götter aufgeben, wenn es keine Weissagung gibt. Denn die Weissagung läßt sich augenscheinlich aufheben; das Dasein der Götter aber muß beibehalten werden.

XVIII. 42. Und ist diese Weissagung der Eingeweideschauer aufgehoben, so ist die ganze Opferschau aufgehoben. Denn die Wunderzeichen und Blitze folgen nach. Bei den Blitzen aber wird die langjährige Beobachtung zur Geltung gebracht, bei den Wunderzeichen werden meistens die Schlüsse und die Muthmaßung angewandt. Was ist denn also bei den Blitzen beobachtet worden? Die Etrusker haben den Himmel in sechzehn Theile getheilt¹). Es war leicht, die vier Theile, die wir haben, zu verdoppeln und hernach es noch einmal zu thun, um daraus zu sagen, aus welchem Theile der Blitz gekommen sei. Erstens, was kommt darauf an? zweitens, was bedeutet es? Ist es nicht offenbar, daß die Menschen bei dem ersten Erstaunen, weil sie den Donner und die Blitzstrahlen fürchteten, geglaubt haben, dieß be-

---

⁶) Vgl. hierzu de nat. Deor. I. 30, 85 und Plut. de plac. phil. I. 7.
⁷) Vgl. über diese Ansicht Epikurs de nat. Deor. I, 17, 45: Quod beatum et immortale est, id nec habet nec exhibet cuiquam negotium, u. Diog. Laert. X. 139: Τὸ μακάριον καὶ ἄφθαρτον οὔτε αὐτὸ πράγματα ἔχει οὔτε ἄλλῳ παρέχει, ὥστε οὔτε ὀργαῖς οὔτε χάρισι συνέχεται. ἐν ἀσθενεῖ γὰρ πᾶν τὸ τοιοῦτον.
¹) Vgl. Plin. hist. nat. II, 54, der es ausführlich beschreibt u. K. O. Müller, die Etrusker II, S. 124 ff.

wirke der über alle Dinge allgewaltig herrschende Jupiter ²)? Daher finden wir in unseren Commentarien ³) geschrieben: Wenn Jupiter donnert und blitzt, ist es ein Frevel Wahlversammlungen des Volkes zu halten. 43. Dieß ist vielleicht aus Staatsgründen festgesetzt worden. Denn man wollte Gründe haben, die Wahlversammlungen nicht zu halten. Daher ist der Blitz bloß bei den Wahlversammlungen ein Hinderniß, bei allen anderen Dingen halten wir ihn für das beste Auspicium, wenn er zur linken erscheint ⁴). Doch über die Auspicien an einem anderen Orte, jetzt von den Blitzen!

XIX. Was darf also weniger von den Physikern behauptet werden, als daß etwas Gewisses durch ungewisse Dinge angezeigt werde? Denn ich glaube nicht von dir, daß du annimmst, die Cyklopen hätten im Aetna dem Jupiter den Blitz geschmiedet¹); 44. denn es wäre wunderbar, wie Jupiter diesen so oft schleudern könnte, wenn er nur Einen hätte; und nicht würde er dann die Menschen durch Blitze daran erinnern können²), was sie zu thun oder zu meiden hätten. Denn die Stoiker stellen den Satz auf, daß die Ausdünstungen der Erde, welche kalt sind, wenn sie zu fließen anfingen, Winde würden ³), wenn sie sich aber in eine Wolke einhüllten und immer den dünnsten Theil derselben zu zertheilen und zu zerreißen begönnen und das häufiger und heftiger zu wiederholen, daß dann Wetterleuchten und Donner entständen; wenn aber die durch das Zusammenstoßen der Wolken ausgepreßte Hitze hervorbräche, so sei dieß der Blitz. Was wir also durch die Kraft der Natur ohne Beständigkeit, ohne bestimmte Zeit hervorgebracht sehen, darin suchen wir ein Anzeichen nachfolgender Dinge? Würde wohl Jupiter, wenn er diese andeutete, so oft ver-

---

²) Dasselbe sagt vom Epikurus Sext. Empir. adv. math. IX, 24.
³) commentarii oder libri augurales I. 33, 72.
⁴) Vgl. I. 16. 28 u. II. 35, 74: „fulmen sinistrum auspicium optimum habemus ad omnes res praeterquam ad comitia."
¹) Vgl. Virg. Aen. 8. 418 ff. Georg. 4. 170 ff.
²) Wir folgen der Interpunktion bei Orelli und haben übersetzt: und nicht würde er „dann" — erinnern können, nämlich, wenn er nur „Einen" Blitz hätte.
³) Vgl. die ähnliche Angabe in de nat. Deor. II. 39, 101.
⁴) Dieselbe Ansicht der Stoiker über die Entstehung des Wetterleuchtens, des Donners und der Blitze, gibt auch Diog. Laert. VII. 153 an. Vgl. Plin. hist. nat. II. 43. 49. 50 u. Senec. nat. quaestt. I. 1, II. 22.

gebens die Blitze versenden! Denn was erreicht er, wenn er mitten in das Meer einen Blitz schleudert? oder auf die höchsten Berge⁵), was meistens geschieht? oder in wüste Einöden? oder in die Länder solcher Völker, bei denen dieß nicht einmal beobachtet wird?

XX. Aber man hat den Kopf¹) in der Tiber gefunden. Als ob ich leugnete, daß es bei diesen Dingen eine Kunst gäbe! Die Weissagung leugne ich. Denn die Eintheilung des Himmels, von der ich vorher²) gesprochen habe, und die Aufzeichnung bestimmter Dinge lehrt, woher der Blitz gekommen, und wohin er gefahren ist. Was er aber bedeute, das lehrt keine Regel. Aber du drängst mich mit meinen Versen:

„Denn hochdonnernd herab von dem Sternenthron des Olympos
Zielte einst selbst der Vater auf eigene Hügel und Tempel,
Schleudernd den feurigen Blitz auf die Capitolinischen Sitze."³)

Damals stürzte die Bildsäule des Natta, damals die Bilder der Götter, Romulus und Remus mit der nährenden Wölfin von der Gewalt des Blitzes getroffen nieder⁴), und über diese Ereignisse erschienen die wahrhaftesten Antworten der Opferschauer. 46. Auch das ist wunderbar, daß gerade zu der Zeit, als die Anzeige von der Verschwörung in dem Senate gemacht wurde, das Standbild des Jupiter zwei Jahre, nachdem es verdungen worden war, auf dem Kapitolium aufgestellt wurde. „Willst du dich also entschließen," (denn so drängst du auf mich ein) „diese Meinung gegen deine eigenen Handlungen und gegen deine Schriften⁵) zu vertheidigen?" Du bist mein Bruder, und des-

---

⁵) Vgl. Aristoph. Nub. 395 ff., wo Sokrates auch den Glauben an einen donnernden und blitzenden Zeus verspottet, s. auch Lucret. 6, 405.
¹) Von der Bildsäule des Jupiter, was oben I, 10. 16 erwähnt wurde.
²) Kap. 18, 42.
³) Diese drei Verse aus dem Gedichte Cicero's über die Begebenheiten seines Consulats hat Quintus schon oben I, 12, 19 unter den übrigen angeführt. Vgl. Anm. 1 zu I, 11.
⁴) Vgl. hierzu, was wir zu I. Kap. 12 unter der 3. und 4. Anmerkung gesagt haben.
⁵) Die Handlungen und Schriften des Cicero gehen auf das, was jener nach dem herkömmlichen Glauben in der dritten Catilinarischen Rede, 8. 9, zur Bewegung der Gemüther des Volks und im allgemeinen Interesse des Staates gesagt hatte. Vgl. Anm. 1 zu Kap. 12 des I. Buches.

halb scheue ich mich⁶). Aber was schadet dir denn eigentlich hier? die Sache, die einmal so beschaffen ist⁷), oder ich etwa, der ich die Wahrheit erklärt wissen will? Daher sage ich Nichts dagegen; ich verlange nur von dir den Grund für die ganze Haruspicin. Aber du hast dich in ein wunderbares Versteck geworfen. Denn weil du wol einsahst, daß du in Verlegenheit kommen würdest, wenn ich von dir die Gründe einer jeder einzelnen Weissagung ausforschen wollte, so hast du weitläufig darüber gesprochen, daß du, wenn du die Sachen sähest, nicht nach Grund und Ursache fragtest; es käme vielmehr bei der Sache darauf an, was geschähe, nicht, warum es geschähe. Als ob ich entweder zugäbe⁸), daß es überhaupt geschehe, oder als ob es sich für einen Philosophen geziemte nicht danach zu fragen, warum ein Jedes geschehe. 47. Und bei dieser Gelegenheit führtest du theils meine Prognostika⁹) an, theils Arten von Kräutern, die Scammonea- und Aristolochiawurzel¹⁰), deren Kraft und Wirkung du sähest, ohne ihren Grund zu kennen.

XXI. Das sind ganz unähnliche Dinge! Denn die Ursachen der Wetterzeichen¹) haben sowol der Stoiker Boethus²), den du nanntest, als auch unser Posidonius²) ausgeführt. Und wenn sich auch keine Gründe für diese Dinge finden lassen, so können doch die Dinge selbst beobachtet und wahrgenommen werden. Aber das Standbild des Natta oder die ehernen Gesetztafeln, die vom Blitze getroffen sind, was

---

⁶) Nämlich gerade heraus dir meine Meinung zu sagen, um dich nicht zu verletzen, nach Orelli's Erklärung, die auch durch das kurz darauf Folgende bestätigt wird. Die Vermuthung von Schütz: eo non voroor ist also zu verwerfen.

⁷) D. h. es liegt nicht sowol die Schuld an mir, wenn du die Weissagung nicht vertheidigen kannst, da ich von dir belehrt werden will, als vielmehr an der Sache selbst, die sich durchaus nicht vertheidigen läßt.

⁸) Vgl. 11, 27, wo Cicero sagt, daß er nicht Alles vom Quintus Beigebrachte einräumen könne.

⁹) Die Prognostica ist die Uebersetzung Cicero's von den φαινόμενα des Aratus, die I, 8. 13 schon erwähnt wird, vgl. Anm. 3 zu I, 7.

¹⁰) Vgl. oben I, 10, 16 Anm. 1 u. 2.

¹) Prognostica sind die Anzeichen von zukünftigen Dingen, z. B. Sturm und dgl., vgl. Anm. 9 zu dem vorigen Kapitel.

²) Ueber Boethus vgl. I, 8, 13. Anm. 1, über Posidonius vgl. Anm. 1 4. zu I, 3. 6.

ist babei beobachtet unb alt³)? Die Pinarii Natta sind von Adel; folglich droht Gefahr von Seiten des Adels⁴). Das hat Jupiter so schlau ausgebacht! Der säugenbe Romulus ist vom Blitze getroffen, folglich wirb der Stabt, bie jener gegründet hat, Gefahr vorbebeutet. Wie geschickt benachrichtigt uns boch Jupiter burch Zeichen! Aber gerabe zu ber Zeit wurbe bas Bilb bes Jupiter aufgestellt, als bie Verschwörung angezeigt wurbe⁵). Unb bu willst natürlich lieber annehmen, baß bieß nach bem Willen ber Götter, als burch Zufall geschehen sei? Unb ber Unternehmer, ber jene Säule herzustellen von Cotta unb Torquatus⁶) gebungen war, ist nicht aus Trägheit ober Gelbmangel so langsam gewesen, sonbern ist von ben unsterblichen Göttern bis zu jener Stunbe aufgehalten worben? 48. Zwar verzweifle ich nicht gänzlich baran, baß bieß wahr sei; aber ich weiß es nicht unb will es von bir lernen. Denn ba mir Manches burch Zufall so eingetroffen zu sein schien, wie es von ben Weissagenben vorausgesagt war, so hast bu ausführlich über ben Zufall gesprochen, z. B. es könne ber Venuswurf⁷) burch Zufall mit vier Würfeln geworfen werben, bei vierhunbert aber könnten nicht hunbert Venuswürfe burch Zufall entstehen. Erstens weiß ich nicht, warum es nicht möglich ist; aber ich bestreite es nicht; benn bu hast ähnliche Beispiele in großer Menge. Du führst

---

³) quid habent observatum ac vetustum? sinb bie Worte Cicero's, wofür unnöthiger Weise Konjekturen gemacht sinb. Der Sinn ber Stelle nämlich ist folgenber: Daß bie eben erwähnten Wetterzeichen wahr sinb, hat bie lange Erfahrung bewiesen; aber burch welche frühere unb alte Beispiele ist beobachtet worben, baß bie vom Blitz getroffnen Gesetztafeln Unglück verkünben? observatum ac vetustum ist nach Hottinger richtig burch bas ἐν διὰ δυοῖν erklärt für longa observatione notatum.

⁴) Man vgl. besonbers bie Verse I, 12, 20: Omnes civilem generosa ab stirpe profectam u. s. w. Cicero meint bie Gefahr, bie burch Catilina bem Staate brohte. Die Opferschauer hatten nämlich prophezeit, baß bem Volke unb ber Stabt vom Abel, nämlich bem Catilina unb seinen Verschworenen, Verberben brohe.

⁵) Siehe vorher 20, 46.

⁶) Ueber Lucius Manlius Torquatus unb Lucius Aurelius Cotta vgl. I, 12, 19, Anm. 1, unb zur Sache Cic. in Catil. III. 8 am Enbe, unb 9. 21: Illud vero nonne ita praesens est, ut nutu Jovis O. M. factum esse videatur, ut quum hodierno die mane per forum meo iussu et coniurati et eorum indices in aedem Concordiae ducerentur, eo ipso tempore signum collocaretur?

⁷) Siehe oben I, 13, 23. Anm. 7, 8, 9 u. 10.

auch das Anspritzen der Farben, den Schweinerüssel und vieles Andere an. Du sagst, daß dasselbe auch Karneades von dem Kopfe des Paniscus erdichtet habe. Als ob dieß sich nicht zufällig hätte ereignen können, und als ob nicht in jedem Marmor nothwendig selbst Praxitelische Köpfe stecken müßten! Denn eben diese werden durch Wegmeißeln hervorgebracht, und Nichts wird von Praxiteles hinzu gethan, sondern, wenn Vieles weggenommen, und man zu den Gesichtszügen gelangt ist, dann kannst du einsehen, daß das, was nun ausgearbeitet ist, schon darin gelegen hat. 49. Also kann so Etwas auch von selbst in den Steinbrüchen der Chier entstanden sein. Aber das mag erdichtet sein. Wie? Hast du niemals in den Wolken die Gestalt eines Löwen oder eines Hippocentauren bemerkt [8])? Es kann also, was du eben leugnetest, der Zufall die Wahrheit nachahmen. —

XXII. Doch nachdem nun genug von den Eingeweiden und den Blitzen geredet ist, so bleiben noch die Wunderzeichen übrig, womit die ganze Haruspicin abgethan ist. Du hast angeführt, daß eine Mauleselin geworfen habe [¹]). Ein wunderbares Ereigniß, deswegen, weil es nicht oft geschieht; aber wenn es nicht hätte geschehen können, so wäre es nicht geschehen. Und das mag nun gegen alle Wunderzeichen gelten, daß nie Etwas, was nicht hat geschehen können, geschehen ist; wenn es aber geschehen ist, so muß man sich nicht darüber wundern. Denn die Unkenntniß der Ursache erweckt bei einer neuen Sache die Verwunderung. Wenn dieselbe Unkenntniß bei gewöhnlichen Dingen statt findet, so wundern wir uns nicht. Denn wer sich wundert, daß eine Mauleselin geworfen habe, der weiß nicht, wie eine Stute wirft, oder überhaupt, wie die Natur bei der Geburt des Thieres zu Werke geht. Aber darüber, was er häufig sieht, wundert er sich nicht, auch wenn er nicht weiß, warum es geschieht. Was er noch nicht gesehen hat, hält er, wenn es geschehen ist, für ein Wunder. Ist es also ein Wunder, wenn eine Mauleselin empfangen, oder wenn sie geworfen hat? 50. Die Empfängniß ist vielleicht gegen die Natur; aber die Geburt beinahe nothwendig.

---

[8]) Wahrscheinlich eine Anspielung auf Aristoph. Nubb. 346: ἤδη ποτ' ἀναβλέψας εἶδες νεφέλην Κενταύρῳ ὁμοίαν; ἢ παρδάλει, ἢ λύκῳ ἢ ταύρῳ; —

[¹]) S. I, 18, 35 Anm. 7.

XXIII. Doch wozu noch mehr? Betrachten wir den Ursprung der Haruspicin, so werden wir sehr leicht urtheilen können, was für einen Werth sie habe. Ein gewisser Tages[1]) soll auf dem Tarquinischen Gebiete, als das Feld gepflügt wurde, und eine Furche etwas tiefer gezogen war, plötzlich hervorgetreten sein und den Pflügenden angeredet haben. Dieser Tages aber, heißt es in den Büchern der Etrusker, soll in Knabengestalt erschienen sein, aber die Klugheit eines Greises besessen haben. Als bei seinem Anblicke der Rinderhirt erstaunte und vor Verwunderung ein lautes Geschrei erhoben hatte, sei ein Auflauf entstanden und ganz Etrurien binnen kurzer Zeit an jenem Orte zusammengekommen; darauf habe jener Mehreres vor vielen Zeugen gesprochen, welche alle seine Worte aufgefaßt und niedergeschrieben hätten; seine ganze Rede aber sei so gewesen, daß sie die ganze Wissenschaft der Haruspicin umfaßt hätte; sie sei hernach durch neue Erfahrungen und deren Anwendung auf eben jene Grundsätze erweitert. Dieß haben wir von ihnen selbst erfahren, dieß bewahren ihre Schriften auf, dieß ist die Quelle ihrer Wissenschaft. 51. Ist also wol ein Karneades, ein Epikur nöthig, um dieß zu widerlegen? Ist Jemand so unvernünftig zu glauben, es sei — soll ich sagen, ein Gott oder ein Mensch aus der Erde ausgepflügt worden? Wenn ein Gott, warum sollte er sich gegen die Natur in die Erde versteckt haben, um durch den Pflug entdeckt das Tageslicht zu erblicken? Wie? konnte eben dieser Gott nicht den Menschen seine Wissenschaft von oben herab ertheilen? Wenn aber jener Tages ein Mensch war, wie konnte er unter der Erde begraben leben? Woher ferner konnte er das, was er Anderen lehrte, selbst gelernt haben? Aber ich bin selbst unvernünftiger als jene, die das glauben, da ich so lange gegen sie streite.

XXIV. Aber jener alte Ausspruch des Cato[1]) ist recht geschickt, indem er sagt, er wundere sich, daß ein Haruspex nicht lache, wenn er

---

[1]) Ueber Tages vgl. besonders Ovid. Metam. 15, 553 ff. Er soll hiernach zuerst den Etruskern die Haruspicin gelehrt und überhaupt ihr Urheber und Begründer gewesen sein. Vergl. besonders noch Hartung, Relig. der Römer I, S. 215 und K. O. Müller, die Etrusker II, S. 23—27 und Jo. Lydus, de ostentis c. 55 ff. S. 190 ff., der einen angeblichen Auszug aus dem Werke des Tages von Vicellius übersetzt mittheilt.

[1]) Marcus Porcius Cato Censorius, vgl. I. 15. 28. u. unsere Anm. 7) dazu.

einen anderen sähe ²). 52. Denn die wie vielste von ihren Voraussagungen trifft ein? oder wenn Etwas eintrifft, womit läßt sich beweisen, daß es nicht durch Zufall eingetroffen sei? Als Hannibal beim
Könige Prusias ³) in der Verbannung lebte und eine entscheidende
Schlacht zu liefern beschloß, und dieser sagte, er wage es nicht, weil
die Eingeweide ihn verhinderten, erwiderte jener ihm: Willst du also
lieber einem Stückchen Kalbfleisch als einem alten Feldherrn Vertrauen
schenken? Wie? Ist nicht Cäsar selbst, als er von dem vorzüglichsten
Opferschauer gewarnt wurde vor Winteranfang nach Afrika überzusetzen, doch übergesetzt? ⁴) Wenn er das nicht gethan hätte, so würden
sich alle Truppen seiner Gegner vereinigt haben. Was soll ich die
Antworten der Opferschauer erwähnen, (ich könnte deren unzählige
anführen,) die entweder gar keinen oder einen entgegengesetzten Erfolg
gehabt haben? 53. In diesem Bürgerkriege, o ihr unsterblichen Götter! wie viele haben getrogen! was sind uns von Rom nach Griechenland für Antworten der Opferschauer gesandt worden ⁵)! was ist dem
Pompejus gesagt! Denn dieser ließ sich gar zu sehr durch Eingeweide
und Wunderzeichen bewegen. Ich habe keine Lust es zu erwähnen,
und es ist auch nicht nothwendig, zumal bei dir, der du dabei warst.
Du siehst jedoch, daß fast Alles anders eingetroffen ist, als es vorausgesagt wurde. Jetzt laß uns zu den Wunderzeichen kommen ⁶).

---

²) Derselbe Ausspruch, aber ohne Nennung des Cato, findet sich in de nat.
Deor. I. 26, 71: Mirabile videtur, quod non rideat haruspex, quum haruspi-
cem viderit.

³) Vgl. Valer. Max. III. 7, 6, der dasselbe erzählt, Nepos, Hann. 10. u.
Liv. 39, 51. Hannibal war, als die Römer seine Auslieferung vom Könige Antiochus von Syrien verlangten, zum Könige Prusias von Bithynien geflohen und
nahm, als er sich von diesem verrathen sah, Gift (183 v. Chr.) — Uebrigens
gab nach Plutarch (περὶ φυγῆς p. 606 C.) Hannibal nicht dem Prusias, sondern dem Antiochus jene Antwort.

⁴) Vgl. Sueton, vita Caesar. c. 59. Cäsar setzte am Ende des Jahres 47
(daher ante brumam) nach Afrika über, wo sich die Anhänger des Pompejus gesammelt hatten, um mit Juba, dem Könige von Numidien, den Krieg fortzusetzen.

⁵) Als Cicero nämlich in der Verbannung zu Thessalonike in Macedonien
(58 v. Chr.) verweilte.

⁶) Wir erwarten statt veniamus eher redeamus, vgl. jedoch hierzu die Anm.
zu dieser Stelle bei Orelli (2. Ausg.) S. 538.

XXV. 54. Du hast viele, die ich als Consul selbst geschrieben habe, hergesagt [1]), viele vor dem Marsischen Kriege, die von Sisenna gesammelt sind [2]), hast du beigebracht, viele vor der unglücklichen Schlacht der Lakedämonier bei Leuktra, die von Kallisthenes [3]) erwähnt sind, hast du angeführt. Von diesen werde ich im Einzelnen reden, soweit es nöthig ist; aber ich muß auch im Allgemeinen darüber reden. Was ist denn jene von den Göttern ausgegangene Anzeige und gleichsam Ankündigung von Unglücksfällen? Was wollen die unsterblichen Götter, wenn sie uns erstens Anzeichen geben, die wir ohne Ausleger nicht verstehen, und zweitens solche, vor welchen wir uns nicht hüten können? Das thun doch nicht einmal wackere Leute, daß sie ihren Freunden bevorstehende Unglücksfälle voraussagen, denen diese auf keine Weise entgehen können, sowie die Aerzte, obgleich sie es oft einsehen, dennoch es niemals den Kranken sagen, daß sie an dieser Krankheit sterben würden. Denn jedes Vorhersagen eines Uebels wird nur dann gebilligt, wenn zu dem Vorhersagen zugleich das Verhütungsmittel hinzugefügt wird. 55. Was haben also die Wunderzeichen oder ihre Ausleger einst den Lacedämoniern oder kürzlich den Unsrigen geholfen? Wenn sie für Zeichen der Götter zu halten sind, warum waren sie so dunkel? Denn wenn wir sie bekamen, um einzusehen, was geschehen sollte; so hätten sie deutlich erklärt werden müssen, oder nicht einmal versteckt, wenn wir sie nicht erfahren sollten.

XXVI. Ferner aber wird jede Muthmaßung, auf die sich die Weissagung stützt, durch die geistige Anlage der Menschen oft nach vielen und verschiedenen und auch entgegengesetzten Richtungen hin gezogen. Denn wie bei gerichtlichen Verhandlungen die Mußmaßung des Klägers eine andere ist als die des Vertheidigers, und dennoch beide glaublich sind; so findet sich in allen den Dingen, die durch Muthmaßung erforscht werden sollen, eine Zweideutigkeit [1]). Bei solchen

---

[1]) Nämlich in den Versen Cicero's, I. 11. 34.
[2]) Ueber den Marsischen Krieg und den Geschichtschreiber Lucius Cornelius Sisenna vgl. I. 44. 99 und die Anmerkungen 2 und 3 dazu.
[3]) Ueber Kallisthenes vgl. I. 34. 74 und die Anm. 2.
[1]) Wir haben nach der Konjektur Hottinger's: anceps ratio übersetzt, wofür die Handschriften anceps oratio haben; oratio und ratio werden häufig mit einander verwechselt, und hier paßt oratio nicht recht in den Zusammenhang.

Dingen aber, welche sowol die Natur, als auch der Zufall herbeiführt, (bisweilen erzeugt auch die Aehnlichkeit Irrtum,) ist es eine große Thorheit die Götter zu ihren Urhebern zu machen, die Gründe der Dinge aber nicht zu untersuchen. 56. Du glaubst, daß die Böotischen Seher zu Lebadia [2]) den Sieg der Thebaner aus dem Gekräh der Hähne erkannt haben, weil die Hähne, wenn sie besiegt sind, zu schweigen, als Sieger aber zu krähen pflegen [3]). Dieß Zeichen gab also Jupiter einem so großen Staate durch Hühner? Pflegen etwa jene Vögel nur, wenn sie gesiegt haben, zu krähen? Damals krähten sie doch und hatten nicht gesiegt. Das ist eben, wirst du sagen, das Wunderzeichen. Fürwahr ein großes! als ob Fische, nicht Hähne gekräht hätten. Was gibt es aber für eine Zeit, bei Nacht oder bei Tage, wo jene nicht krähten? Wenn sie nun als Sieger durch Munterkeit und gleichsam durch Freude zum Krähen angeregt werden, so konnte auch irgend eine andere Freude ihnen begegnet sein, wodurch sie zum Krähen bewogen wurden. 57. Demokritus erklärt recht schön den Grund, weshalb die Hähne vor Tagesanbruch krähen. Wenn nämlich die Speise von der Brust entfernt und durch den ganzen Körper vertheilt und wohl verdaut seien, da ließen sie von Ruhe gesättigt ihre Stimme hören, und im Schweigen der Nacht, wie Ennius sagt, „lassen sie frohen Gesang aus den rothen Kehlen ertönen und drücken mit Klatschen die Flügel an" [4]). Da also dieses Thier von selbst so sanglustig ist, was kommt dem Kallisthenes in den Sinn zu sagen, die Götter hätten den Hähnen das Zeichen zum Singen gegeben, da dieß sowol die Natur wie der Zufall bewirken konnte?

XXVII. 58. Dem Senate wurde gemeldet, daß es Blut ge-

---

[2]) Ueber die Hähne, die vor der Schlacht bei Leuktra gekräht hatten, s. I. 34. 74. und über Lebadia Anm. 3 dazu.

[3]) Dieß gibt auch Plinius (hist. nat. 10, 24) mit Bezugnahme auf diesen Sieg bei Leuktra an, vgl. noch Aelian. hist. an. 4. 29.

[4]) Die Worte von favent bis alas sind aus dem Ennius, aus welcher Tragödie, ist ungewiß. (Vgl. zu I. 20, 40.) Ribbeck (tragg. latt. reliqu. S. 55) hat sie in 2 Anapäste gebracht: ... favent faucibus russis || Cantú, plausuque premunt alas. Vor favent will er gallique ergänzen. Statt russis vermuthet Hottinger nicht ohne Grund raucis oder ravis, was allerdings für das „heisere" Gekrähe der Hähne recht passend gesagt zu sein scheint.

regnet habe, auch sei der Fluß Atratus¹) von Blut geflossen, und die Bilder der Götter hätten geschwitzt. Glaubst du etwa, daß Thales²) oder Anaxagoras³) oder irgend ein Physiker diesen Meldungen würde Glauben geschenkt haben? Denn Blut und Schweiß kommt nur aus dem Körper. Aber es kann durch eine gewisse Verbindung mit der Erde eine dem Blute ganz ähnliche Färbung entstehn, und eine von Außen anschlagende Feuchtigkeit, wie wir beim Südwind an den Bekleidungen der Wände sehen, scheint den Schweiß nachzuahmen. Und dergleichen Dinge erscheinen in Kriegszeiten bei den Leuten, die sich fürchten, noch häufiger und wichtiger; ganz dieselben werden in Friedenszeiten nicht so sehr bemerkt. Auch das kommt hinzu, daß sie bei Furcht und in Gefahr sowol leichter geglaubt, als auch ungestrafter erdichtet werden. 59. Sind wir aber so leichtsinnig und unbedacht, daß, wenn die Mäuse Etwas zernagt haben, deren einzige Beschäftigung dieß ist, wir dieß für ein Wunder halten? Doch vor dem Marsischen Kriege erklärten die Opferschauer, wie du erwähntest, das sei ein großes Wunder, daß die Mäuse zu Lanuvium die Schilde zernagt hätten⁴).' Gerade als ob es ein Unterschied wäre, ob die Mäuse, die Tag und Nacht Etwas benagen, Schilde oder Siebe zernagt haben. Denn wenn wir hierauf eingehen, so hätte ich, weil neulich bei mir die Mäuse Plato's Republik⁵) zernagt haben, um den Staat in Besorgniß sein müssen, oder wenn Epikur's Buch von dem Vergnügen⁶) zernagt wäre, müßte ich glauben, daß die Lebensmittel auf dem Speisemarkte theurer würden. —

XXVIII. 60. Oder schreckt uns etwa das, wenn es heißt, daß von einem Vieh oder einem Menschen etwas Wunderbares geboren ist?

---
¹) S. I. 43. 98 und dazu Anm. 11.
²) Ueber Thales aus Milet s. I. 49. 111.
³) Anaxagoras aus Klazomenä, einer Stadt Joniens, geb. 496 v. Chr., gehört zu der Jonischen Schule; er ging nach Athen, wo ihn auch Perikles hörte, mußte aber wegen Gottesverleugnung angeklagt Athen verlassen und starb in der Verbannung zu Lampsakus in Mysien im J. 428. Er war der Erste, der eine vom Stoffe getrennte Vernunft aufstellte.
⁴) S. I. 44. 99 und die Anm. 5 dazu.
⁵) Die πολιτεία des Plato oder die 10 Bücher de republica.
⁶) Ueber Epikur vgl. I. 3, 5 und dazu Anm. 2.

Bei allen diesen Dingen — um kurz zu sein — ist ein und dasselbe Verhältniß. Denn Alles, was entsteht, wie es auch immer beschaffen sein mag, muß nothwendig in der Natur seinen Grund haben, so daß, auch wenn es wider die Gewohnheit entstanden ist, dennoch nicht im Widerspruch mit der Natur entstehen kann. Spüre also bei einer neuen und wunderbaren Sache, wenn du kannst, nach ihrer Ursache. Wenn du keine findest, so nimm dennoch das als ausgemacht hin, daß Nichts ohne Ursache hat geschehen können, und den Schrecken, den dir die Neuheit der Sache verursacht hat, verscheuche durch die Ursache, die in der Natur liegt [1]). Dann wird dich weder das Getöse der Erde [2]), noch die Theilung des Himmels [3]), noch der Stein- oder Blutregen, noch das Fortschießen eines Sternes [4]), noch die Erscheinung von Fackeln erschrecken. 61. Wenn ich Chrysippus nach den Ursachen aller dieser Erscheinungen frage, so wird selbst dieser Vertheidiger der Weissagung [5]) niemals behaupten, daß sie zufällig geschehen seien, sondern wird von allen einen natürlichen Grund angeben. Denn nichts kann ohne Ursache geschehen, und es geschieht Nichts, was nicht geschehen kann. Und nicht darf, wenn das geschehen ist, was geschehen konnte, dieß für ein Wunder gehalten werden. Also gibt es keine Wunder. Denn, wenn das, was selten geschieht, für ein Wunder zu halten ist; so ist es ein Wunder weise zu sein. Denn öfter, glaube ich, hat eine Mauleselin geworfen, als es einen Weisen gegeben hat. Folglich wird dieser Schluß gezogen, weder das, was nicht hat geschehen können, sei jemals geschehen, noch sei das, was geschehen konnte, ein Wunder; es gebe also überhaupt kein Wunder. 62. So soll auch sogar ein Zeichendeuter und Erklärer von Wunderzeichen Einem, der ihm als ein Wunder meldete, daß in seinem Hause eine Schlange sich um einen Riegel geschlungen habe, nicht unwitzig geantwortet haben: „Dann würde es

---

[1]) Vgl. zu dieser Ansicht besonders was Cicero de nat. Deor. L. 20. 56 und Tusc. I. 21. 48 gesagt hat.

[2]) S. I. 18, 35, es ist das unterirdische Getöse, das dem Erdbeben vorangehen pflegt.

[3]) Bei Wetterleuchten scheint der Himmel sich zu theilen und auseinander zu gehen.

[4]) Vgl. I. 1. 2.

[5]) Ueber Chrysippus, den Cicero hier den Vertheidiger (auctor) der Weissagung nennt, vgl. I. 3, 6 und Anm. 11 dazu.

ein Wunder sein, wenn der Riegel sich um die Schlange gewickelt hätte" ⁶). Durch diese Antwort gab er deutlich genug zu verstehen, daß Nichts für ein Wunder zu halten sei, was geschehen könne.

XXIX. Gajus Gracchus hat an den Marcus Pomponius geschrieben, als man zwei Schlangen in seinem Hause ergriffen hätte, seien von dem Vater die Opferschauer zusammengerufen worden ¹). Warum eher bei Schlangen als bei Eidechsen oder bei Mäusen? Weil das alltäglich ist, die Schlangen aber nicht. Als ob es darauf ankäme, wie oft das, was möglich ist, geschieht. Ich jedoch wundere mich, wenn die Entlassung des Weibchens dem Tiberius Gracchus den Tod brachte, die des Männchens aber der Cornelia den Tod verursachte, warum er eine von beiden losgelassen hat. Denn er schreibt Nichts darüber, was die Opferschauer als zukünftig bezeichnet hätten, wenn keine von beiden Schlangen losgelassen wäre. Aber der Tod traf darauf den Gracchus; die Ursache war, denk' ich, irgend eine schwere Krankheit, nicht die Freilassung der Schlange; denn nicht sind die Opferschauer so unglücklich, daß nicht einmal durch Zufall Etwas geschehen sollte, was sie als zukünftig vorausgesagt haben.

XXX. 63. Darüber ¹) würde ich mich wundern, wenn ich es glaubte, daß, wie du sagtest, Kalchas bei Homer aus der Zahl der Sperlinge die Jahre des Trojanischen Krieges geweissagt habe ²), von dessen Deutung Agamemnon beim Homer, wie wir in einer müßigen Stunde übersetzt haben, Folgendes spricht ³):

---

⁶) Dieser Ausspruch wird von Clemens Alex. (Strom. VII. p. 712 D.) bem Cyniker Diogenes beigelegt, dessen Worte so lauten: Διογένης πρὸς τὸν θαυμάζοντα, ὅτι εὗρεν τὸν ὄφιν ἐν τῷ ὑπέρῳ (Thürklopfer, Riegel, voctis) περιειλημένον, Μὴ θαύμαζε, ἔφη· ἦν γὰρ παραδοξότερον ἐκεῖνο, εἰ τὸ ὕπερον περὶ ὀρθῷ τῷ ὄφει κατειλημένον ἐθεάσω. Plutarch (Apophthegm. Lacon. p. 224 E.) schreibt die Worte dem Leotychides zu.
¹) S. I. 18. 36.
XXX. ¹) Nämlich über den eben erwähnten Vorfall mit dem Tiberius Gracchus.
²) S. I. 33. 72.
³) Nicht Agamemnon, sondern Odysseus spricht diese aus Hom. Il. 2, 290 bis 330 übersetzten Verse zu den Griechen, indem er sie an ihr Versprechen und die gegebenen Götterzeichen erinnert und sie zum Bleiben auffordert. Cicero hat übrigens, wie gewöhnlich, im Ganzen sehr frei übersetzt, trotzdem haben wir uns seiner Uebersetzung angeschlossen.

„Duldet, o Männer, und tragt mit Muth das drückende Elend,
Daß wir die Sprüche erfahren von unserem Seher, dem Kalchas.
Ob sie werden erfüllt, ob eiteles Wähnen der Brust nur.
Denn ihr alle wol habt das Wunder in treuer Erinn'rung,
Die nicht das harte Geschick das Leben zwang zu verlassen.
Als von Argolischen Schiffen zuerst ward Aulis umgeben,
Welche Verderben und Tod dem Priamus brachten und Troja,
Sah'n wir am kühlenden Naß und bei dem rauchenden Altar,
Wo wir die Götter versöhnten durch Stiere mit goldenen Hörnern,
Unter des Ahorns Schatten, von wo die Quelle herausströmt,
Eines gewaltigen Drachen Gestalt mit schrecklicher Windung,
Wie durch Jupiter selber gesandt er sich nahte vom Altar.
Er nun ergriff mit Gier auf des Ahorns Zweige die Jungen,
Welche die Blätter verbargen; und als er die achte verschlungen,
Flog als die neunte die Mutter umher mit bebendem Angstschrei.
Und auch diese zerfleischte mit grimmigem Bisse das Unthier.
64. Als er die zarten Jungen und auch die Mutter gewürget,
Ließ ihn der Sohn des Saturns, der an den Tag ihn gesendet,
Wieder verschwinden und wandelt ihn um in steinerne Hülle⁴).
Wir jedoch standen voll Furcht und schauten das Zeichen des Wunders,
Das da erschien in der Mitte der heiligen Götteraltäre.
Kalchas redete drauf mit vertrauenerweckender Stimme:
Warum seid ihr so plötzlich vor Staunen starr, ihr Achiver?
Selbst der Vater der Götter hat uns dieß Zeichen verliehen,
Langsam und spät zur Erfüllung, doch ewig an Ruhm und an Lobe.
So viel Vögel ihr seht von des Unthiers Zahne getödtet,
So viel werden wir Jahre des Kriegs ausharren vor Troja.
Dieß wird fallen im zehnten und stillen den Grimm der Achiver.
Dieß hat Kalchas gesprochen, ihr habt es gereift zur Vollendung.

65. Was ist denn das für eine Weissagung aus den Sperlingen auf die Jahre, vielmehr als auf Monate oder Tage zu schließen? Warum aber schöpft er seine Muthmaßung von den Sperlingen, bei denen kein Wunder war, und schweigt von dem Drachen, der, was unmöglich war, zu Stein verwandelt sein soll? Endlich was hat der Sperling für eine Aehnlichkeit mit den Jahren? Denn von der Schlange, die dem Sulla beim Opfer erschien⁵), ist mir Beides in der Erinnerung,

---

⁴) Nach der Lesart der Handschriften et duro formavit tegmina saxo, wofür auch in einigen firmavit gelesen wird. Doch entspricht formavit entschieden besser dem Homerischen: λᾶαν γάρ μιν ἔθηκε Κρόνου παῖς, und auch im Folgenden (§. 65) sagt Cicero: lapideus dicitur factus.
⁵) S. I. 33, 72.

daß Sulla, als er in's Feld rücken wollte, geopfert hat, und daß eine Schlange unter dem Altar hervorgekommen ist, und daß an diesem Tage die Schlacht glänzend gewonnen wurde, nicht auf den Rath des Opferschauers, sondern auf den des Feldherrn.

XXXI. 66. Und diese Gattungen von Zeichen haben nichts Wunderbares; wenn sie eingetreten sind, dann werden sie auf irgend eine Muthmaßung durch die Deutung zurückgeführt. So seien jene in den Mund des Knaben Midas zusammengetragenen Weizenkörner [1]) oder die Bienen, die sich, wie du sagtest, auf den Lippen Plato's [2]) niederließen, nicht an sich wunderbar, wol aber artig gedeutet; doch konnten sie entweder selbst falsch sein, oder das, was vorausgesagt ist, zufällig eingetroffen sein. Vom Roscius [3]) selbst kann der Umstand wenigstens falsch sein, daß er von einer Schlange umwunden sei; daß aber eine Schlange in der Wiege gewesen, ist nicht eben wunderbar, zumal in Solonium, wo die Schlangen am Herde ihren Verkehr zu treiben [4]) pflegen. Denn was das anlangt, daß die Opferschauer erklärten, er werde vor Allen berühmt und ausgezeichnet werden; so wundere ich mich, daß die Götter einem zukünftigen Schauspieler Berühmtheit vorausgedeutet haben, dem Afrikanus [5]) aber nicht. 67. Du hast ja auch die Flaminischen Zeichen [6]) gesammelt, „daß er selbst und sein Roß plötzlich niederstürzten". Das ist fürwahr nicht wunderbar. „Wenn das Feldzeichen der ersten Compagnie der Hastaten nicht hat herausgenommen werden können," so zog vielleicht der Adlerträger ängstlich an dem Schafte, den er vertrauensvoll hineingestoßen hatte. Was erregte denn das Roß des Dionysius [7]) für Bewunderung, daß es aus dem Flusse hervortauchte? und daß es Bienen in seiner Mähne hatte? Aber weil er nach kurzer Zeit die Regierung antrat, so galt das, was zufällig sich ereignet hatte, für ein Wunderzeichen. Aber bei den Lacedämoniern ertönten in dem Tempel des Herkules die

---

[1]) und [2]) S. I. 36. 78.
[3]) S. zu I. 36. 79.
[4]) Lat. nundinari.
[5]) Nämlich Publius Cornelius Scipio Afrikanus der Aeltere, 206 v. Chr. Consul, der den Hannibal (202) bei Zama schlug.
[6]) S. zu I. 35, 77. Anm. 7.
[7]) S. I. 33, 73.

Waffen, und zu Theben öffneten sich plötzlich die verschlossenen Flügelthüren desselben Gottes, und die Schilde, die in der Höhe befestigt waren, wurden auf der Erde gefunden⁸). Da von diesem Allen Nichts ohne irgend welche Bewegung hat geschehen können, was ist für ein Grund vorhanden zu behaupten, daß dieß eher durch göttlichen Einfluß als durch Zufall geschehen sei?

XXXII. 68. Aber auf dem Haupte der Statue Lysander's entstand ein Kranz aus stachlichten Kräutern, und zwar plötzlich¹). Wirklich? Glaubst du, daß der Kräuterkranz eher entstanden sei, als der Samen empfangen worden? Das wilde Kraut aber, denke ich, ist durch Vögel hergeschafft, nicht durch Menschen gesät. Dann kann Alles, was auf dem Kopfe ist, einem Kranze ähnlich erscheinen. Denn daß zu derselben Zeit, wie du sagtest, die zu Delphi aufgestellten goldenen Sterne des Kastor und Pollux herabgefallen und nirgends wieder aufgefunden sind¹), das scheint eher eine That der Diebe als der Götter zu sein. 69. Daß die Bosheit des Dodonäischen Affen²) der Griechischen Geschichte überliefert worden ist, wundert mich. Was ist weniger wunderbar, als daß jenes allerhäßlichste Thier die Urne umgeworfen und die Loose zerstreut hat? Und die Geschichtschreiber behaupten, daß den Lacedämoniern kein traurigeres Zeichen als dieses begegnet sei. Und was jene Weissagung der Vejenter anlangt, wenn der Albanische See überströmte und in's Meer flösse, so würde Rom zu Grunde gehen; wenn er aber zurückgedrängt würde, Veji * *³), so wurde das Wasser des Albanischen Sees zum Nutzen der Felder vor dem Stadtgebiet, nicht zur Erhaltung der Burg und der Stadt abgeleitet. Aber kurz darauf ließ sich eine warnende Stimme hören, man solle sich in Acht nehmen, daß Rom nicht von den Galliern eingenommen werde; hierauf sei dem Ajus Loquens ein Altar auf der neuen

---

⁸) S. I. 34, 74.
¹) S. I. 34, 75.
²) S. I. 34, 76.
³) S. 44. 99. — Hinter Veios muß Etwas ausgefallen sein, wie Manutius und Lambin erkannt haben. Bei Orelli (II. Ed.) ist die Lücke so ergänzt: omni ex parte rata exstiterunt? num minus Roma a Gallis capta est? ita u. s. w.

Straße geweiht ⁴). Wie nun? Jener Ajus Loquens sagte und redete, als Niemand ihn kannte, und bekam davon den Namen. Nachdem er aber Sitz, Altar und Namen gefunden hat, ist er verstummt? Dasselbe läßt sich von der Moneta ⁵) sagen; wann sind wir je von ihr gewarnt worden, außer wegen des trächtigen Schweines?

XXXIII. 70. Genug von den Wunderzeichen! Es bleiben noch die Auspicien übrig und diejenigen Loose, welche gezogen werden, nicht die, welche durch Weissagung ausströmen, die wir richtiger Orakel nennen. Von diesen wollen wir dann reden, wenn wir zu der natürlichen Weissagung gelangt sind. Auch von den Chaldäern bleibt noch zu sprechen. Aber zuerst wollen wir die Auspicien betrachten; eine schwierige Aufgabe für einen Augur dagegen zu sprechen ¹). — Für einen Marser ²) vielleicht, aber für einen Römer sehr leicht. Denn wir sind nicht solche Auguren, daß wir nach der Beobachtung der Vögel und der übrigen Zeichen die Zukunft weissagen. Und doch glaube ich, daß Romulus, der die Stadt unter Auspicien gründete, die Meinung gehabt hat, es gebe zur Voraussetzung der Dinge eine Augurenwissenschaft, (denn das Altertum irrte in vielen Sachen), die wir jetzt theils durch den Gebrauch, theils durch die Bildung, theils durch das Alter verändert sehen ³). Es wird aber wegen des Volksglaubens und zum großen Nutzen des Staates noch die Sitte, die Religion, die Wissenschaft, das Recht der Auguren und das Ansehn ihres Collegiums beibehalten ⁴). 71. Und fürwahr verdienten die Consuln Publius Claudius und Lucius Junius ⁵), die gegen die Auspicien absegelten, jede Strafe. Denn sie mußten der Religion gehorchen und durften nicht

---

⁴) S. I. 45, 101.
⁵) S. I. 45, 101 u. die Anm. 4 dazu.
¹) Weil Cicero selbst Augur im J. 53 für den im Kriege gegen die Parther gefallenen M. Crassus gewesen war. (Er hatte selbst eine Schrift de auguriis verfaßt, die aber verloren gegangen ist.) Vgl. zu dem Sinne der ganzen Stelle I. 47. 105.
²) S. zu I. 58, 132. Anm. 4 dazu.
³) Vgl. dazu I. 49. 109 und Kap. 14. §. 33.
⁴) Das Collegium der Auguren, deren Amt lebenslänglich war, bestand Anfangs aus drei, unter Servius Tullius aus vier und seit Sulla aus fünfzehn Mitgliedern.
⁵) S. zu I. 16. 29 und vgl. de nat. Deor. II. 3, 7.

die vaterländische Sitte so trotzig verschmähen. Mit Recht ist daher der Eine von dem Volksgerichte verurtheilt, und der Andere hat sich selbst das Leben genommen. Flaminius [6]) gehorchte nicht den Auspicien. Daher ist er mit seinem Heere zu Grunde gegangen. Aber ein Jahr darauf gehorchte Paulus [7]). Ist er etwa darum weniger mit seinem Heere in der Schlacht bei Cannä gefallen? Denn gesetzt, es gäbe auch Auspicien, wie es keine gibt, so sind doch wenigstens diejenigen, deren wir uns bedienen, Tripudium oder Himmelsbeobachtungen, nur Schattenbilder von Auspicien, Auspicien auf keine Weise [8]).

XXXIV. „Quintus Fabius, ich will, daß du mir beim Auspicium zugegen seiest." Er antwortete: „Ich habe es gehört" [1]). Hier wurde bei unseren Vorfahren ein Sachverständiger zugezogen, jetzt jeder Beliebige. Aber sachverständig muß nothwendig der sein, welcher versteht, was Schweigen sei; denn Schweigen nennen wir bei den Auspicien das, was von jedem Fehler frei ist [2]). Das zu verstehen ist die Sache eines vollkommenen Augurn. 72. Wenn aber der, welcher die Auspicien abhält, dem, welcher zum Auspicium hinzugezogen wird, folgendermaßen geboten hat: „Sprich, wenn Schweigen zu sein scheint," so blickt dieser weder auf noch um sich, sondern antwortet sofort: „Es scheint Schweigen zu sein." Darauf sagt jener: „Sprich, wenn sie fressen: Sie fressen." Welche Vögel? oder wo? Es hat, sagt er, in einem Käfig der die Hühner gebracht, der eben davon Hühnerwärter heißt. Diese Vögel sind also die Zwischenboten des Jupiter? Ob sie fressen, oder nicht, was kommt darauf an? Für die Auspicien nichts. Weil aber, wenn sie fressen, es nothwendig ist, daß Etwas aus dem Schnabel fällt und auf die Erde schlägt, so ist dieß zuerst Erbauschlag

---

[6]) S. I. 35. 77.

[7]) Lucius Aemilius Paulus fiel in der Schlacht bei Cannä (220) gegen Hannibal.

[8]) Vgl. besonders de nat. Deor. II. 3, 9, wo Cicero die Vernachlässigung der Auspicien näher auseinandersetzt, über tripudium vgl. das folgende Kapitel §. 72.

[1]) Cicero gibt hier ein Beispiel eines zu seiner Zeit üblichen Auspiciums, indem er die Personen handelnd und mit einander sprechend einführt. Er bedient sich dabei der alten, herkömmlichen Auspicienformeln, vgl. besonders Hartung, Relig. der Römer I. S. 258 ff., der auch unsere Stelle anführt.

[2]) Quod ab omni vitio caret; vitium ist jede beliebige Störung bei den Auspicien.

(terripavium), hernach Erbsprung (terripudium) genannt, und jetzt heißt es tripudium. Wenn also ein Bissen aus dem Schnabel des Huhnes gefallen ist, so wird dem, der die Auspicien hält, ein tripudium solistimum gemeldet ³).

XXXV. 73. Kann also dieses Auspicium irgend etwas Göttliches haben, das so erzwungen und abgepreßt ¹) ist? Daß die ältesten Auguren sich dessen nicht bedient haben, dafür ist der Beweis, daß wir einen alten Beschluß des Collegiums haben, daß jeder Vogel ein Tripubium machen könne ²). Dann würde es also ein Auspicium sein, wenn es dem Vogel freistände, sich zu zeigen; dann könnte jener Vogel als Dolmetscher und Trabant Jupiters ³) angesehen werden. Jetzt aber, wenn er in den Käfig eingeschlossen und vor Hunger erschöpft über den Bissen Brei ⁴) herfällt, und wenn ihm Etwas aus dem Schnabel fällt, hältst du das für ein Auspicium, oder meinst du, daß Romulus so Auspicien zu halten gepflegt habe? 74. Glaubst du ferner, daß diejenigen, welche Auspicien anstellten, nicht selbst den Himmel zu beobachten pflegten ⁵)? Jetzt befehlen sie dem Hühnerwärter, dieser berichtet. Den Blitz zur Linken halten wir für das günstigste Auspicium bei allen Dingen, außer bei den Wahlversammlungen ⁶), und dieß ist im Interesse des Staates festgesetzt, damit bei den Wahlversammlungen, sowol in Betreff der Volksgerichte, als der Gesetz-

---

³) Vgl. I. 15. 28. und dazu Anm. 5. Das Wort solistimum leitet man von solum, Boden, ab, Andere auch von solus, also so viel als von selbst, freiwillig (vgl. I. 15. 28). Vgl. noch Festus unter diesem Worte: cum saxum solidum aut arbos viviradix sponte, nullo impediente aut iaciente ruit, vgl. Hartung a. a. O.

¹) Vgl. I. 15. 28.

²) Vgl. Servius zu Virg. Aen. I. 398, den Giese citirt.

³) Interpres et satelles Jovis, vgl. das Homerische (Odyss. 15, 525): ἐπίπτατο δεξιὸς ὄρνις, κίρκος, Ἀπόλλωνος ταχὺς ἄγγελος. u. I. 47, 106 und Kap. 34, 72: internuntiae Jovis.

⁴) Vgl. I. 15. 28 und Anm. 5 dazu.

⁵) Vgl. I. 19, 36: eos, qui — caeli signa servantes u. s. w. Uebrigens bemerkt Orelli zu dieser Stelle, daß zu Cicero's Zeit die Auguren nicht selbst die Beobachtungen am Himmel anstellten, sondern auch dazu die pullarii hatten, was nicht zu verwundern sei, da in jenen Zeiten die Auspicien zu reinen Schattenbildern geworden seien (vgl. Kap. 33 am Schluß).

⁶) Vgl. Kap. 18. §. 48.

gebung und der Wahl der Magistratspersonen, die Ersten im Staate die Entscheidung hätten. Aber als auf das Schreiben des Tiberius Gracchus die Auguren urtheilten, daß die Wahl der Consuln Scipio und Figulus fehlerhaft gewesen sei, dankten diese ab [7]). Wer leugnet, daß es eine Wissenschaft der Auguren gebe? Die Weissagung leugne ich. Aber die Opferschauer weissagen. Als Tiberius Gracchus diese wegen des plötzlichen Todes dessen, der bei der Aufzeichnung der Prärogativstimmen [8]) auf einmal niedergestürzt war, in den Senat einführen ließ, so sagten sie, daß der Stimmensammler nicht rechtmäßig gewesen sei. 75. Zuerst sieh zu, ob sie es nicht von dem Stimmensammler der Centurie gesagt haben. Denn dieser war todt. Das konnten sie aber ohne Weissagung nach Muthmaßung sagen. Zweitens vielleicht durch Zufall, der auf keine Weise aus diesem Gebiete ausgeschlossen werden darf. Denn was konnten die Etruskischen Opferschauer von der richtigen Wahl des Zeltes oder von dem Rechte der Stadtmauer [9]) wissen? Ich wenigstens stimme lieber dem Gajus Marcellus [10]) als dem Appius Claudius bei, die beide meine Amtsgenossen gewesen sind; und ich glaube, daß das Recht der Auguren, wenn es sich auch Anfangs auf den Glauben an die Weissagung gegründet hat, dennoch hernach um des Staates willen bewahrt und beibehalten worden sei.

---

[7]) Vgl. hierzu I. 17. 33 und die Anm. 5. Die beiden Consuln des Jahres 162 v. Chr., 592 d. St., sind Publius Cornelius Scipio Nasica Corculum (d. i. der Weise), der Sohn des Publius Cornelius Scipio Nasica Optimus, und Gajus Marcius Figulus, vgl. Orelli, Onomast. p. 190 und p. 380.

[8]) In praerogativa referenda. Die Prärogativstimme ist in den comitiis centuriatis die Stimme der ersten Centurie, welche dem Vorsitzenden (rogator comitiorum) von dem rogator hinterbracht wurde, vgl. de nat. Deor. II. 4, 10. Cicero hat hier nach Hottinger's Angabe bei rogatorem absichtlich: comitiorum weggelassen, um es zweifelhaft zu lassen, ob der Vorsitzende, oder der Stimmensammler (rogator primae centuriae oder praerogativae) gemeint sei, wie aus den gleich folgenden Worten „vide ne in eum dixerint, qui rogator centuriae fuisset" hervorgeht.

[9]) Vgl. Anm. 5 zu I. 17, 33.

[10]) S. über Gajus Marcellus und Appius Claudius, die beiden Collegen Cicero's im Augurate, I. 16, 29, 47. 105 und I. 58, 132, und vgl. das Urtheil Cicero's über beide Auguren de legg. 2. 13, 32.

XXXVI. 76. Aber hierüber anderswo mehr; jetzt nur so weit. Denn wir wollen die auswärtigen Augurien betrachten, die nicht sowol künstlich als abergläubisch sind. Sie[1]) befragen fast alle Vögel; wir nur wenige. Andere sind bei jenen ungünstig, andere bei uns. Dejotarus[2]) pflegte mich nach der Lehre unserer Augurien zu befragen, und ich ihn nach der seinigen. Unsterbliche Götter! was für ein Unterschied, so daß einige sogar entgegengesetzt sind. Und jener wandte sie immer an; wir, außer wenn wir vom Volke übertragene Auspicien haben[3]), wie selten bedienen wir uns derselben! Unsere Vorfahren wollten nicht, daß ein Kriegsunternehmen, ohne Auspicien vorher anzustellen, ausgeführt würde. Wie viele Jahre sind es her, daß Kriege von Consuln und Proprätoren geführt werden, die keine Auspicien haben[4])! 77. Daher setzen sie ohne Auspicien über die Flüsse[5]) und halten kein Tripudium. Denn das Auspicium aus den Waffenspitzen[6]), welches ein ganz militärisches ist, hat schon Marcus Marcellus, jener fünfmalige Consul, und zugleich ausgezeichneter Feldherr und Augur[7]), gänzlich unterlassen. Wo ist also die Weissagung der Vögel? Da die, welche keine Auspicien haben, Kriege führen; so scheint sie von den städtischen Beamten beibehalten, oder von denen im

---

[1]) Die auswärtigen Völker nämlich.

[2]) Ueber Dejotarus vgl. zu I. 15, 26. Anm. 3.

[3]) Dieß bezieht sich auf die magistratus majores, wie Consuln, Prätoren und Censoren, welche Auspicien hatten.

[4]) Die Proconsuln und Prätoren, die in den comitiis tributis gewählt waren und aus dem Privatstande zu diesen Ehren erhoben waren, hatten keine Auspicien, während die Consuln und Prätoren die Auspicien der Hühner beobachteten.

[5]) Beim Uebergang über eine Quelle oder einen Fluß wurden von den Priestern und Magistraten, wenn sie sich zu amtlichen Verrichtungen begaben, Auspicien angestellt, die s. g. auspicia peremnia (entst. aus per und amnis), vgl. de nat. Deor. II. 3. 9.

[6]) Ex acuminibus. Diese acumina werden verschieden erklärt. Die wahrscheinlichste Erklärung ist die, daß man sie auf die elektrischen Flämmchen, die sich an den Spitzen der Lanzen zeigten, bezieht, vgl. Livius 22, 1. u. 43, 13. und Dion. Halic. V. 46. Andere Erklärer beziehen sie auf die sich zuspitzenden Flammen des Opferfeuers, vgl. de nat. Deor. II. 3. 9.

[7]) Marcus Claudius Marcellus, der fünfmal (222, 215, 214, 210, 208 v. Chr.) Consul war, schlug den Hannibal bei Nola in die Flucht (216), belagerte und eroberte Syrakus (212) und wurde zuletzt bei Venusia in Lucanien von Hannibal besiegt und getödtet (208).

Kriege [8]) aufgehoben zu sein. Und jener eben sagte, wenn er eine Unternehmung ausführen wolle, so pflege er, um nicht durch die Auspicien daran gehindert zu werden, in einer bedeckten Sänfte zu reisen. Denn ähnlich ist das, was wir Auguren vorschreiben, daß man die Zugthiere von einander spannen solle, damit nicht ein vereintes Auspicium [9]) eintrete. 78. Heißt das etwas Anderes, als vom Jupiter sich nicht warnen lassen zu wollen, wenn man die Sache so einrichtet, daß entweder das Auspicium nicht stattfinden oder, wenn es eintritt, nicht gesehen werden kann?

XXXVII. Denn das ist gar zu lächerlich, was du von Dejotarus [1]) erzählst, er bereue die ihm auf der Reise zum Pompejus dargebotenen Auspicien nicht, weil er die Treue und Freundschaft des Römischen Volkes bewahrt und seine Pflicht geleistet habe; denn ihm sei das Lob und der Ruhm von höherer Bedeutung gewesen als sein Reich und seine Besitzungen. Ich glaube es wol; aber das geht die Auspicien nichts an. Denn die Krähe konnte hier auch nicht verkünden, daß er recht handle, indem er die Freiheit des Römischen Volkes zu vertheidigen dachte. Er selbst fühlte dieß, wie er es gefühlt hat. 79. Die Vögel zeigen die Ereignisse, glückliche oder unglückliche, an. Wie ich sehe, hat aber Dejotarus die Auspicien der Tugend [2]) befolgt, die da auf das Glück zu sehen verbietet, wenn nur die Treue bewahrt wird. Wenn die Vögel glückliche Erfolge gezeigt haben, so haben sie ihn sicher getäuscht. Er floh mit Pompejus aus der Schlacht [3]). Eine harte Zeit! Er trennte sich von ihm. Ein trauriges Ereigniß! Er sah den Cäsar zu gleicher Zeit als Feind und Gast. Was gibt es

---

[8]) Vgl. §. 76 am Ende.

[9]) Jugoauspicium hieß nach Festus ein Auspicium, wenn ein Gespann von Zugthieren Mist machte, wodurch das Auspicium gestört zu sein schien.

[1]) Ueber Dejotarus vgl. zu I. 15, 26. Anm. 3.

[2]) Man nimmt an, Cicero habe bei diesen Worten die Rede Hektor's im Sinne gehabt (bei Homer Il. XII, 230—243), in der dieser dem Polydamas abräth den unglücklichen Vogelflug zu beachten und dagegen ihn auffordert, lieber dem Willen des Zeus zu folgen, und zuletzt mit den bekannten Worten schließt: εἷς οἰωνὸς ἄριστος ἀμύνεσθαι περὶ πάτρης.

[3]) Nämlich aus der Schlacht bei Pharsalus, die er auf Seiten des Pompejus mitmachte, vgl. I. 15, 26 und Anm. 8 dazu, und Cic. pro rege Deiot. 5.

Traurigeres? Als dieser ihm die Tetrarchie der Trogmer [4]) entrissen und einem seiner Anhänger, einem Pergamenier [5]), ich weiß nicht wem, gegeben und ihm das vom Senate verliehene Armenien entzogen hatte und von ihm auf's Prächtigste bewirtet worden war; ließ er ihn, den Wirt und König, beraubt zurück. Doch ich schweife zu weit ab, ich will zu meinem Vorhaben zurückkehren. Wenn wir nach den Ereignissen fragen, die durch die Vögel erforscht werden; so waren sie dem Dejotarus auf keine Weise günstig; wenn aber nach der Pflicht, so entnahm er diese von der Tugend selbst und nicht von den Auspicien.

XXXVIII. 80. Laß also den Lituus des Romulus [1]) fahren, von dem du behauptest, er habe bei der größten Feuersbrunst nicht verbrennen können; verachte den Wetzstein des Attius Navius [2]). Keine Stelle dürfen in der Philosophie erdichtete Märchen finden. Das war die Sache eines Philosophen, zuerst die Natur des ganzen Augurienwesens zu untersuchen, dann seine Erfindung und zuletzt seine Folgerichtigkeit. Was ist denn das für eine Natur, welche die hin- und herschweifenden Vögel veranlaßt Etwas anzuzeigen, bald eine Handlung zu verbieten, bald sie anzubefehlen, entweder durch Stimme oder Flug? warum ist es einigen Vögeln verliehen von der Linken, anderen von der Rechten ein Auspicium gültig zu machen? Wie aber ist dieß oder wann oder von wem erfunden worden? Die Etrusker haben doch einen ausgeaderten Knaben als Urheber ihrer Lehre [3]). Wen wir? den Attius Navius? Aber Romulus und Remus, beide Auguren, wie uns berichtet wird, sind um mehrere Jahre älter. Oder sollen wir es für Erfindungen der Pisibier oder Cilicier oder Phrygier

---

[4]) Die Trogmer oder Trokmer waren ein Volksstamm in Galatien, dem Reiche des Königs Dejotarus, vgl. Steph. Byz. Τρόχμοι ἔθνος Γαλατικόν· ἐκαλοῦντο δὲ καὶ Τροχμηνοί.
[5]) Nämlich dem Mithridates von Pergamus, der für einen natürlichen Sohn des Mithridates, des Königs von Pontus, gehalten wird; er war in dem Alexandrinischen Kriege (48—47) dem Cäsar zu Hülfe gezogen und erhielt zum Lohne die Bosporanische Königskrone, vgl. Hirt. bell. Alex. 78. Cicero nennt ihn absichtlich aus Haß gegen Cäsar's Gewaltthätigkeit einen nescio quis.
[1]) S. I. 17, 30.
[2]) S. I. 17, 31 f.
[3]) Nämlich den Tages, von dem Kap. 23. §. 50. die Rede ist, vgl. die Anm. dazu.

erklären ⁴)? Beliebt es also die, denen menschliche Bildung fehlt, als Urheber göttlicher Weisheit ⁵) anzunehmen?

XXXIX. 81. Aber alle Könige, Völker und Nationen bedienen sich der Auspicien. — Als ob Etwas so sehr alltäglich wäre als der Unverstand; oder als ob dir selbst beim Urtheile die Menge Geltung hätte. Wie viel Menschen gibt es denn, die das Vergnügen nicht für ein Gut hielten? Die meisten behaupten sogar, daß es das höchste Gut sei. Lassen sich etwa deshalb die Stoiker ¹) durch deren große Anzahl von ihrer Meinung abschrecken? oder befolgt etwa in den meisten Dingen die Menge ihr Urtheil? Was Wunder also, wenn bei den Auspicien und bei der ganzen Weissagung schwache Geister diesen Aberglauben auffassen, das Wahre aber nicht erkennen können? 82. Was ist aber unter den Augurien für eine übereinstimmende und feste Ansicht? Dem Gebrauche unserer Augurien gemäß sagt Ennius:

„Wenn bei heiterem Himmel zur Linken es günstig gedonnert" ²).

Aber der Homerische Ajax ³), der sich bei Achilles über den Starrsinn der Trojaner beklagt, meldet auf folgende Weise:

„Ihnen verkündete Zeus das Glück durch Blitze zur Rechten."

So erscheint uns das Linke, den Griechen und Barbaren das Rechte als günstiger ⁴). Obgleich ich sehr wohl weiß, daß wir das, was

---

⁴) S. zu I. 1, 2.

⁵) Divinitatis, was Cicero hier in gleichem Sinne mit divinatio gebraucht hat, ebenso wie divinus auch „weissagend" und divinare „weissagen" bedeutet.

¹) Die Stoiker, die nur die Tugend für ein Gut und das Laster für ein Uebel hielten.

²) Aus den Annalen des Ennius II. 5, vgl. zu I. 20. 40. Anm. 7.

³) Nicht Ajax, sondern Odysseus spricht diese Worte bei Homer in der Ilias (IX, 236), wo es heißt: Ζεὺς δέ σφι Κρονίδης ἐνδέξια σήματα φαίνων Ἀστράπτει; „ihnen" bezieht sich auf die Trojaner.

⁴) Die Griechen hielten die Auspicien zur Rechten für günstig, die Römer dagegen die zur Linken. Der Grund davon ist, daß die Griechen, wenn sie Auspicien einholten, sich gegen Norden; die Römer aber gegen Süden stellten. Beiden Nationen galt der Osten für glückverkündend, und diesen hatten die Griechen zur Rechten, die Römer zur Linken. — Statt der Worte: quae bona sint, sinistra nos dicere hat Lambin vorgeschlagen: quae mala sint u. s. w., und Davies ver-

günstig ist, links nennen, auch wenn es zur Rechten ist. Aber sicherlich haben die Unsrigen es links genannt, die Fremden rechts, weil es ihnen wenigstens günstiger erschien. Was ist das für ein großer Widerspruch! 83. Wie? bedienen sie sich nicht anderer Vögel, anderer Zeichen? beobachten anders und geben andere Antworten? Muß man nicht eingestehen, daß hiervon Vieles theils auf Irrtum beruht, theils auf Aberglauben, Vieles auf Betrug?

XL. Und diesem Aberglauben hast du kein Bedenken getragen, auch die Omina oder Vorbedeutungen[1]) anzureihen? Aemilia sagte zu Paullus, Persa sei gestorben[2]), was der Vater als Omen annahm; Cäcilia sagte, sie räume ihrer Nichte ihren Platz ein[3]). Ferner, die Anordnung: Wahret die Zungen[4]), und die Prärogative, das Omen der Wahlversammlungen[5]); das heißt gegen sich selbst wortreich und beredt sein. Denn wann wirst du, wenn du diese Dinge beobachtest, ruhigen und freien Geistes sein können, um bei einer Unternehmung nicht den Aberglauben, sondern die Vernunft zum Führer zu haben? Wie also? wenn Einer Etwas seinen Verhältnissen und seiner Rede gemäß gesagt hat, und eines seiner Worte gerade zu dem paßt, was du vorhast oder denkst, soll dir dieß entweder Besorgniß oder Muth einflößen? 84. Als Marcus Crassus zu Brundisium sein Heer einschiffte, rief im Hafen ein Mann, der Feigen, die von Caunus ange-

---

tauscht die Stellung der Worte sinistra und dextra. Jacobs endlich hält die Stelle für verstümmelt und schlägt vor: quamquam haud ignoro, quae bona sunt, dextra nos dicere, etiamsi sinistra sint; quae mala sinistra, etiamsi dextra sint, und bemerkt dazu: Es ist wol offenbar, daß Cicero den gewöhnlichen Sprachgebrauch, in welchem dexter das Günstige bezeichnet (dexter Jupiter, dextrum sidus, dextrum tempus), mit dem Sprachgebrauche der Zeichen- und Vogeldeuter vergleicht. Doch läßt sich die Lesart der Handschriften recht gut beibehalten, wenn man bedenkt, daß nicht bloß von Blitzen und Vögeln hier die Rede ist, sondern auch von anderen Zeichen, die, auch wenn sie zur Rechten erschienen, Glück verkündeten, wie z. B. der Rabe, vgl. hierzu I. 7, 12 und I. 39, 85. und Kap. 38. §. 80.

[1]) S. I. 45, 102.
[2]) S. zu I. 46, 103.
[3]) Wir lesen mit Christ: Caecilia se — — tradere, indem auch zu Caecilia wie zu dem Vorhergehenden Aemilia „dixit" zu ergänzen ist.
[4]) S. zu I. 45, 102.
[5]) S. zu I. 45, 103.

kommen waren, verkaufte: Cauneas⁶). Wenn es dir gefällt, können wir da sagen, daß Crassus von ihm gewarnt sei, er möge sich hüten zu gehen; und wenn er diesem Omen gefolgt wäre, nicht umgekommen sein würde. Wenn wir dieß anerkennen, so werden wir auf das Anstoßen des Fußes, das Zerreißen eines Schuhriemens und auf das Nießen Achtung geben müßen. Es bleiben noch die Loose übrig und die Chaldäer, um auf die Träume zu kommen.

XLI. 85. Du glaubst also von den Loosen reden zu müssen? Was ist denn ein Loos? Beinahe dasselbe, was das Fingerspiel¹), Knöchel- oder Würfelwerfen²), wobei das Ungefähr und der Zufall, nicht Vernunft und Klugheit waltet. Die ganze Sache ist durch Betrug erfunden oder auf Gewinn, auf Aberglauben oder auf Täuschung abgesehen. Und wie wir bei der Opferschau gethan haben, so laß uns zusehen, was für eine Erfindung der berühmtesten Loose berichtet wird. Die Denkmäler von Präneste³) erzählen, daß Numerius Suffucius, ein angesehener und vornehmer Mann, durch häufige, zuletzt auch drohende Träume aufgefordert worden sei an einem bestimmten Platze einen Kieselstein zu zerschlagen, und durch die Traumgesichte erschreckt

---

⁶) Ueber Marcus Crassus vgl. I. 16, 29. Der Verkäufer der Feigen rief: Cauneas, d. h. Feigen aus Caunus, einer Stadt in Karien in Kleinasien, was auch klingen konnte wie: cau' n' eas (cave ne eas) „hüte dich zu gehen". Vgl. Plin. hist. nat. 15. §. 21 (p. 747) u. Sepffarth, de soniis litterar. Graec. p. 533 sq.

¹) Micare Lateinisch. Dieses Fingerspiel, das seinen Namen von der schnellen Bewegung der Finger erhalten hat, ist noch jetzt in Italien unter dem Namen la mora bei den Landleuten üblich. Zwei Menschen stehen mit geballter Faust einander gegenüber. Indem jeder einen oder mehrere Finger in die Höhe hält, ruft er zugleich eine Zahl von 1—10 aus. Wessen Zahl nun mit der Summe der von Beiden in die Höhe gerichteten Finger zusammentrifft, der hat gewonnen. Vgl. de off. III. 19 u. Petron. 44.

²) Talos, tesseras jacere; talus ist der ursprünglich aus den Knöcheln der Hinterfüße gewisser Thiere gemachte längliche Würfel ($\dot{\alpha}\sigma\tau\rho\acute{\alpha}\gamma\alpha\lambda o\varsigma$), an zwei Seiten rund und sogar nur mit 4 bezeichneten Seiten. Die tesserae ($\varkappa\acute{\nu}\beta o\iota$) dagegen waren kubisch geformt und hatten daher auch 6 bezeichnete Seiten.

³) Präneste, eine Stadt in Latium, in der Nähe von Rom, das heutige Palestrina, das auf den Trümmern des von Sulla errichteten Tempels der Fortuna erbaut ist.

habe er, obwol ihn seine Mitbürger verspotteten, es zu thun begonnen; und so seien aus dem zerschlagenen Steine die Loose hervorgebrochen von Eichenholz, auf denen altertümliche Schriftzeichen eingegraben waren. Diese Stelle ist heutigen Tages gewissenhaft eingezäunt, dicht neben dem Tempel des Knaben-Jupiter, der als Säugling mit der Juno in dem Schoße der Fortuna [4]) sitzend nach der Brust greift und von den Müttern mit der größten Andacht verehrt wird. 86. Und zu derselben Zeit soll an der Stelle, wo jetzt der Tempel der Fortuna liegt, Honig aus einem Oelbaum geflossen sein, und die Opferschauer sollen gesagt haben, daß jene Loose großes Ansehen erlangen würden, und auf ihr Geheiß sei aus jenem Oelbaume ein Kasten gemacht, und darin die Loose aufbewahrt, die jetzt auf den Wink der Fortuna gezogen werden. Was kann also bei diesen Zuverläßiges sein, die auf den Wink der Fortuna von der Hand eines Knaben gemischt und gezogen werden? Auf welche Weise sind sie an jenen Ort gelegt? wer hat jenes Eichenholz gefällt, behobelt und beschrieben? Es gibt Nichts, sagen sie, was Gott nicht bewirken könnte. O daß er doch die Stoiker weise gemacht hätte, damit sie nicht Alles mit abergläubischer und peinlicher Aengstlichkeit glaubten! Aber diese Art der Weissagung ist ja schon von dem gewöhnlichen Leben verhöhnt worden. Die Schönheit des Tempels und sein Alter erhält auch jetzt noch den Namen der Pränestinischen Loose, und zwar für das gemeine Volk. 87. Denn welche obrigkeitliche Person oder welcher bedeutendere Mann bedient sich der Loose? An anderen Orten aber sind sie gänzlich außer Gebrauch gekommen. Daher schreibt Klitomachus [5]), daß Karneades zu sagen pflegte, er habe nirgends eine glücklichere Fortuna als zu Präneste gesehen. Wir wollen also diese Art der Weissagung bei Seite lassen.

---

[4]) Die Fortuna Primigenia (Πρωτογόνη) zu Präneste, wo sie eben ihren prächtigen Tempel hatte, war eine Natur- und Schicksalsgöttin von allgemeiner Bedeutung und galt für die Mutter des Jupiter und der Juno und offenbarte ihren Willen durch Loose, vgl. die folgenden Worte und zu der ganzen Stelle Preller, Röm. Mythol. S. 561. Die erwähnten matres, die sie verehren, sind die mit Kindern gesegneten Matronen.

[5]) Klitomachus, aus Karthago, war ein Schüler des Karneades, über diesen vgl. zu I. 4, 7.

XLII. Kommen wir auf die Wundererscheinungen (monstra) der Chaldäer! Von diesen meint Euborus, ein Zuhörer Plato's [1]), in der Astrologie nach dem Urtheile der gelehrtesten Männer wol der erste Folgendes, was er in seinen Schriften hinterlassen hat, den Chaldäern sei bei ihrer Weissagung und bei der Angabe des Lebenslaufes eines Jeden aus dem Geburtstage [2]) durchaus nicht zu glauben. 88. Auch Panätius [3]), der allein von den Stoikern die Voraussagungen der Astrologen verwarf, nennt den Archelaus und Kassander [4]) die bedeutendsten Astrologen jener Zeit, in der er selbst lebte, und sagt von ihnen, daß, obgleich sie sich in den übrigen Theilen der Astrologie hervorthaten, sie sich dieser Art der Weissagung nicht bedient hätten. Der Halikarnassier Skylax [5]), ein Freund des Panätius, ausgezeichnet in der Astrologie und zugleich der erste in der Verwaltung seiner Stadt, verwarf diese ganze Gattung der Weissagung bei den Chaldäern. 89. Doch, wir wollen die Zeugen bei Seite lassen, um auf die Gründe zu kommen. Die Vertheidiger dieser Geburtsweissagungen der Chaldäer führen so den Beweis. Sie sagen, es sei eine gewisse Kraft in dem Gestirnkreise, der Griechisch Zodiakus ($\zeta\omega\delta\iota\alpha\varkappa\acute{o}\varsigma$) heißt, von der Art, daß ein jeder Theil dieses Kreises, der eine auf diese, der andere auf jene Weise, den Himmel bewegt und verändert, je nachdem jeder Stern zu jeder Zeit in diesen und den benachbarten Theilen steht; und diese Kraft werde von den Sternen, welche Irrsterne heißen, auf mannigfaltige Weise bestimmt [6]). Wenn sie aber gerade an den

---

[1]) Euborus, aus Knidos, war ein Schüler des Pythagoreers Archytas und des Plato und lebte um 360 v. Chr., vgl. über ihn Diog. Laert. VIII. 86, Gell. noct. att. XVII. 21, 28.

2) In notatione cuiusque vitae ex natali die, was im §. 89 natalicia praedicta heißt, es ist die s. g. Nativitätsstellung am Geburtstage eines Menschen darunter zu verstehen, d. h. der Stand der Gestirne zur Geburtszeit eines Menschen, woraus seine Schicksale ihm prophezeit werden.

3) Ueber Panätius S. zu I. 3, 6.

4) Archelaus und Kassander sind Zeitgenossen des Panätius, sonst weiter nicht bekannt.

5) Skylax aus Halikarnaß in Karien wird sonst nicht genannt.

6) Ueber den Thierkreis oder Zodiakus vgl. de nat. Door. II. 20, 52. Die Irrsterne sind die Planeten, und deren Bahnen durchschneiden einen breiten Gürtel bildenden Thierkreis in schräger Richtung.

Theil des Kreises gekommen sind, in welchen die Entstehung des Gebornen fällt, oder in den, der irgend eine Verbindung oder Uebereinstimmung mit ihnen hat, so nennen sie dieß den Gedritt- und Geviertschein [7]). Denn da durch das Vor- und Rückschreiten der Sterne so große Veränderungen und Abwechslungen der Jahreszeiten und der Lufttemperatur [8]) entstehen, und da das, was wir sehen, durch die Kraft der Sonne bewirkt wird; so halten sie es nicht nur für wahrscheinlich, sondern für gewiß, daß gerade wie die Temperatur der Luft beschaffen sei, so die Kinder bei ihrer Geburt beseelt und gestaltet werden, und daß hieraus sich die Anlagen, der Charakter, das Gemüth der Leib, die Lebensweise, die Zufälle und Schicksale eines Jeden bilden.

XLIII. 90. O unglaublicher Wahnwitz! denn nicht darf man jeden Irrtum Thorheit nennen. Ihnen [1]) gesteht auch der Stoiker Diogenes [2]) Etwas zu, aber nur so viel, daß sie voraussagen könnten, wie beschaffen eines Jeden Natur und wozu er am Meisten geeignet sein werde. Das Uebrige, was sie behaupteten, sagt er, könnten sie auf keine Weise wissen; denn die Gestalt von Zwillingsbrüdern sei sich ähnlich, ihr Leben und Schicksal meistens verschieden. Prokles und Eurysthenes, die Könige der Lacedämonier [3]), waren Zwillingsbrüder.

---

[7]) Vgl. Sext. Empir. adv. Math. V, 39. v. Meyer bemerkt in seiner Uebersetzung zu dieser Stelle: Diese Angabe ist nicht ganz genau. Wenn die Planeten in einem Zeichen (worin Jemand geboren ist, oder wonach eine sonstige Rechnung angestellt werden soll) zusammenkommen, so heißt dieß conjunctio, synodus, Zusammenkunft; wenn sie um den halben Cirkel von einander entfernt, folglich sich gegenüberstehen: oppositio, Gegenschein; wenn um den dritten Theil des Cirkels oder um 4 Zeichen: radius triangularis, trigonus, Gedrittschein; wenn um den vierten Theil oder um 3 Zeichen: radius quadrangularis, tetragonus, Geviertschein.

[8]) Wir haben nach der Konjektur Hottinger's übersetzt, der temporum anni tempestatumque coeli schreibt statt des handschriftlichen tempore, das sich nicht erklären läßt.

[1]) Nämlich den eben genannten Chaldäern.

[2]) Der Stoiker Diogenes aus Babylon war ein Schüler des Chrysippus und Lehrer des Neuakademikers Karneades in der Dialektik, vgl. über ihn zu I. 3, 6.

[3]) Prokles und Eurysthenes, die Zwillingssöhne des Herakliden Aristodemus, bekamen bei der Einwanderung der Dorier in den Peloponnes Sparta; daher herrschten in Sparta immer zwei Könige, ein Agide (von Agis I., dem Sohne des Eurysthenes benannt) und ein Proklide. Vgl. über beide Brüder Pausan. III. 1, 7 — 9.

91. Aber sie sind nicht gleich alt geworden; denn das Leben des Prokles war um ein Jahr kürzer und zeichnete sich vor seinem Bruder bedeutend durch Thatenruhm aus. Aber ich behaupte, daß eben das, was der brave Diogenes den Chaldäern mit einer gewissen Pflichtvergessenheit zugesteht, keinen Sinn hat. Denn da, wie sie selbst sagen, der Mond die Geburten beherrscht, und die Chaldäer diejenigen Sterne in der Geburtsstunde beobachten und anmerken, welche mit dem Monde in Verbindung zu stehen scheinen, so beurtheilen sie nach dem höchst trüglichen Sinne der Augen das, was sie mit der Vernunft und dem Geiste sehen sollten. Denn die Berechnung der Mathematiker, die ihnen bekannt sein sollte, lehrt, in welcher niedrigen Bahn der Mond läuft, indem er fast die Erde berührt; wie weit er vom nächsten Sterne, dem Mercur, entfernt ist, wie viel weiter von der Venus, sodann wie weit er in einem anderen Zwischenraume von der Sonne absteht, durch deren Licht er, wie man glaubt, erleuchtet wird [4]). Die drei übrigen Zwischenräume aber sind unendlich und unermeßlich, von der Sonne zum Mars, von da zum Jupiter, von diesem zum Saturn und von da bis zum Himmel selbst, welcher die äußerste und letzte Gränze der Welt ist. 92. Was für ein Einfluß kann also von einem fast unendlichen Zwischenraume auf den Mond oder vielmehr auf die Erde stattfinden?

XLIV. Wie? wenn sie sagen, was sie nothwendig sagen müssen, daß die Geburten Aller, die auf der bewohnten Erde geboren werden, dieselben, und daß Allen, die bei demselben Stande des Himmels und der Sterne geboren sind, dasselbe begegnen müsse; ist das nicht von der Art, daß diese Himmelsdeuter offenbar nicht einmal die Natur des Himmels kennen müssen [1])? Denn da jene Kreise [2]), die den Himmel gleichsam in der Mitte durchschneiden und unsere Aussicht begränzen, die von den Griechen die Horizonte (ὁρίζοντες) genannt werden, und

---

[4]) Nämlich nach dem Ptolemäischen Systeme (Ptolemäus, aus Alexandria um 150 v. Chr.) steht die Erde im Mittelpunkte und um sie bewegt sich zunächst der Mond, dann der Mercur, die Venus, die Sonne u. s. w.

[1]) Zu diesem Angriffe Cicero's vgl. besonders Gell. noct. Att. XIV. 1, wo der Philosoph Favorinus gegen den astrologischen Aberglauben der Chaldäer redet.

[2]) Vgl. besonders Sext. Empir. adv. math. V. 83.

von uns sehr treffend die Gränzkreise (finientes) genannt werden können, die größte Verschiedenheit haben und an allen Orten anders sind; so kann nothwendig der Aufgang und Untergang der Sterne nicht bei Allen zu derselben Zeit erfolgen. 93. Wenn nun durch ihren Einfluß der Himmel bald auf diese bald auf jene Weise bestimmt wird, wie kann bei den Geborenen eine und dieselbe Kraft walten, da die Verschiedenheit des Himmels eine so große ist? In den Gegenden, die wir bewohnen, geht der Hundsstern [3]) nach dem Solstitium auf, und zwar um mehrere Tage, bei den Troglodyten [4]), wie man schreibt, vor dem Solstitium, so daß, wenn wir auch zugeben, daß irgend ein Einfluß des Himmels sich auf diejenigen, welche auf der Erde geboren werden, erstrecke, jene doch eingestehen müssen, daß die, welche zu derselben Zeit geboren werden, wegen der Verschiedenheit des Himmels ganz verschiedene Naturen erhalten können. Das ist aber durchaus nicht ihre Ansicht. Denn sie behaupten, daß Alle, die zu derselben Zeit, wo es auch immer sei, geboren werden, ein und dasselbe Schicksal haben.

XLV. 94. Aber was ist das für ein großer Wahnsinn zu glauben [1]), daß es bei den größten Bewegungen und Veränderungen des Himmels nichts darauf ankomme, welcher Wind, welcher Regen und welches Wetter überall sei: Dinge, bei denen oft an den nahegelegensten Orten so große Verschiedenheiten vorkommen, daß häufig eine andere Witterung zu Tusculum [2]) als zu Rom ist; — dieß bemerken am Meisten die Schiffer, da sie beim Umsegeln der Vorgebirge oft die größte Verschiedenheit des Windes verspüren: — da also der

---

[3]) Canicula, der hellste Stern im Hundsgestirn (großen Hund), auch Sirius genannt, dessen Aufgang Hitze brachte. Solstitium oder Sonnenwende, hier ist das Sommersolstitium (den 21. Juni) zu verstehen.

[4]) Die Troglodyten waren ein Aethiopisches Volk, südlich von Aegypten am Arabischen Meerbusen; sie wohnten in Höhlen. Vgl. Herod. 4. 183 und Strabo XVII. 1. p. 819.

[1]) Hottinger erklärt richtig die Worte ut — nihil intersit für nihil interesse existimetur. Im Uebrigen sind wir bei dem Folgenden der Interpunktion, die Madvig. emendatt. in Ciceron. libb. philos. p. 86 sqq. vorgeschlagen hat, gefolgt, vgl. Christ's Anm. in der Orelli'schen Ausg. (Ed. II.).

[2]) S. zu I. 43, 98.

Himmel balb heiter, balb stürmisch ist, kommt es da wol vernünftigen Menschen zu, zu sagen, daß dieß keinen Einfluß auf die Entstehung der Gebornen habe — wie es benn auch gewiß keinen hat — und doch daneben zu behaupten, daß ein gewisser zarter Einfluß, der auf keine Weise gefühlt und kaum gedacht werden kann, sowie der von dem Monde und den übrigen Sternen auf die Temperatur der Witterung, sich auf die Geburt der Kinder erstrecke? Wie? wenn sie nicht einsehen, daß baburch die Kraft des Samens, die zum Zeugen und zum Hervorbringen so wesentlich wirkt, gänzlich aufgehoben wird; ist das wol ein geringfügiger Irrthum? Denn wer sieht nicht, daß die Kinder Gestalt und Sitten, und die meisten auch ihre Stellungen und Bewegungen den Aeltern nachbilden? Dieß würde nicht eintreffen, wenn nicht die Kraft und die Natur der Zeugenden, sondern die Temperatur des Mondes und die Beschaffenheit des Himmels es hervorbrächte. 95. Wie? haben nicht Menschen, die in einem und bemselben Augenblicke geboren sind, verschiedene Naturen und Lebensweisen und Schicksale? Beweist das nicht hinlänglich, daß die Geburtszeit auf das Lebensgeschick durchaus keinen Einfluß habe? wir müßten benn etwa glauben wollen, daß Niemand zu derselben Zeit empfangen und geboren sei, wie Africanus [3]). Hat es benn wol einen Zweiten wie biesen gegeben?

XLVI. 96. Wie? ist wol das zu bezweifeln, baß, wenn Viele mit einem bestimmten Naturfehler auf die Welt kamen, sie entweder durch die Natur selbst, indem diese sich selbst berichtigte, oder durch die Kunst und die Arzenei wieder hergestellt und geheilt wurden? sowie bei benen, beren Zunge so angewachsen war, baß sie nicht sprechen konnten, biese burch einen Schnitt mit einem Messer frei gemacht wurde? Viele haben auch ein Naturgebrechen burch Nachbenken und Uebung gehoben, wie Phalereus [1]) von Demosthenes schreibt [2]), da er

---

[3]) Wahrscheinlich Publius Cornelius Scipio Africanus minor, der Zerstörer Karthago's und Numantia's.
[1]) Demetrius Phalereus (aus Phaleros, einem Flecken in Attika), lebte zur Zeit Alexander's des Großen und war ein Schüler des Theophrastus; unter Kassander war er Oberbefehlshaber von Athen (317—307), nachher aber wurde er von Antigonus und Demetrius Poliorketes vertrieben; er starb zu Alexandria (284 v. Chr.).
[2]) Cicero erzählt de orat. I. 61, 261 basselbe von Demosthenes.

das Rho nicht habe aussprechen können, habe er es durch Uebung so weit gebracht es sehr deutlich auszusprechen. Wären dergleichen Fehler dem Menschen durch die Gestirne angeboren und mitgetheilt, so könnte sie Nichts abändern. Wie? bringt nicht die Verschiedenheit der Gegenden auch eine Verschiedenheit in der Erzeugung der Menschen mit sich? Dieß kann man leicht mit wenigen Worten andeuten, was für ein Unterschied zwischen den Indiern und Persiern, zwischen den Aethiopiern und Syriern an Leib und Geist sei, so daß die Mannigfaltigkeit und Verschiedenheit unglaublich groß ist. 97. Hieraus läßt sich ersehen, daß die Lage der Länder einen größeren Einfluß auf die Geburt habe als die Einwirkung des Mondes³). Denn wenn sie sagen, daß die Babylonier 470,000 Jahre lang Proben und Versuche mit allen gebornen Kindern angestellt hätten⁴), so ist das eine Täuschung. Denn wenn es öfters geschehen wäre, so hätte man nicht damit aufgehört. Wir haben aber keinen Gewährsmann, der da sagte, daß es geschehe, oder der wisse, daß es geschehen sei.

XLVII. Siehst du, daß ich nicht das sage, was Karneades¹), sondern das, was einer der vorzüglichsten Stoiker, Panätius, gesagt hat! Ich frage aber auch noch danach, ob Alle, die in der Schlacht bei Cannä²) fielen, Ein Gestirn gehabt haben. Das Ende war wenigstens bei Allen ein und dasselbe. Wie? haben diejenigen, welche an Talent und Geist ausgezeichnet sind, etwa ein gleiches Gestirn? Gibt es denn eine Zeit, in der nicht unzählig Viele geboren werden? aber gewiß Keiner dem Homer gleich. 98. Und wenn es darauf ankommt, bei welcher Beschaffenheit des Himmels und bei welcher Stellung der Gestirne jedes lebende Wesen entstehe; so muß dieß nothwendig auch von leblosen Dingen gelten. Kann etwas Abgeschmackteres als dieß

---

³) Nach der Lesart der Handschriften: lunae tactus, was Ernesti in der Clavis Cic. erklärt: vis ejus in res terrestres et contagio, barbare influxus terrae.
⁴) D. h. wenn sie die Stellung der Gestirne bei ihrer Geburt mit ihren späteren Lebensschicksalen und geistigen Anlagen verglichen hätten.
¹) Ueber Karneades und Panätius s. zu I. 3, 6.
²) Die Schlacht bei Cannä in Apulien, in welcher die Römer unter Lucius Aemilius Paullus und Gajus Terentius Varro von Hannibal im J. 216 gänzlich auf's Haupt geschlagen wurden; mehr als 40,000 Römer, und unter ihnen auch der Consul Aemilius Paullus, wurden getödtet.

behauptet werden? Zwar unser guter Freund, Lucius Tarutius Ferinanus ³), der besonders in den Chaldäischen Berechnungen bewandert war, führte auch den Geburtstag unserer Stadt auf die Palilia ⁴) zurück, an welchen sie von Romulus gegründet sein soll, und behauptete, Rom sei geboren, als der Mond im Zeichen der Wage stand, und er trug kein Bedenken die Schicksale derselben voraus zu verkündigen. 99. O über die so große Macht des Irrtums! Also auch die Geburt der Stadt sollte unter dem Einflusse der Gestirne und des Mondes stehen? Gesetzt, es komme bei einem Kinde etwas darauf an, bei welcher Beschaffenheit des Himmels es den ersten Athemzug gethan, konnte dieß auch von dem Ziegelsteine oder von dem Mörtel, womit die Stadt erbaut ist, gelten? Doch wozu mehr? Täglich wird es widerlegt. Wie Viel, erinnere ich mich, ist dem Pompejus ⁵), wie Viel dem Crassus ⁶), vie Viel eben diesem Cäsar von den Chaldäern geweissagt, daß keiner derselben anders als im Greisenalter, als zu Hause, als im Genusse seines Ruhmes sterben werde! so daß es mir sehr wunderbar scheint, wenn nur irgend Einer sich findet, welcher noch jetzt denen Glauben schenken kann, deren Weissagungen er täglich durch die That und durch den Erfolg widerlegt sieht.

XLVIII. 100. Es bleiben noch zwei Arten der Weissagung übrig, die wir von der Natur und nicht von der Kunst haben sollen, die der Seher und die Träume. Ueber diese, sprach ich, laß uns, Quintus, wenn es dir recht ist, reden. Mir ist es ganz recht, antwortete er; denn dem, was du bisher auseinandergesetzt hast, stimme ich vollständig bei, und, um die Wahrheit zu sagen, obwol mich deine

---

³) Vgl. über ihn Hase zu Lydus, de mensibus, c. V. und Plut., vita Romuli IX, wonach er ein Zeitgenosse des Varro und ein in der alten Geschichte sehr belesener Mann war.

⁴) Die Parilia oder Palilia waren ein Fest zu Ehren der Hirtengöttin Pales, das am 21. April gefeiert wurde. [Der Name der Pales ist von einer Wurzel pâ (πάομαι, pa — sco) abzuleiten, welche die Bedeutung des Nährens, Erhaltens hat]. Vgl. besonders hierüber Preller, Röm. Myth. 364 ff. u. Anm. ¹) auf S. 306 und Hartung, Relig. der Röm. II. S. 148 ff., außerdem Ovid. fast. IV. 721 bis 798, Tibull. II, 5, 87 ff.

⁵) Dem berühmten Gnäus Pompejus dem Großen. Vgl. zu I. 14, 24 und II. 24, 52.

⁶) Dem Marcus Licinius Crassus, vgl. über ihn zu I. 16, 29.

Rebe noch mehr bestärkt hat, so hielt ich doch schon von selbst die Ansicht der Stoiker über die Weissagung für allzu abergläubisch, und mich bewogen weit mehr die Gründe der Stoiker, sowol des alten Dicäarch[1]), als des jetzt blühenden Kratippus, welche meinen, daß in den Geistern der Menschen gleichsam ein Orakel wohne, wodurch sie die Zukunft vorausahneten, wenn die Seele entweder durch göttliche Begeisterung angeregt oder durch den Schlaf entfesselt sich ungebunden und frei bewege. Was du über diese Arten der Weissagung denkst, und mit welchen Gründen du sie entkräften willst, möchte ich wol hören.

XLIX. 101. Als er dieß gesagt hatte, da begann ich wiederum gleichsam von Neuem zu reden. Ich weiß sehr wohl, Quintus, sagte ich, daß du immer so gedacht hast, indem du die übrigen Arten der Weissagung bezweifeltest; jene beiden aber, die der Begeisterung und des Traumes, da sie aus freiem Geiste hervorzugehen schienen, annahmst. Ich will also über diese beiden Arten meine Ansicht sagen, wenn ich zuvor gesehen habe, was die Schlußfolge der Stoiker und unseres Kratippus für einen Werth habe. Denn du sagtest, daß Chrysippus, Diogenes und Antipater[1]) auf folgende Weise schlössen: „Wenn es Götter gibt und sie den Menschen das Zukünftige nicht vorher verkündigen, so lieben sie entweder die Menschen nicht oder wissen nicht, was sich ereignen wird, oder glauben, es liege den Menschen nichts daran die Zukunft zu wissen, oder sie meinen, es sei ihrer Würde nicht angemessen den Menschen vorher anzudeuten, was geschehen wird, oder die Götter selbst können dieß nicht einmal andeuten. 102. Aber fürwahr sie lieben uns; denn sie sind wohlthätig und dem Menschengeschlechte wohlgesinnt, und sie wissen sehr wohl das, was von ihnen selbst angeordnet und bestimmt ist, und nicht ist es uns

---

[1]) Ueber die Peripatetiker Dicäarch und Kratippus vgl. zu L. 3, 5. Anm. 8 und 9. und zu dieser Stelle Plut. de plac. philos. V. 1: Ἀριστοτέλης καὶ Δικαίαρχος τὸ κατ' ἐνθουσιασμὸν μόνον παρεισάγουσι καὶ τοὺς ὀνείρους, ἀδύνατον μὲν εἶναι οὐ νομίζοντες τὴν ψυχήν, θείου δέ τινος μετέχειν αὐτήν.

[1]) S. zu I. Kap. 38, 82 ff. u. 39, 84, wo der Schluß, den Chrysippus, Diogenes und Antipater zum Beweise der Weissagung anwenden, mit denselben Worten angegeben ist.

gleichgültig das zu wissen, was sich ereignen wird. Denn wir werden vorsichtiger sein, wenn wir dieß wissen; noch halten sie es ihrer Würde für unangemessen; denn Nichts ist schöner als die Wohlthätigkeit, und nicht ist es möglich, daß sie das Zukünftige nicht im Voraus erkennen sollten. Es ist also nicht denkbar, daß es Götter gibt, und sie das Zukünftige nicht anzeigen. Es gibt aber Götter; also zeigen sie es auch an. Und wenn sie es anzeigen, so eröffnen sie uns auch Wege zur Erkenntniß der Anzeichen; denn sie würden sonst vergeblich anzeigen und, wenn sie Wege eröffnen, so ist es nicht möglich, daß es keine Weissagung gebe; es gibt also eine Weissagung." 103. O über die scharfsinnigen Menschen! mit wie wenig Worten glauben sie die Sache abgemacht zu haben! Sie nehmen Sätze zum Schluß, von denen ihnen keiner zugestanden wird. Es kann aber nur eine solche Schlußfolge als gültig angesehen werden, in welcher aus unzweifelhaften Vordersätzen das, woran man zweifelt, erwiesen wird.

L. Siehst du, wie Epikurus[1]), den die Stoiker stumpfsinnig und roh zu nennen pflegen, schließt, daß das, was wir in der Natur der Dinge das All nennen, unbegränzt sei? Was begränzt ist, sagt er, hat ein Aeußerstes[2]). Wer wird das nicht zugeben? — Was aber ein Aeußerstes hat, das kann von einem Anderen von Außen gesehen werden. Auch dieß muß man einräumen. — Aber was das All ist, das wird nicht von Außen von einem Anderen gesehen. — Auch dieß kann nicht geleugnet werden. Da das All also Nichts Aeußerstes hat, so muß es nothwendig unbegränzt sein. 104. Siehst du, wie er von zugestandenen Sätzen zu dem zweifelhaften Satze gelangt ist? Dieß thut ihr Dialektiker[3]) nicht und nehmt nicht nur solche Sätze nicht in die Schlußfolge auf, die von Allen zugestanden werden, sondern nehmt die Sätze auf, nach deren Einräumung das, was ihr wollt, um nichts besser erwiesen wird. Denn zuerst nehmt ihr an: Wenn es Götter gibt, so sind sie wohlthätig gegen die Menschen. Wer wird euch dieß einräumen? Etwa Epikurus, der leugnet, daß die

---

[1]) Ueber Epikurus s. zu I. 3, 5. Anm. [2]).

[2]) Vgl. Diog. Laert. X. §. 41 über das $\pi\tilde{\alpha}\nu$ (omne).

[3]) Nämlich, ihr Stoiker, deren Scharfsinn und Feinheit in der Dialektik bekannt war.

Götter sich um irgend etwas Fremdes oder um ihr Eigenes kümmern? oder unser Ennius⁴)? der mit großem Beifall und unter Zustimmung des Volkes sagt:

„Immer sagt' ich, werd' auch sagen, daß im Himmel Götter sind,
Doch nicht, glaub' ich, daß sie's kümmert, was die Menschen treiben hier."

Und zwar fügt er den Grund bei, warum er so glaubt. Es ist aber nicht nöthig das Folgende zu sagen; es genügt einzusehen, daß jene das als gewiß annehmen, was zweifelhaft und streitig ist.

LI. 105. Es folgt weiter: „Den Göttern ist nichts unbekannt, weil Alles von ihnen angeordnet ist." — Wie groß ist aber hier der Streit der gelehrtesten Männer, die da leugnen, daß dieß von den unsterblichen Göttern angeordnet sei! — Aber es liegt uns daran zu wissen, was sich ereignen wird. — Es gibt ein großes Buch von Dicäarchus¹) darüber, daß es besser sei, es nicht zu wissen, als es zu wissen. — Sie leugnen, „daß es der Würde der Götter unangemessen sei." — Nämlich in Jedermanns Hütte hineinzugucken, um zu sehen, was einem Jeden nützlich sei. 106. „Nicht ist es möglich, daß sie das Zukünftige nicht vorauserkennen sollten. — Die Möglichkeit leugnen die, welche behaupten, das, was geschehen werde, sei nicht fest bestimmt. Siehst du also wol, daß das, was zweifelhaft ist, für ein Gewisses und Zugestandenes angenommen wird? Hierauf holen sie weit aus und schließen so: „Es ist also nicht denkbar, daß es Götter gibt und daß sie das Zukünftige nicht anzeigen;" denn dieß halten sie schon für ausgemacht. Dann stellen sie den Untersatz auf: „Es gibt aber Götter", was eben nicht von Allen zugestanden wird. „Sie zeigen also an." Auch das folgt nicht; denn es kann sein, daß die Götter nicht anzeigen, und doch existiren. „Und wenn sie anzeigen, so eröffnen sie uns auch Wege zur Erkenntniß der Anzeichen." Aber auch das ist möglich, daß sie den Menschen keine geben und sie doch haben.

---

⁴) Ueber Ennius f. zu I. 20, 40. Die beiden Verse sind aus der Tragödie Telamon. Der dritte Vers, in dem Ennius den Grund für seinen Glauben angibt, steht de nat. Deor. II. 32, 79 und lautet: Nam si curent, bene bonis sit, male malis, quod nunc abest. Zu der hier ausgesprochenen Ansicht über die Götter vgl. besonders noch de nat. Deor. I. 2, 3.

¹) Ueber Dicäarch vgl. zu I. 3, 5. Der Titel des Buches ist unbekannt.

Denn warum sollten sie diese lieber den Etruskern als den Römern geben? — „Und wenn sie Wege eröffnen, so muß es auch eine Weissagung geben." Gesetzt, die Götter eröffneten Wege (was widersinnig ist); was hilft es, wenn wir sie nicht finden können? Der Schluß ist: „Es gibt also eine Weissagung". Mag das der Schluß sein; bewiesen ist es dennoch nicht. Denn aus falschen Vordersätzen kann, wie wir von ihnen selbst gelernt haben, die Wahrheit nicht erwiesen werden. Die ganze Schlußfolge liegt also zu Boden.

LII. 107. Kommen wir jetzt zu unserem braven Freunde, Kratippus[1]). „Wenn ohne Augen," sagt er, „die Verrichtung und das Amt der Augen nicht stattfinden kann, die Augen aber bisweilen ihren Dienst nicht versehen können; so ist doch derjenige, der nur einmal seine Augen so gebraucht hat, daß er das Wahre sah, mit dem Sinne der Augen, die das Wahre sehen, begabt. Ebenso also, wenn ohne Weissagung die Verrichtung und das Amt der Weissagung nicht stattfinden kann; es kann aber Einer, wenn er die Weissagung besitzt, bisweilen irren und das Wahre nicht sehen: so reicht es doch zur Bestätigung der Weissagung hin, daß einmal Etwas so geweissagt worden ist, daß Nichts durch Zufall sich dabei ereignet zu haben schien. Dergleichen Beispiele gibt es aber unzählige; folglich muß man zugestehn, daß es eine Weissagung gebe." Fein gedacht und bündig! Aber da er zweimal nach seinem Belieben Voraussetzungen macht, so kann dennoch, wenn wir auch geneigt sein möchten nachzugeben, das, was er voraussetzt, auf keine Weise eingeräumt werden. 108. „Wenn," sagt er, „die Augen bisweilen trügen, so ist dennoch, weil sie einmal richtig gesehen haben, die Sehkraft in ihnen." Ebenso, „wenn Jemand einmal Etwas in der Weissagung vorausgesehen hat[2]), so muß man, auch wenn er fehl greift, doch von ihm glauben, daß er die Kraft der Weissagung besitze."

---

[1]) Ueber Kratippus s. zu I. 3, 5. Der ganze folgende §. 107 steht ebenso I. 32, 71.

[2]) Nach der Lesart des codex regius: viderit, wofür in den übrigen Handschriften dixerit steht; Bambin hat vero dixerit lesen wollen; doch ist jedenfalls viderit hier vorzuziehen, wie besonders aus den im folgenden Kapitel stehenden Worten: si quando vel vaticinando vel somniando vera viderunt hervorgeht.

LIII. Sieh doch, bitte, guter Kratippus, wie wenig ähnlich sich dieß ist. Denn mir scheint es nicht so. Die Augen nämlich bedienen sich, wenn sie das Wahre sehen, der Natur und der Empfindung; die Seelen aber, wenn sie einmal durch Begeisterung oder im Traume das Wahre gesehen haben, des Glückes oder Zufalles. Wenn du nicht etwa glaubst, diejenigen, welche Träume nur für Träume halten, würden dir, wenn einmal irgend ein Traum wahr geworden ist, eingestehen, daß dieß nicht durch Zufall eingetroffen sei. Aber mögen wir dir auch diese beiden Voraussetzungen (sumptiones) — die Dialektiker nennen sie Annahmen ($\lambda\acute\eta\mu\mu\alpha\tau\alpha$)[1]; aber wir wollen lieber lateinisch reden — zugeben; so wird dennoch der Untersatz (assumptio), den dieselben $\pi\varrho\acute o\varsigma\lambda\eta\psi\iota\varsigma$ (Hinzunahme) nennen, nicht zugegeben werden. 109. Kratippus assumirt auf folgende Weise: „Es gibt aber unzählige nicht zufällige Vorausempfindungen." — Aber ich behaupte: es gibt keine. Sieh, wie groß der Gegensatz ist! Ist ferner die Assumption (der Untersatz) nicht zugestanden, so gibt es keine Schlußfolge. Aber wir sind unverschämt, wenn wir nicht zugeben, was so einleuchtend ist. Was ist einleuchtend? Daß Vieles wahr wird, sagt er. Wie, daß noch weit Mehr sich als falsch zeigt? Lehrt denn nicht eben die Mannigfaltigkeit, die dem Schicksale eigentümlich ist, daß das Schicksal die Ursache ist und nicht die Natur? Dann, wenn dieser dein Schluß wahr ist, Kratippus — denn mit dir hab' ich zu thun — siehst du nicht ein, daß sich desselben auch die Opferschauer, die Deuter der Blitze, die Ausleger der Wunderzeichen, die Auguren, die Looseziehen und die Chaldäer bedienen können? Unter diesen Arten ist keine, in der nicht Etwas so, wie es vorausgesagt worden ist, eingetroffen wäre. Folglich sind entweder auch diese Arten der Weissagung, welche du mit dem größten Recht verwirfst, gültig, oder wenn sie es nicht sind, so begreife ich nicht, warum es diese beiden sein sollen, die du gelten läßst. Mit demselben Grunde, mit welchem du diese einführst, können auch jene bestehen, welche du verwirfst.

---

[1] In der Lehre vom (Beweise) Syllogismus werden die beiden Urtheile, aus denen das dritte abgeleitet wird, die Prämissen (propositiones praemissae) oder Vordersätze genannt, und zwar ist der Obersatz die propositio major, und der Untersatz die propositio minor, bei Cicero assumptio, wie er auch nachher §. 109 „assumit" sagt, d. h. den Untersatz (die propositio minor) beibringen.

LIV. 110. Was aber hat denn jene Raserei (furor), die ihr göttlich nennt, für ein Ansehn, daß der Wahnsinnige das sehen soll, was der Verständige nicht sieht, und daß der, welcher die menschlichen Sinne verloren hat, die göttlichen erlangt haben soll? Wir beachten die Verse der Sibylle [1]), die jene in Raserei ausgesprochen haben soll. Vor Kurzem glaubte man einem falschem Gerüchte der Menschen zu Folge, daß ein Ausleger derselben [2]) im Senate habe beantragen wollen, wir müßten den, welchen wir in Wahrheit zum König hätten, auch König nennen, wenn es uns wohl gehen sollte. Wenn dieß in den Büchern steht, auf welchen Menschen, auf welche Zeit geht es? Denn ihr Verfasser hat es auf schlaue Weise so eingerichtet, daß Alles, was sich auch zutragen mag, vorausgesagt zu sein scheint, da die bestimmte Angabe von Menschen und Zeiten fortgelassen war. 111. Er hat auch den Schlupfwinkel der Dunkelheit zu Hülfe genommen, damit dieselben Verse bald dieser bald jener Sache angepaßt werden könnten. Daß aber dieses Gedicht nicht das Werk eines Rasenden sei, beweist sowol das Gedicht selbst (denn es ist mehr ein Werk der Kunst und des Fleißes als der Begeisterung und Aufregung), als auch besonders die sogenannte Akrostichis (ἀκροστιχίς) [3]), wenn der Reihe nach aus den ersten Buchstaben der Verse [4]) irgend ein Sinn zusammengefügt wird, wie bei einigen Ennianischen Versen: „Quintus Ennius hat es verfaßt." 112. Das ist entschieden mehr das Werk eines aufmerksamen als eines rasenden Geistes. Und bei den Sibyllinischen Versen

---

[1]) Ueber die Sibyllinischen Bücher s. zu I. 2, 4.

[2]) Es war Lucius Cotta, der einer der 15 Ausleger (interpretes) der Sibyllinischen Bücher war. Es ging nämlich das Gerücht, Cotta werde im Senate einen Antrag machen, den Diktator Gajus Julius Cäsar zum König auszurufen, vgl. Sueton. (vita) Caesar. 79: Quin etiam varia fama percrebuit, — proximo senatu L. Cottam quindecim virum sententiam dicturum: ut, quoniam libris fatalibus (Sibyllinis) contineretur, Parthos, nisi a rege non posse vinci, Caesar rex appellaretur, vgl. noch Dio Cass. 44. 15 und Plut. vita Caes. 60. 64.

[3]) Akrostichis oder Akrostichon, von ἄκρος (äußerst) und στίχος (Reihe, Vers), ist ein Gedicht, dessen Anfangsbuchstaben von jeder Zeile zusammen ein Wort bilden, wie es Cicero selbst in den folgenden Worten erklärt.

[4]) Wir haben nach der Lesart ex primis versuum litteris übersetzt, die sich freilich in den interpolirten Handschriften von Moser vorfindet. Die übrigen Handschriften (A B bei Orelli II. Ed.) haben: ex primi versus litteris und (V): ex primis versus litteris.

wird von dem erſten Verſe eines jeden Ausſpruches an das ganze Gedicht mit den erſten Buchſtaben jenes Ausſpruches verſehen [5]). Dieß iſt das Verfahren eines Schriftſtellers, nicht eines Raſenden, eines, der Fleiß anwendet, nicht eines Wahnſinnigen. Deshalb laſſen wir die Sibylle bei Seite liegen und verborgen ſein [6]), damit, wie von unſeren Vorfahren uns überliefert iſt, ohne Befehl des Senates die Bücher nicht einmal geleſen werden und vielmehr zum Aufheben als zur Erweckung von abergläubiſchen Bedenklichkeiten dienen; laß uns mit ihren Vorſtehern verhandeln, daß ſie eher Alles aus jenen Büchern zum Vorſchein bringen als einen König, den in Zukunft weder Götter noch Menſchen zu Rom dulden werden [7]).

LV. Aber Viele haben doch häufig Wahres geweiſſagt, wie Kaſſandra:

„Schon wird gefügt für das Meer" [1]).

Und dieſelbe bald darauf:

„Ach ſehet" [2]).

113. Zwingſt du mich alſo etwa Fabeln zu glauben? Mögen dieſe ſo viel Ergötzliches haben, wie du willſt, mögen ſie durch Worte, Gedanken, Versmaß und Geſang gehoben werden; Anſehn und Zuverläſſigkeit dürfen wir wenigſtens erdichteten Dingen nicht beimeſſen.

---

[5]) Wir haben die Lesart der Handſchriften beibehalten, die **Chriſt** bei Orelli (II. Ed.) auch vertheidigt und erklärt. **Jacobs** bemerkt zu unſerer Stelle: „Der Sinn dieſer Worte ſcheint zu ſein, daß in den einzelnen Sätzen (sententiis) die Verſe der Reihe nach mit dem Buchſtaben anfingen, aus welchen die erſten Worte des Anfanges der Sätze beſtanden; ſo daß, wenn z. B. der Satz mit ἄστρα angefangen hätte, die folgenden vier Verſe mit Σῶμα, Τάγμα, Ῥεῦμα, Ἄνδρες anfingen. Man ſehe über dieſen Gegenſtand **Fabricii** bibl. gr. 30. §. III—VII. Tom. I. p. 239—241. ed. Harl."

[6]) Die Sibylliniſchen Bücher wurden in dem Tempel des Capitoliniſchen Jupiter in einem ſteinernen Kaſten aufbewahrt. Dieſen durften die fünfzehn Ausleger derſelben (interpretes, vgl. I. 2, 4) nur in Folge eines Senatsbeſchluſſes öffnen.

[7]) Cicero hat hier allerdings, wie bekannt, nicht wahr prophezeit. Durch Cäſar's Ermordung wurde die Alleinherrſchaft zu Rom nicht beſeitigt, ſondern gerade befeſtigt.

[1]) U. ſ. w. S. zu I. 31, 67.

[2]) U. ſ. w. S. zu I. 50, 114.

Ebenso, glaube ich, darf man weder dem Publicius ³), wer er auch sein mag, noch den Marcischen Sehern ⁴), noch den Geheimsprüchen Apollo's ⁵) Glauben schenken, wovon ein Theil offenbar erdichtet, ein anderer auf's Gerathewohl herausgeschwatzt und niemals auch nur bei einem unbedeutenden, geschweige denn bei einem klugen Manne Billigung gefunden hat. 114. Wie? Wirst du sagen: hat nicht jener Ruderknecht von der Flotte des Coponius ⁶) das vorausgesagt, was eingetroffen ist? Allerdings, und zwar solche Dinge, welche wir zu der Zeit Alle befürchteten. Denn wir hörten, daß in Thessalien die Lager einander gegenüber ständen; und es schien uns, als habe das Heer des Cäsar theils mehr Kühnheit, da es ja die Waffen gegen das Vaterland führte, theils mehr Kraft, wegen der alten Geübtheit. Es war Niemand von uns, der nicht den unglücklichen Ausgang der Schlacht befürchtete; aber nur so, wie es bei standhaften Männern billig war, nicht augenscheinlich. Was Wunder aber, wenn jener Grieche bei der Größe des Schreckens, wie es meistens geschieht, die Besonnenheit, den Verstand und sich selbst aufgab! In dieser Bestürzung des Gemüthes sagte er, was er bei gesundem Verstande befürchtete, im Wahnsinn als bevorstehend voraus. Ist es denn, ich rufe Götter und Menschen an, wahrscheinlicher, daß ein verrückter Ruderknecht, als daß einer von uns, die damals zugegen waren, ich, Cato, Varro ⁷) und Coponius selbst die Rathschlüsse der unsterblichen Götter habe durchschauen können?

LVI. 115. Aber jetzt komme ich zu dir,

„Heilger Phöbus, der des Erdreichs sichern Nabel inne hält,
Wo zuerst die wilde Stimme in Begeisterung drang hervor" ¹).

---

³) S. I. 50, 115.
⁴) S. I. 40, 89.
⁵) S. zu I. 50, 115.
⁶) S. zu I. 32, 68 die Anm. 1.
⁷) Ueber Marcus Porcius Cato Uticensis und Varro vgl. daselbst (zu I 32, 68).

¹) Aus welchem Tragiker diese Verse sind, ist unbestimmt. Die Alten hielten Delphi für den Nabel, d. h. den Mittelpunkt der Erde. Der Sache nach war es durch zwei Adler dazu bestimmt, die Zeus von den entgegengesetzten Enden der Welt hatte fliegen lassen, und die hier zusammentrafen. Vgl. Pind. Pyth. IV. 6, 131.

Sechsundfünfzigstes Kapitel.

Denn mit deinen Orakeln hat Chrysippus[2]) einen ganzen Band angefüllt, die zum Theil falsch sind, wie ich glaube, zum Theil durch Zufall wahr, wie es sehr oft bei jeder Rede vorkommt; zum Theil verschlungen und dunkel, so daß der Erklärer einen Erklärer nöthig hat, und das Orakel selbst auf die Orakel verwiesen werden muß; zum Theil zweideutig und so, daß man sie einem Dialektiker vorlegen muß. Denn als jenes Orakel dem mächtigsten König Asiens gegeben worden war:

„Mächtiges Reich wird zerstört, geht Krösus über den Halys"[3]),

so glaubte er, daß er die Macht der Feinde umstürzen würde, er stürzte aber die seinige um. 116. Mochte nun das Eine oder das Andere erfolgen, das Orakel wäre wahr gewesen. Warum soll ich aber glauben, daß dieß jemals dem Krösus gegeben ist? oder warum soll ich den Herobotus für wahrhafter halten als den Ennius? Konnte Jener etwa weniger Etwas von Krösus erdichten als Ennius von Pyrrhus[4])? Denn wer möchte wol glauben, daß Pyrrhus vom Orakel die Antwort erhalten habe:

„Wahrlich, das Volk der Römer wird Aeakus Enkel besiegen"[4]).

VIII. 85. und Pausan. X. 16, 3, der erzählt, daß in Delphi ein Nabel von weißem Marmor gewesen sei. „Die wilde Stimme" bezieht sich auf das Geräusch, mit dem die Pythia ihre Orakel zu geben pflegte.

[2]) Vgl. I. 3, 6 und I. 19, 87.

[3]) Diodor. excerptt. VII. §. 28 und Suidas s. v. $\Lambda o\xi i\alpha\varsigma$ haben den Griechischen Vers, den Cicero übersetzt hat: $K\varrho o\tilde{\iota}\sigma o\varsigma$ $"A\lambda v v$ $\delta \iota\alpha\beta\grave{\alpha}\varsigma$ $\mu\varepsilon\gamma\acute{\alpha}\lambda\eta v$ $\mathring{\alpha}\varrho\chi\acute{\eta}v$ $\varkappa\alpha\tau\alpha\lambda\acute{\upsilon}\sigma\varepsilon\iota$. Herodot. I. 53 gibt den Sinn des Orakels: $\mathring{\eta}v$ $\sigma\tau\varrho\alpha\tau\varepsilon\acute{\upsilon}\eta\tau\alpha\iota$ ($K\varrho o\tilde{\iota}\sigma o\varsigma$) $\mathring{\varepsilon}\pi\grave{\iota}$ $\Pi\acute{\varepsilon}\varrho\sigma\alpha\varsigma$, $\mu\varepsilon\gamma\acute{\alpha}\lambda\eta v$ $\mathring{\alpha}\varrho\chi\acute{\eta}v$ $\mu\iota v$ $\varkappa\alpha\tau\alpha\lambda\acute{\upsilon}\sigma\alpha\iota$, und nennt es selbst (c. 75) $\varkappa\iota\beta\delta\eta\lambda o\varsigma$, d. h. zweideutig. Krösus, der König von Lydien, wollte sich wegen der Vertreibung seines Schwagers Astyages an Kyros, dem Könige der Perser, rächen und überschritt diesem Orakelspruch zu Folge den Halys, im Glauben, das Reich seines Gegners zu zerstören, wurde aber von Kyros in Sardes eingeschlossen und gefangen genommen.

[4]) Pyrrhus, König von Epirus, führte von 282—276 v. Chr. mit den Römern Krieg; er leitete sein Geschlecht von Aeakus, dem Sohne Jupiters und Könige von Aegina, her, der Vater des Peleus und Großvater des Achilles war, ab. Die Zweideutigkeit des Orakels: Aio te, Aeacida, Romanos vincere posse liegt in den Akkusativen te und Romanos, die sowol Subjekt als Objekt sein können. Quintil. instt. orr. IV, 9, 7 gibt das Orakel auch als ein Beispiel der Zweideutigkeit an.

Erstens hat Apollo niemals Lateinisch gesprochen; dann ist aber dieses Orakel auch den Griechen unerhört, überdieß hatte zu des Pyrrhus Zeiten Apollo schon aufgehört Verse zu machen; schließlich, wiewol es immer war, wie es bei Ennius heißt,

„— Stumpf an Geist das Geschlecht der Aeaciden,
Weit mehr mächtig im Krieg als mächtig an Weisheit befunden" [5]),

so hätte er dennoch diese Zweideutigkeit des Verses begreifen können, daß der Sieg der Römer (vincere te Romanos) eben sowohl den Römern als ihm gelten konnte. Denn jene Zweideutigkeit, welche den Krösus täuschte, hätte selbst einen Chrysippus täuschen können; diese aber nicht einmal den Epikurus.

LVII. 117. Aber, was die Hauptsache ist, warum werden denn auf diese Weise keine Orakel in Delphi mehr ertheilt, nicht nur in unserer Zeit, sondern schon längst, so daß jetzt Nichts verachteter sein kann? Wenn sie an diesem Punkte angegriffen werden, so sagen sie, die Kraft des Ortes, aus dem jene Ausdünstung der Erde hervorbrang, durch welche die Pythia begeistert Orakel gab [1]), sei durch die Länge der Zeit verschwunden. Man sollte glauben, sie sprächen von Wein oder Salzfischen, die durch das Alter verdunsten. Es handelt sich von der Kraft eines Ortes, und nicht bloß von einer natürlichen, sondern auch göttlichen; wohin ist denn diese verschwunden? Durch das Alter, wirst du sagen. Welches Alter kann denn wol eine göttliche Kraft aufzehren? Was ist aber so göttlich als ein Hauch aus der Erde, der den Geist so erregt, daß er die Zukunft vorauszusehen im Stande ist, so daß er dieselbe nicht nur lange vorher erblickt, sondern auch in Rhythmen und Versen verkündigt? Wann aber ist diese Kraft verschwunden? Etwa seitdem die Menschen angefangen haben, weniger

---

Pyrrhus, dadurch eben verleitet, kam den Tarentinern zu Hülfe und begann mit den Römern den Krieg. Die beigefügte Uebersetzung des Herameters ist die von Hottinger. Uebrigens ist der Vers aus den Annalen des Ennius (V, 8).

[5]) Die beiden Verse sind nach einem dem Hesiodus (bei Suidas s. v. $\alpha\lambda\varkappa\acute{\eta}$, Hesiod. fragm. CLVII. p. 238 ed. Göttling) beigelegten Ausspruche: $\H{A}\lambda\varkappa\grave{\eta}\nu$ $\mu\grave{\varepsilon}\nu$ $\gamma\grave{\alpha}\varrho$ $\acute{\varepsilon}\delta\omega\varkappa\varepsilon\nu$ $\H{O}\lambda\acute{\upsilon}\mu\pi\iota o\varsigma$ $A\iota\alpha\varkappa\acute{\iota}\delta\alpha\iota\sigma\iota$ $No\~{\upsilon}\nu$ δ' $A\mu\alpha\vartheta\alpha o\nu\acute{\iota}\delta\alpha\iota\varsigma\cdot$ $\pi\lambda o\~{\upsilon}\tau o\nu$ $\delta\acute{\varepsilon}$ $\pi\varepsilon\varrho$ $A\tau\varrho\varepsilon\acute{\iota}\delta\eta\sigma\iota.$

[1]) S. zu I. 19, 38 und I. 36, 79. u. vgl. Diodor. XVI. 26.

leichtgläubig zu sein? 118. Demosthenes [2] wenigstens, der vor ungefähr dreihundert Jahren lebte, sagte schon damals, daß die Pythia philippisire (φιλιππίζειν), d. h. sie halte es gleichsam mit Philippus. Damit zielte er aber darauf hin, daß sie vom Philippus bestochen sei. Hieraus läßt sich abnehmen, daß auch in anderen Delpischen Orakeln Manches nicht aufrichtig gewesen sei. Aber — ich weiß nicht wie — jene abergläubischen und beinahe fanatischen (fanatici) Philosophen, scheint es, wollen Alles lieber als nicht albern sein. Ihr wollt lieber, daß das verschwunden und erloschen sei, was, wenn es jemals gewesen wäre, gewiß ewig sein würde, als an Etwas nicht glauben, was keinen Glauben verdient.

LVIII. 119. Ein ähnlicher Irrtum findet sich bei den Träumen. Wie weit ist ihre Vertheidigung hergeholt! Unsere Seelen, meinen sie, sind göttlich und von Außen her angezogen, und die Welt ist von einer Menge übereinstimmender Seelen angefüllt, und durch diese Göttlichkeit des Geistes selbst und die Verbindung mit den äußeren Geistern werde nun das Zukünftige geschaut. Zeno [2] aber glaubt, die Seele ziehe sich zusammen, versinke gleichsam und falle zusammen, und eben das heiße schlafen. Ferner Pythagoras und Plato [3], die zuverlässigsten Gewährsmänner, schreiben vor, daß man, um im Schlafe zuverlässigere Erscheinungen zu sehen, durch eine bestimmte Pflege und Nahrung vorbereitet sich zum Schlafen begeben solle. Der Bohnen enthalten sich die Pythagoreer gänzlich, gerade als ob durch diese Speise der Geist und nicht der Leib aufgebläht würde. Aber ich weiß nicht, wie es kommt, es kann Nichts so abgeschmackt behauptet werden, was nicht von einem Philosophen behauptet würde. 120. Glau-

---

[2] Ueber Demosthenes und den König Philippus von Macedonien s. zu Kap. 46, §. 96; den Ausdruck φιλιππίζειν gebrauchte zwar Demosthenes nicht in seinen Reden; aber Äschines (orat. in Ctesiph. p. 520 f.) u. Plutarch. Demosth. cap. 20 erwähnen es, vgl. noch Minuc. Felic. c. 26.
[1] Ueber die Träume spricht Cicero bis zum 63. Kapitel, vgl. noch I. 30, 63.
[2] Ueber Zeno s. zu I. 3, 6. [aus Citium auf der Insel Cypern, Schüler des Cynikers Krates, der Megariker Stilpo und Diodorus Kronus und der Akademiker Xenokrates und Polemo, der Stifter der Stoischen Schule (um 300 v. Chr.), gest. zu Athen um 260].
[3] Vgl. zu der folgenden Stelle zu I. Kap. 29 und I. 30, 62, wo dasselbe Verbot bei den Pythagoreern erwähnt wird.

ben wir etwa, daß die Seelen der Schlafenden durch sich selbst während des Träumens in Bewegung gesetzt oder, wie Demokritus meint, durch eine von Außen hinzukommende Erscheinung angestoßen werden? Mag es nun so oder anders damit sein, es kann den Träumenden viel Falsches als wahr erscheinen. Denn auch den Schiffenden scheint sich das zu bewegen, was stille steht, und bei einer gewissen Art des Blickes sieht man an einer Laterne zwei Lichter statt eines⁴). Was soll ich noch sagen, wie Viel den Wahnsinnigen, den Trunkenen selbst erscheint? Wenn man nun dergleichen Erscheinungen nicht trauen darf, so weiß ich nicht, warum man den Träumen glauben soll. Denn über jene Irrtümer läßt sich, wenn du willst, ebenso wie über die Träume streiten, so daß man sagen kann, wenn das, was steht, sich zu bewegen scheint, es bedeute ein Erdbeben oder irgend eine plötzliche Flucht; durch ein doppeltes Licht einer Laterne aber werde angezeigt, daß Zwiespalt und Aufruhr im Werke sei.

LIX. 121. Ferner läßt sich aus den Erscheinungen der Wahnsinnigen oder Trunkenen Unzähliges durch Muthmaßung entnehmen, was als zukünftig erscheinen kann¹). Denn wer sollte den ganzen Tag schießen und nicht einmal treffen? Wir träumen ganze Nächte, und es ist fast keine einzige, in der wir nicht schliefen²), und wundern wir uns, daß einmal das, was wir geträumt haben, eintrifft? Was ist so ungewiß als der Wurf der Würfel? und doch ist Niemand, der bei häufigerem Werfen nicht einmal den Venuswurf³) thäte, bisweilen auch zwei- und dreimal. Wollen wir nun etwa wie die albernen Leute lieber sagen, daß dieß durch den Einfluß der Venus als durch Zufall geschähe? Wenn man zu anderen Zeiten falschen Erscheinungen nicht

---

¹) Nämlich beim Schielen oder sonstigen Augenkrankheiten.

¹) Christ bei Orelli (Ed. II.) nimmt eine Lücke hinter den Worten futura videantur an; denn die folgenden Worte bezögen sich nicht auf die Erscheinungen der Wahnsinnigen und Trunkenen, sondern auf die Träume; er ergänzt: Quid igitur mirum est, si quae somniantibus vera videantur.

²) Nach der Lesart der Handschriften dormiamus, wofür Muret somniemus zu schreiben muthmaßt; doch ist die Lesart dormiamus zu vertheidigen, indem man aus dem Vorhergehenden leicht ergänzen kann: „und in der wir also träumen könnten."

³) S. I. 13, 23.

vertrauen darf; so sehe ich nicht ein, was der Schlaf voraus hat, daß bei ihm das Falsche als wahr gelten soll? 122. Wenn es so von der Natur eingerichtet wäre, daß die Schlafenden das thäten, was sie träumten; so müßten Alle, die schlafen gingen, angebunden werden. Denn sie würden im Traume gewaltigere Bewegungen machen als irgend ein Wahnsinniger. Wenn man nun den Erscheinungen der Rasenden keinen Glauben zumessen darf, weil sie falsch sind; so sehe ich nicht ein, warum man den Erscheinungen der Träumenden glauben soll, die noch viel verwirrter sind. Etwa weil die Wahnsinnigen ihre Erscheinungen dem Ausleger nicht erzählen, die aber es thun, welche geträumt haben? Ich frage nun, wenn ich Etwas schreiben möchte oder lesen oder singen oder Cither spielen, oder wenn ich eine geometrische oder physikalische oder dialektische Aufgabe lösen möchte, ob ich da auf einen Traum warten muß oder die Kunst anwenden, ohne die sich Nichts von diesen Dingen machen und bewerkstelligen läßt. Nun würde ich aber nicht einmal, wenn ich schiffen wollte, so steuern, wie ich geträumt hätte; denn die Strafe würde auf dem Fuße nachfolgen. 123. Wie ist es also zweckmäßig, daß die Kranken lieber bei dem Traumdeuter als bei dem Arzte Heilmittel suchen? Oder kann Aeskulapius [4]) oder Serapis [5]) uns im Traume eine Heilung von der Krankheit vorschreiben, Neptun aber den Steuernden Nichts? Und wenn Minerva [6]) ohne einen Arzt Arzenei gibt, werden die Musen

---

[4]) Aeskulapius (bei den Griechen Ἀσκληπιός), Sohn des Apollo und der Nymphe Koronis, war der Schüler des Chiron in der Heilkunde; wegen seiner großen medizinischen Kenntnisse wurde er als Gott der Heilkunde besonders zu Epidaurus in Argolis verehrt, von wo er während der Pest (293 v. Chr.) auf den Ausspruch der sibyllinischen Bücher nach Rom geholt wurde. Zu Epidaurus war zugleich mit dem Tempel eine Heilanstalt verbunden, eine Inkubation (vgl. oben I. 43. 96), wo die Leidenden sich zum Schlafe niederlegten, im Traume eine Offenbarung über die anzuwendenden Heilmittel zu erlangen. Vgl. besonders Preller, Röm. Mythol. S. 606 ff.

[5]) Serapis, eine bekannte Gottheit der Aegyptier, die später auch in Griechenland und Rom verehrt wurde. Serapis hatte einen Tempel zu Kanobus in Unter-Aegypten, wo ebenfalls die Kranken durch Inkubationen (ἐγκοιμᾶσθαι) Heilung suchten. S. Strabo XVII. 1. §. 17. p. 801.

[6]) Minerva wurde auch als Göttin der Gesundheit in Attika verehrt und hatte als solche den Beinamen Ὑγίεια oder Παιωνία. S. Preller, Griech. Myth. I. S. 173. Bei den Römern hieß sie Minerva Medica.

die Wissenschaft des Schreibens, Lesens und der übrigen Künste den Träumenden nicht verleihen? Aber wenn die Heilung von einer Krankheit so verliehen würde, so würde auch das, was ich angeführt habe, verliehen werden. Da nun dieß nicht geschieht, so wird auch die Arzenei nicht verliehen. Und wenn diese aufgegeben ist, so fällt auch das ganze Ansehen der Träume damit weg.

LX. 124. Doch das mag auch am Tage liegen; jetzt wollen wir in's Innere einen Blick thun. Entweder bewirkt irgend eine göttliche Kraft, die für uns sorgt, die Andeutungen durch Träume; oder die Traumdeuter erkennen aus einer gewissen Zusammenstimmung und Verbindung der Natur, die sie Sympathie ($\sigma\upsilon\mu\pi\acute{\alpha}\vartheta\varepsilon\iota\alpha$) [1]) nennen, was den Träumen gemäß einer jeden Sache zukomme, und was auf jede Sache folge; oder es ist keines von beidem der Fall, sondern es ist eine beständige und langjährige Beobachtung darüber vorhanden, was, wenn man Etwas im Schlafe gesehen hat, danach einzutreten und zu erfolgen pflegt. Denn zuerst muß man einsehen, daß keine göttliche Kraft die Schöpferin der Träume sei. Und das ist einleuchtend, daß keine Traumerscheinungen von dem Willen der Götter ausgehen; denn die Götter würden doch unseretwegen dieß thun, damit wir die Zukunft voraussehen könnten. 125. Wie viel Menschen gibt es aber nun, die den Träumen gehorchen, die sie einsehen, die sich ihrer erinnern? wie viel aber, die sie verachten und für einen Aberglauben eines schwachen und altweibischen Geistes halten? Warum sollte also Gott aus Sorge für diese Menschen sie durch Träume warnen, die jene nicht nur nicht der Beachtung, sondern nicht einmal der Erinnerung für werth erachten? Denn Gott kann es nicht unbekannt sein, wie Jeder gesinnt ist, und nicht ist es der Gottheit würdig, Etwas vergebens und ohne Grund zu thun, was sogar der Beständigkeit eines Menschen zuwider wäre. Wenn so die meisten Träume entweder unbekannt bleiben oder vernachlässigt werden, so weiß dieß entweder Gott nicht, oder er bedient sich ohne Grund der Andeutungen durch Träume. Aber hiervon kommt keines von beidem einem Gotte zu. Also muß man eingestehen, daß von Gott Nichts durch Träume angezeigt werde.

---

[1]) Unter $\sigma\upsilon\mu\pi\acute{\alpha}\vartheta\varepsilon\iota\alpha$ verstanden die Stoiker den consensus, die cognatio, conjunctio naturae, das naturgemäße Zusammentreffen gewisser Erscheinungen in den verschiedenen Theilen der Welt.

LXI. 126. Auch danach frage ich, warum Gott, wenn er uns diese Erscheinungen, um vorauszusehen sendet, sie uns nicht lieber im Wachen als im Schlafe gibt. Denn mag ein von Außen kommender Anstoß die Seelen der Schlafenden in Bewegung setzen, oder mögen die Seelen durch sich selbst bewegt werden, oder mag es sonst eine Ursache geben, weshalb wir während des Schlafes Etwas zu sehen, zu hören oder zu treiben glauben; so konnte dieselbe Ursache auch bei dem Wachenden stattfinden; und wenn die Götter dieß unseretwegen im Schlafe thäten, so könnten sie dasselbe auch im Zustande des Wachens thun; zumal da Chrysippus [1]) in seiner Widerlegung der Akademiker behauptet, daß das, was die Wachenden sähen, viel deutlicher und gewisser sei, als was sich im Traume zeige. Es war also der göttlichen Wohlthätigkeit, wenn sie für uns sorgen wollte, würdiger deutlichere Erscheinungen den Wachenden zu geben als dunklere vermittelst des Traumes. Weil nun dieß nicht geschieht, so darf man die Träume nicht für göttlich halten. 127. Wozu aber sind eher die Umschweife und Umwege nöthig, daß man Traumdeuter zu Rathe ziehen muß, statt daß Gott, wenn anders er uns rathen wollte, geradezu sagen sollte: „Dieß thue, dieß thue nicht" [2]); und dieses Gesicht würde er eher einem Wachenden als einem Schlafenden geben.

LXII. Wer möchte ferner wagen zu behaupten, daß alle Träume wahr seien? „Einige Träume sind wahr, sagt Ennius [1]), daß es aber alle seien, ist nicht nöthig." Was ist denn das für eine Unterscheidung? Welche Träume hält sie für wahr, welche für falsch? Und wenn die wahren von Gott gesandt werden, woher entstehen die falschen? Denn wenn auch diese göttlich sind, was ist dann wankelmüthiger als Gott? oder was ist ungereimter als die Geister der Sterblichen durch falsche und trügerische Erscheinungen aufzuregen? Wenn aber die wahren Erscheinungen göttlich, die falschen und nichtigen aber menschlich sind, was

---

[1]) Ueber Chrysippus vgl. zu I, 3, 6. Vgl. II. 14. 84. Zeller Griech. Phil. III. S. 87. f. vgl. Kap. 66 §. 142.

[2]) Wir haben nach der von Rabvig vorgeschlagenen Interpunktion übersetzt, so daß directo mit Deus diceret zu verbinden ist.

[1]) Vgl. Ribbeck, tragg. latt. reliqu. p. 61, wo der Vers lautet: Aliquót sunt vera sómnia, at non ómnia est necésse.

ist das für eine Willkür zu bestimmen, daß dieß Gott, jenes die Natur gemacht haben soll, statt vielmehr Alles auf Gott, was ihr leugnet, oder Alles auf die Natur zurückzuführen? Weil ihr nun jenes leugnet, müßt ihr nothwendig dieß zugestehen. 128. Natur aber nenne ich den Zustand der Seele, in dem sie niemals ruhen und von Thätigkeit und Bewegung frei sein kann. Wenn sie wegen Erschlaffung des Körpers sich weder der Glieder noch der Sinne bedienen kann, so verfällt sie auf mannigfaltige und unbestimmte Erscheinungen von den anhaftenden Ueberbleibseln der Dinge, wie Aristoteles[2]) sagt, welche sie im Wachen gethan oder gedacht hat. Aus der Verwirrung dieser entstehen bisweilen wunderbare Erscheinungen von Träumen. Wenn von diesen die einen falsch, die anderen wahr sind, so möchte ich fürwahr wissen, an welchem Merkmale sie unterschieden werden. Gibt es keines, wozu sollen wir jene Traumdeuter anhören? Gibt es eines, so trage ich Verlangen zu hören, was es für eines ist. Aber sie werden sich verlegen fühlen.

LXIII. 129. Denn jetzt kommt es zur Streitfrage, ob es wahrscheinlicher sei, daß die unsterblichen Götter, die über Alles herrlich und erhaben sind, nicht nur zu den Betten aller irgend wo lebenden Sterblichen, sondern auch zu ihren elendesten Lagern umherlaufen, und wenn sie Einen schnarchen sehen, diesem gewisse verworrene und dunkle Bilder vorhalten, damit er sie im Schrecken über den Traum früh morgens dem Traumdeuter hinterbringe; oder daß durch Wirkung der Natur die Seele in lebhafte Bewegung versetzt das, was sie im Wachen gesehen hat, im Schlafe zu sehen glaubt. Ist es der Philosophie würdiger, dieß durch den Aberglauben von Wahrsagerinnen, oder durch die Erklärung aus der Natur zu deuten? so daß, wenn auch eine wahre Deutung der Träume deutlich wäre, dennoch diejenigen sie nicht machen könnten, die ein Gewerbe daraus machen; denn sie gehören gerade zu dem geringsten und unwissendsten Menschenschlage. Deine Stoiker aber behaupten, daß Niemand mit Ausnahme des Weisen weissagen könne. 130. Chrysippus[1]) wenigstens definirt

---

[2]) Aristoteles (in dem Buche) περὶ ἐνυπνίων cap. 3 (de anima p. 119 Bekk).

[1]) Zu Chrysippus vgl. zu I, 3, 6. Davies führt zu dieser Stelle Sto-

die Weissagung mit folgenden Worten: „Sie sei eine Kraft, welche die von den Göttern den Menschen gegebenen Zeichen erkenne, einsehe und erkläre," ihr Geschäft aber sei vorher zu erkennen, wie die Götter gegen die Menschen gesinnt seien, was sie anzeigen, und wie dieß abgewandt und gesühnt werden müsse. Ebenfalls definirt er die Deutung der Träume auf folgende Weise: „sie sei die Kraft, welche wahrnehme und erkläre das, was von den Göttern den Menschen im Traume angezeigt werde [2]). Wie nun? Hat man hierzu eine mittelmäßige Klugheit nöthig oder einen vorzüglichen Geist und eine vollendete Bildung? Von der Art habe ich aber noch Keinen kennen gelernt.

LXIV. 131. Bedenke also, ob wir, wenn ich dir auch zugestehe, daß es eine Weissagung gebe, was ich niemals thun werde, dennoch einen Weissager finden können. Wie steht es denn mit dem Verstande der Götter, wenn sie uns weder das im Schlafe anzeigen, was wir für uns selbst einsehen, noch das, wofür wir Ausleger haben können? Denn wenn uns die Götter solche Erscheinungen vorführen, wovon wir weder Kenntniß, noch wozu wir einen Ausleger haben könnten, so sind sie in einer ähnlichen Lage, wie wenn Punier oder Spanier in dem Römischen Senate ohne Dolmetscher reden würden. 132. Und wozu dienen ferner die Dunkelheiten und Räthsel der Träume? Denn die Götter müßten doch wollen, daß wir die Warnungen einsähen, die sie unseretwegen gäben. Wie? Ist kein Dichter, kein Physiker dunkel? Ja, gar zu dunkel ist jener Euphorion [1]). Aber nicht Homer. Wer von beiden ist nun der Bessere? 133. Heraklitus [2]) ist sehr dunkel,

---

baeus, in Eclog. ethic. II. p. 170 et p. 183 an: $\mu\alpha\nu\tau\iota\varkappa\grave{o}\nu$ $\mu\acute{o}\nu o\nu$ $\epsilon\tilde{\iota}\nu\alpha\iota$ (behaupten die Stoiker) $\tau\grave{o}\nu$ $\sigma\pi o\upsilon\delta\alpha\tilde{\iota}o\nu$, $\dot{\omega}\varsigma$ $\ddot{\alpha}\nu$ $\dot{\epsilon}\pi\iota\sigma\tau\acute{\eta}\mu\eta\nu$ $\ddot{\epsilon}\chi o\nu\tau\alpha$ $\delta\iota\alpha\gamma\nu\omega\sigma\tau\iota\varkappa\acute{\eta}\nu$ $\sigma\eta\mu\epsilon\acute{\iota}\omega\nu$ $\tau\tilde{\omega}\nu$ $\dot{\alpha}\pi\grave{o}$ $\vartheta\epsilon\tilde{\omega}\nu$ $\ddot{\eta}$ $\delta\alpha\iota\mu\acute{o}\nu\omega\nu$ $\pi\rho\grave{o}\varsigma$ $\dot{\alpha}\nu\vartheta\rho\acute{\omega}\pi\iota\nu o\nu$ $\beta\acute{\iota}o\nu$ $\tau\epsilon\iota\nu\acute{o}\nu\tau\omega\nu$ $\delta\iota\grave{o}$ $\varkappa\alpha\grave{\iota}$ $\tau\grave{\alpha}$ $\epsilon\ddot{\iota}\delta\eta$ $\tau\tilde{\eta}\varsigma$ $\mu\alpha\nu\tau\iota\varkappa\tilde{\eta}\varsigma$ $\epsilon\tilde{\iota}\nu\alpha\iota$ $\pi\epsilon\rho\grave{\iota}$ $\alpha\dot{\upsilon}\tau\acute{o}\nu$, $\tau\acute{o}\tau\epsilon$ $\dot{o}\nu\epsilon\iota\rho o\varkappa\rho\iota\tau\iota\varkappa\grave{o}\nu$ $\varkappa\alpha\grave{\iota}$ $\tau\grave{o}$ $o\dot{\iota}\omega\nu o\sigma\varkappa o\pi\iota\varkappa\acute{o}\nu$, $\varkappa\alpha\grave{\iota}$ $\epsilon\ddot{\iota}$ $\tau\iota\nu\alpha$ $\ddot{\alpha}\lambda\lambda\alpha$ $\tau o\acute{\upsilon}\tau o\iota\varsigma$ $\dot{\epsilon}\sigma\tau\grave{\iota}$ $\pi\alpha\rho\alpha\pi\lambda\acute{\eta}\sigma\iota\alpha$.

[2]) Vgl. Stob. Eclog. ethic. II. p. 170: $\epsilon\tilde{\iota}\nu\alpha\iota$ $\tau\grave{\eta}\nu$ $\mu\alpha\nu\tau\iota\varkappa\grave{\eta}\nu$ $\varphi\alpha\sigma\iota\nu$ (die Stoiker) $\dot{\epsilon}\pi\iota\sigma\tau\acute{\eta}\mu\eta\nu$ $\vartheta\epsilon\omega\rho\eta\mu\alpha\tau\iota\varkappa\grave{\eta}\nu$ $\sigma\eta\mu\epsilon\acute{\iota}\omega\nu$ $\tau\tilde{\omega}\nu$ $\dot{\alpha}\pi\grave{o}$ $\vartheta\epsilon\tilde{\omega}\nu$ $\ddot{\eta}$ $\delta\alpha\iota\mu\acute{o}\nu\omega\nu$ $\pi\rho\grave{o}\varsigma$ $\dot{\alpha}\nu\vartheta\rho\acute{\omega}\pi\iota\nu o\nu$ $\beta\acute{\iota}o\nu$ $\sigma\upsilon\nu\tau\epsilon\iota\nu\acute{o}\nu\tau\omega\nu$.

[1]) Euphorion aus Chalkis war ein Dichter und Gelehrter des Alexandrinischen Zeitalters, geb. um 270 v. Chr. Meineke hat seine Schriften herausgegeben: de Euphorionis vita et scriptis, Danzig 1823 s. S. 44 ff.

[2]) Heraklitus, ein berühmter Philosoph der Jonischen Schule, geb. um 500

Demokritus gar nicht. Sind sie also zu vergleichen? Du gibst mir um meinetwillen eine Warnung, die ich nicht verstehen soll? Wozu warnst du mich also? Wie wenn ein Arzt einem Kranken vorschriebe einzunehmen eine:

„Erdgeborene, wandelnd im Gras, Hausträgerin, blutleer," [3]

anstatt nach menschlicher Weise eine Schnecke zu nennen. Denn als der Pakuvianische Amphion [4]) etwas sehr dunkel gesagt hatte:

„Vierfüßig, langsam schreitend, niedrig, wild und rauh,
Kurzköpfig, schlangenhalsig, und mit stierem Blick,
Entweibet, leblos, doch mit seelenvollem Ton, [5]

so antworten die Attiker [6]): „Wir verstehen es nicht, wenn du nicht deutlich redest." Und er spricht mit Einem Worte: die Schildkröte. Konntest du, Kitharspieler, das nicht gleich Anfangs sagen?

LXV. 134. Es trägt Einer dem Traumdeuter vor, er habe geträumt, daß ein Ei am Gurte seiner Bettstelle hinge. Dieser Traum

---

v. Chr. zu Ephesus. Man hatte ihm den Beinamen σκοτεινός (der Dunkele) gegeben, vgl. darüber besonders Krische, Forschungen auf dem Gebiete der Philos. I. S. 59.

3) Wahrscheinlich hat Cicero den Vers einem Verse nachgebildet, den Athenaeus II. p. 63 d., als ein Gesellschaftsräthsel anführt: Ἡσίοδος δὲ τὴν κοχλίαν φερέοικον καλεῖ — Ἀχαιός — προβάλλεται κἂν τοῖς συμποσίοις γρίφου (Räthsel) τάξιν ἔχον περὶ τῶν κοχλιῶν οὕτως·

Ὑλογενής, ἀνάκανθος, ἀναίματος, ὑγροκέλευθος.

4) Ueber Pacuvius s. zu I, 57. 131. Die Verse sind aus der Antiope s. Ribbeck, tragg. latt. reliqu. p. 63. Amphion, der gleich darauf der Kitharspieler genannt wird, und Zethus, zwei Brüder, werden in der Antiope mit einander in Wortwechsel über die Musik streitend eingeführt. Zethus mißgönnt seinem Bruder Amphion den Ruhm in der Tonkunst. Amphion fügte auch durch die Macht seiner Töne die Mauern Thebens zusammen.

5) cum animali sono, dem vorhergehenden inanima entgegengesetzt, bezieht sich auf die Schildkröte, aus welcher Merkur, nachdem sie entweibet (eviscerata) und leblos (inanima) geworden war, die Kithar erfunden haben soll, vgl. Homer. hymn. in Mercur. 24 ff.

6) Die Handschriften haben Attici, doch sind die Attiker in einer Römischen Tragödie nicht am Platze. Orelli liest: Astici und versteht darunter die Bürger Thebens (ἄστεος), aus denen der Chor in der Tragödie bestand. Bothe will attice in der Bedeutung von scite, bene lesen.

steht in dem Buche des Chrysippus¹). Der Traumdeuter antwortet, unter dem Bette sei ein Schatz vergraben. Er gräbt nach und findet ziemlich viel Gold und zwar von Silber umgeben. Er schickt dem Deuter so viel von dem Silber, als ihm gutdünkt. Darauf sagt jener: „Und Nichts von dem Dotter?" Denn dadurch schien ihm beim Ei das Gold bezeichnet zu werden, durch das Uebrige, das Silber. Hat also Niemand sonst je von einem Ei geträumt? Warum hat also dieser Eine, ich weiß nicht wer, allein einen Schatz gefunden? Wie viele Arme, die des Beistands der Götter würdig sind, werden durch keinen Traum daran erinnert, einen Schatz zu suchen? Weshalb aber wurde er auf so dunkle Weise erinnert, daß erst aus dem Ei die Aehnlichkeit mit dem Schatze in ihm aufstieg, anstatt vielmehr ihm geradezu zu befehlen den Schatz zu suchen, sowie dem Simonides²) geradezu verboten wurde sich einzuschiffen? Folglich sind dunkle Träume durchaus nicht mit der Würde der Götter vereinbar.

LXVI. 135. Wir wollen jetzt auf die offenbaren und klaren Träume kommen, wie der ist von dem, der zu Megara von dem Gastwirte ermordet wurde¹), wie der von Simonides²), der durch den von ihm Bestatteten gewarnt wurde, sich einzuschiffen, auch wie der vom Alexander, welchen du zu meiner Verwunderung übergangen hast. Als sein Freund Ptolemäus³) in der Schlacht von einem vergifteten Pfeile getroffen war und an dieser Wunde unter den größten Schmerzen den Tod vor Augen sah, wurde Alexander, der bei ihm saß, vom Schlafe überwältigt. Da soll ihm im Traume der Drache, den seine Mutter Olympias hielt, mit einer Wurzel im Munde erschienen sein und zu-

---

¹) Wahrscheinlich hat diesen Traum Chrysippus in seiner Schrift περὶ χρησμῶν erwähnt, woraus ihn wenigstens Suidas s. v. νεοττός anführt.
²) S. zu I. 27, 56.
¹) S. I, 27, 57.
²) S. I, 27, 56.
³) Dasselbe erzählt auch Curtius Ruf. IX. 8 (33 Zumpt.), vgl. auch Diod. XVII. 103 und Strabo XV. 2, 7. p. 723. Der hier erwähnte Ptolemäus ist, der Sohn des Lagus, einer der Feldherren Alexander's des Großen, der später der erste König von Aegypten wurde. Olympias war die Tochter des Königs Neoptolemus in Epirus und die Gemahlin Philipps, des Königs von Macedonien und Mutter Alexander's des Großen.

gleich gesagt haben, an welcher Stelle jene wüchse, — es war nicht weit von dem Orte entfernt — und daß deren Kraft so bedeutend sei, daß sie den Ptolemäus leicht heilen könnte. Als Alexander erwacht sei, habe er den Traum seinen Freunden erzählt und Leute ausgeschickt, um jene Wurzel aufzusuchen. Nachdem sie gefunden, soll Alexander und viele Soldaten, die von derselben Art von Pfeilen verwundet worden waren, geheilt worden sein. 136. Viele Träume hast du auch aus der Geschichte angeführt, von der Mutter des Phalaris[4]), von dem älteren Cyrus[5]), von der Mutter des Dionysius[6]), von dem Punier Hamilkar[7]), von dem Hannibal[8]), von Publius Decius[9]), auch jenen allbekannten von dem Vortänzer, auch von Gracchus und den kürzlichen Traum der Cäcilia, der Tochter des Balearicus[10]). Aber dieses sind fremde Träume[11]) und deswegen uns unbekannt, einige vielleicht auch erdichtet. Denn wer ist Gewährsmann für sie? Was haben wir von unseren Träumen zu sagen? Du von meinem und meines Rosses Hervortauchen[12]) am Ufer? ich vom Marius[13]) mit den lorbeerbekränzten Ruthenbündeln, der mich zu seinem Denkmale führen ließ?

LXVII. Alle Träume, Quintus, haben einen Grund, und laßt uns bei den unsterblichen Göttern zusehen, daß wir diesen nicht durch unseren Aberglauben und unsere Verkehrtheit vergrößern!

---

[4]) S. I. 23, 46.
[5]) Daselbst.
[6]) S. I. 20, 39.
[7]) S. I. 24, 50.
[8]) S. I. 24, 49.
[9]) S. I. 24, 51.
[10]) S. I. 14, 99.
[11]) D. h. Träume von fremden Nationen, wenn gleich auch einige Römische darunter sind. Vgl. I. 23, 46: nunc ad externa redeamus. Andre Herausgeber fassen dagegen externa auf als: aliorum hominum (somnia).
[12]) Nach der Konjektur von Davies: emerso statt merso. Wegen des vorhergehenden de konnte leicht das folgende o ausfallen, überdies paßt emerso besser zu der oben I. 38, 58 gegebenen Beschreibung, besonders zu den Ausdrücken: te — exstitisse und ascendisse und Kap. 68, §. 140 findet sich auch ganz derselbe Ausdruck: emersus e flumine.
[13]) S. I. 28, 59.

137. Welchen Marius, glaubst du, habe ich gesehen? Eine Erscheinung von ihm, mein' ich, und ein Bild, wie Demokritus will. Woher soll das Bild gekommen sein? Denn er behauptet, daß von festen Körpern und bestimmten Figuren Bilder ausströmen ¹). Was war es nun für ein Körper des Marius? Eine Ausströmung, sagt er, aus dem, was er gewesen war. Alles ist voll von Bildern. Jenes Bild des Marius also begleitete mich auf das Atinatische Gebiet ²). Denn es läßt sich keine Gestalt denken, außer durch eine Einwirkung von Bildern ³). Wie nun? Sind uns diese Bilder so auf das Wort gehorsam, daß sie, sobald wir wollen, herbeieilen? Auch von den Dingen, welche gar nicht sind? Denn was gibt es für eine so ungewöhnliche, so nichtige Gestalt, die sich die Seele nicht ausdenken könnte? so daß wir uns auch von solchen Dingen, die wir niemals gesehen haben, dennoch eine Vorstellung machen, wie von der Lage der Städte, der Gestalt der Menschen. 139. Wenn ich mir die Mauern von Babylon oder das Gesicht Homer's denke, macht etwa irgend ein Bild von ihnen einen Eindruck auf mich? Also kann uns Alles, was wir wollen, bekannt sein; denn es gibt Nichts, was wir uns nicht denken könnten. Es schleichen sich also in die Seelen der Schlafenden keine Bilder von Außen ein; es strömen überhaupt keine aus; und ich kenne Keinen, der mit größerem Gewicht Nichts sagte ⁴). Die natürliche Kraft der Seelen ist so beschaffen, daß sie im Wachen, ohne äußeren hinzutretenden Anstoß, sondern durch eigene Bewegung mit einer unglaublichen Schnelligkeit thätig sind. So lange sie durch die Glieder, durch den Körper und durch die Sinne unterstützt werden, sehen, denken und fühlen sie Alles bestimmter. Wenn ihr aber diese entzogen sind, und die Seele durch die Erschlaffung des Körpers verlassen ist; dann wird sie durch sich selbst in Bewegung gesetzt. Daher schweben in ihr Gestalten und Handlungen umher, und sie glauben Vieles zu hören und Vieles zu sagen. 140. Diese Dinge schweben in der schwachen und erschlafften Seele in großer Anzahl und auf alle Weise verwirrt und

---

¹) Vgl. II. 58, 120. Epikur nennt diese Bilder εἴδωλα oder τύποι und Lucrez (de rer. nat. IV. 34 ff.) simulacra.
²) S. zu I. 28, 59.
³) Nach der Ansicht des Demokritus nämlich.
⁴) Nämlich als Demokritus, von dem die Rede ist.

vermannigfacht umher, und besonders bewegen sich und wälzen sich in den Seelen die Ueberreste derjenigen Dinge, die wir im Wachen gedacht oder gethan haben, sowie mir zu jener Zeit Marius häufig vorschwebte, indem ich gedachte, mit welch erhabenem und standhaftem Muthe er sein schweres Unglück ertragen hatte. Das, glaube ich, ist der Grund gewesen, von ihm zu träumen.

LXVIII. Dir aber, als du an mich mit Bekümmerniß dachtest, schien ich plötzlich aus dem Flusse aufzutauchen. Denn in unserer Beider Seelen lagen noch die Spuren der wachenden Gedanken. Aber Einiges wurde hinzugefügt, wie bei mir das von dem Denkmale des Marius, bei dir, daß das Roß, auf dem ich ritt, mit mir zugleich unterging und wieder zum Vorschein kam. 141. Oder glaubst du etwa, daß irgend ein altes Weib so wahnwitzig gewesen sein würde, den Träumen Glauben zu schenken, wenn dergleichen nicht zuweilen durch Zufall und von Ungefähr zusammenträfe? Dem Alexander schien der Drache zu reden. Dieß kann überhaupt falsch, aber auch wahr sein; wie es sein mag, wunderbar ist es nicht. Denn nicht hörte jener den Drachen reden, sondern glaubte ihn zu hören, und zwar, was noch um so außerordentlicher ist, er redete, indem er die Wurzel im Munde hielt. Aber Nichts ist außerordentlich für einen Träumenden [1]). Ich frage aber, warum hatte Alexander diesen so ausgezeichneten, so zuverlässigen Traum, und warum nicht ebenfalls einen zu anderer Zeit, und warum Andere nicht viele dergleichen? Mir wenigstens ist außer diesem Marianischen in der That keiner vorgekommen, dessen ich mich erinnerte. Vergebens sind also so viel Nächte in einem so langen Leben zugebracht. 142. Jetzt gerade habe ich wegen der Unterbrechung der gerichtlichen Thätigkeit den Nachtwachen etwas abgezogen und die Mittagsruhe zugefügt, die ich früher nicht zu halten gewohnt war; und doch habe ich bei diesem vielen Schlafen nie durch einen Traum eine Erinnerung erhalten, und zumal bei so wichtigen Begebenheiten; und niemals glaube ich mehr zu träumen, als wenn ich auf dem Markte die Obrigkeiten oder in der Curie den Senat sehe [2]).

---

[1]) D. h. Nichts ist für einen Träumenden zu außerordentlich, daß er es nicht für möglich halten sollte.

[2]) Cicero spricht hier mit bitterer Ironie im Hinblick auf die gegenwärtige

Neunundsechzigstes Kapitel.

LXIX. Und was ist denn — nach unserer Eintheilung ist dieß das zweite[1]) — für ein Zusammenhang und eine Zusammenstimmung in der Natur, was sie, wie ich gesagt habe, die Sympathie ($\sigma\upsilon\mu\pi\acute{\alpha}\vartheta\varepsilon\iota\alpha$)[2]) nennen, dergestalt, daß man einen Schatz aus einem Ei erkennen soll? Denn die Aerzte erkennen aus gewissen Anzeichen die Annäherung und Steigerung der Krankheit; sie sagen sogar, es ließen sich einige Merkmale für den Gesundheitszustand, wie namentlich, ob wir vollsäftig oder entkräftet sind, aus einer gewissen Art von Träumen erkennen. Ein Schatz aber und eine Erbschaft, eine Ehrenstelle und Sieg und Vieles von derselben Art, in welcher natürlichen Verwandtschaft steht es mit den Träumen? 143. Es soll Einer, als er vom Beischlafe träumte, Blasensteine ausgeworfen haben. Ich sehe die Sympathie. Denn ihm ist im Schlafe ein solches Bild erschienen, daß die Kraft der Natur, nicht der Irrwahn die erfolgte Wirkung hervorbrachte[3]). Welche Naturkraft hat also dem Simonides[4]) jene Erscheinung vorgeführt, die ihm verbot, sich einzuschiffen? oder was für eine Verbindung mit der Natur hatte der aufgezeichnete Traum des Alcibiades[5])? der kurz vor seinem Tode im Schlafe glaubte, er sei mit dem Gewande seiner Geliebten bekleidet. Als er unbeerdigt hingeworfen war, und von Allen verlassen balag, bedeckte seine Geliebte den Leichnam mit ihrem Mantel. Lag das also in der Zukunft und hatte na-

---

Lage des Staates und die allgemeine Verwirrung in den öffentlichen Angelegenheiten, indem die alte Sittenreinheit verschwunden war, und bei den Gerichten und im Senate das Recht daniederlag.

[1]) Vgl. oben Kap. 60, §. 124.
[2]) S. zu Kap. 60, §. 124.
[3]) D. h. der natürliche (physische) Proceß stand mit dem Traume in Verbindung: Der Mensch warf Blasensteine aus und hatte in Folge dessen solch einen Traum.
[4]) S. I. 27, 56 und Kap. 65 §. 134.
[5]) Alcibiades, der Sohn des Klinias, schien den Spartanern gefährlich zu sein und deßhalb veranlaßte Lysander den Satrapen Pharnabazus, zu dem er geflohen war, ihn in Phrygien überfallen und tödten zu lassen. Sein Haus wurde angezündet, und beim Herausgehen wurde er von den Barbaren getödtet (vgl. Nepos, Alcib. 10). Denselben Traum erzählt auch Plutarch, vita Alcib. cap. 39. und Suidas sub Alcib. und Valer. Maxim. I. 7, 9: Alcibiades quoque miserabilem exitum suum haud fallaci nocturna imagine speculatus est; quo enim pallio amicae suae dormiens opertum se viderat, interfectus et sepultus jacens contectus est. —

türliche Gründe? Oder hat der Zufall sowol die Erscheinung als den Erfolg hervorgebracht?

LXX. 144. Wie? geben nicht die Vermuthungen der Traumbeuter mehr ihren Geist als die Kraft und Uebereinstimmung der Natur zu erkennen? Ein Wettläufer, der zu den Olympischen Spielen zu reisen gedachte, glaubte im Schlafe auf einem vierspännigen Wagen zu fahren. Früh geht er zum Traumbeuter. Und dieser sagt: Du wirst siegen. Denn dieß deutet die Schnelligkeit und Kraft der Rosse an. Derselbe kommt nachher zum Antiphon¹). Der aber sagt: Du wirst nothwendig besiegt werden. Siehst du denn nicht ein, daß vier vor dir hergelaufen sind? — Sieh! ein anderer Wettläufer — denn von diesen und ähnlichen Träumen ist das Buch des Chrysippus²) und das des Antipater³) voll — doch ich kehre zu dem Wettläufer zurück. Er trägt dem Ausleger vor, er habe im Traume geglaubt, ein Adler geworden zu sein. Und jener sagt: Du hast gesiegt. Denn kein Vogel fliegt gewaltiger als dieser. Antiphon aber sagte ihm: Du Einfaltspinsel, siehst du nicht, daß du besiegt bist? Denn dieser Vogel, der andere Vögel verfolgt und jagt, ist selbst immer der letzte. 145. Eine Frau, die Kinder zu haben wünschte und im Zweifel war, ob sie schwanger sei, träumte, ihre Natur sei versiegelt. Sie erzählte dieß. Ein Traumbeuter behauptet, sie habe nicht empfangen können, weil sie versiegelt gewesen sei. Aber ein anderer sagt, sie sei schwanger; denn etwas Leeres pflege man nicht zu versiegeln. Was ist das für eine Kunst des Traumbeuters, der mit seinem Witze täuscht? Oder beweisen die von mir angeführten Beispiele und unzählige, die von den Stoikern gesammelt sind, etwas Anderes als den Scharfsinn der Menschen, die aus einer gewissen Aehnlichkeit ihre Vermuthungen bald hierhin bald dorthin lenken? Die Aerzte haben gewisse Zeichen an den Adern und in dem Athem des Kranken und erkennen aus vielen anderen Erscheinungen die Zukunft voraus. Wenn der Steuermann die Blackfische⁴) aufspringen oder die Delphine sich in den Hafen flüchten

---

[1] Antiphon, ein Athener s. zu I. 20, 39.
[2] S. zu I. 3, 6.
[3] S. ebendaselbst.
[4] loligo, der Blackfisch oder Tintenfisch, Sepia loligo. Plin. hist. nat. XVIII. 35 erwähnt dasselbe von ihm.

fieht, so glaubt er, dieß zeige einen Sturm an. Dieß läßt sich leicht durch Gründe erklären und auf die Naturgesetze zurückführen; das aber, was ich kurz vorher gesagt habe, auf keine Weise.

LXXI. 146. Aber freilich eine lang dauernde Beobachtung — denn dieser eine Theil bleibt noch übrig [1]) — hat durch Aufzeichnung der Dinge eine Kunst erzeugt. Meinst du? Können die Träume beobachtet werden? Auf welche Weise denn? denn es gibt unzählige Mannigfaltigkeiten. Nichts läßt sich so verkehrt, so regellos und so ungeheuer erdenken, daß wir es nicht träumen könnten. Wie also können wir diese unendlichen und immer neuen Erscheinungen in dem Gedächtnisse behalten oder durch Beobachtung aufzeichnen? Die Astrologen haben die Bewegungen der Irrsterne (Planeten) verzeichnet. Denn man fand bei diesen Sternen eine Ordnung, an die man früher nicht glaubte. Sag mir doch, welche Ordnung und welche Zusammenstimmung findet sich bei den Träumen? auf welche Weise aber können die wahren Träume von den falschen unterschieden werden, wenn dieselben Träume bei dem Einen so, bei dem Anderen so und bei einem und demselben nicht immer auf dieselbe Weise eintreffen? so daß es mir wunderbar erscheint, da wir einem Lügner, auch nicht einmal wenn er die Wahrheit sagt, zu glauben pflegen, wie jene doch, wenn einmal ein Traum in Erfüllung gegangen ist, nicht lieber wegen der vielen diesem einen den Glauben absprechen, als um des Einen willen unzählig viele für wahr halten. 147. Wenn also weder Gott der Schöpfer der Träume ist, noch die Natur irgend welche Gemeinschaft mit den Träumen hat, noch durch Beobachtung eine Wissenschaft erfunden werden kann; so ist bewiesen, daß man den Träumen durchaus keinen Glauben schenken darf, zumal da die selbst, welche sie sehen, Nichts daraus weissagen, und diejenigen, welche sie auslegen, Muthmaßung und nicht die Natur zu Rathe ziehen, der Zufall aber im Laufe von fast unzähligen Jahrhunderten bei allen Dingen mehr Wunderbares als bei den Erscheinungen der Träume hervorgebracht hat, und da endlich auch Nichts ungewisser ist als die Muthmaßung, die nach verschiedenen Seiten, bisweilen nach ganz entgegengesetzten hin gelenkt werden kann.

LXXII. 148. Es werde also auch diese Weissagung aus den Träumen zugleich mit den übrigen verworfen. Denn, um die Wahr-

---

[1]) S. Kap. 60, §. 124.

heit zu sagen, ein Aberglaube, der sich über die Völker verbreitet, hat sich fast Aller Gemüther und der menschlichen Schwäche bemeistert. Dieß ist in den Büchern von dem Wesen der Götter gesagt worden, und auch in dieser Abhandlung habe ich darauf hauptsächlich hingearbeitet. Denn ich glaubte sowol mir selbst als meinen Mitbürgern zu nützen, wenn ich den Aberglauben gänzlich vernichtete. Keineswegs aber — und dieß will ich sorgfältig verstanden wissen — wird mit der Vernichtung des Aberglaubens auch die Religion vernichtet. Denn es geziemt sich für einen weisen Mann die Anordnungen der Vorfahren durch Beibehaltung der heiligen Gebräuche und Ceremonien zu erhalten; und die Schönheit der Welt und die Ordnung in den Himmelsräumen zwingt uns das Geständniß ab, daß es ein erhabenes und ewiges Wesen gebe, und daß dieses von dem menschlichen Geschlechte verehrt und bewundert werden müsse. 149. Sowie deshalb die mit der Erkenntniß der Natur verbundene Religion befördert werden muß, ebenso müssen alle Wurzeln des Aberglaubens ausgerottet werden. Denn er bedroht, bedrängt und verfolgt dich, wohin du dich auch wenden mögest, magst du auf einen Wahrsager oder auf ein Omen hören; magst du opfern oder nach einem Vogel ausschauen; wenn du einen Chaldäer oder einen Opferschauer siehst; wenn es blitzt, wenn es donnert, wenn es einschlägt; wenn etwas einem Wunder Aehnliches zur Welt gekommen oder geschehen ist; Dinge von denen meistens nothwendig Etwas sich ereignen muß, so daß man niemals ruhigen Gemüthes bleiben kann. 150. Eine Zuflucht für alle Mühseligkeiten und Kümmernisse scheint der Schlaf zu sein [1]). Aber aus ihm selbst entspringen die meisten Sorgen und Befürchtungen. Diese würden aber an sich weit weniger Einfluß ausüben und mehr verachtet werden, wenn nicht die Philosophen [2]) sich als Beschützer der Träume aufgeworfen hätten, und eben nicht gerade die verachtetsten, sondern besonders scharfsinnige Männer, die Folgerichtiges und Widersprechendes erkannten, ja die schon fast für vollendet und vollkommen angesehen werden. Wenn Karneades nicht ihrer Anmaßung entgegengetreten wäre, so würden sie jetzt vielleicht allein für Philosophen gelten. Ge-

---

[1]) Vgl. Eurip. Orest 211: ὦ φίλον ὕπνου θέλητρον, ἐπίκουρον νόσου, ὡς ἡδύ μοι προσῆλθες ἐν δέοντί γε.

[2]) Nämlich die Stoiker, gegen die der Neuakademiker Karneades auftritt.

Zweiunbsiebzigstes Kapitel.

gen diese fast allein ist meine Erörterung und mein Streit gerichtet, nicht weil ich sie am Meisten geringschätzte, sondern weil sie ihre Ansichten mit dem größten Scharfsinne und der größten Klugheit zu vertheidigen scheinen. Da es aber der Akademie ³) eigenthümlich ist, kein eigenes Urtheil von sich aufzustellen, nur das zu billigen, was der Wahrheit am Nächsten zu kommen scheint, die Gründe zu vergleichen, und was sich für eine jede Ansicht sagen läßt, darzulegen, und ohne eigene Entscheidung anzuwenden, das Urtheil der Zuhörer unbefangen und frei zu lassen: so wollen wir diese von Sokrates überkommene Gewohnheit festhalten und uns derselben unter uns, wenn es dir, mein Bruder Quintus, gefällt, recht oft bedienen. „Mir fürwahr," erwiderte jener, „kann Nichts angenehmer sein." Nach dieser Unterredung standen wir auf.

---

³) Cicero meint die neuere Akademie, deren Stifter eben Karneades ist, vgl. zu I. 3, 6. Der Grundsatz dieser Schule war, weder durch die Sinne noch durch die Vernunft könne die Wahrheit der Dinge erkannt werden; man müsse daher Alles bezweifeln und könne bei der Untersuchung eines Gegenstandes durch Prüfung aller einzelnen Momente für und gegen denselben nur der Wahrheit nahe kommen; eine Gewißheit des Wissens bestehe nicht, nur verschiedene Grade der Wahrscheinlichkeit, vgl. Kühner, Ciceronis in philos. merita, p. 148 sq. u. p. 159. Cicero bekannte sich zu dieser Lehre.